西南政法大学
21世纪知识产权法学系列

总主编　张玉敏

商业秘密法

SHANGYEMIMIFA

【第二版】

张耕　熊晖　陈鹏飞　刘有东
郑重　周娟　李晓秋　　著

作者简介

张耕：男,法学博士,教授,博士生导师,西南政法大学民商法学院副院长、知识产权学院副院长,中国法学会知识产权研究会理事,重庆市知识产权研究会副理事长,司法部国家司法考试命题委员会委员,国家知识产权局"百千万人才工程"第一层次人才,全国知识产权维权援助优秀合作专家,重庆市中青年骨干教师。主要从事知识产权法、合同法等民商法教学和研究工作,出版《知识产权民事诉讼研究》(独著)、《民间文学艺术的知识产权法保护研究》(独著)、《私权沉思录》(独著)、《商业秘密法律保护研究》(主编)、《走向21世纪的中国知识产权法》(副主编)等著作20余部,在《中国法学》、《现代法学》等刊物上发表论文近50篇,主持或承担国家级和省部级课题5项。

熊晖：男,法学博士,西南政法大学经济法学院副教授,硕士生导师,合作出版著作6部,发表论文10余篇。

陈鹏飞：男,法学博士,西南政法大学经济法学院副教授,合作出版著作6部,发表论文近20篇。

刘有东：男,法学博士,西南政法大学民商法学院副教授,合作出版著作8部,发表论文10余篇。

郑重：女,日本九州大学博士研究生,西南政法大学民商法学院讲师,发表论文10余篇。

李君：女,西南政法大学知识产权专业博士研究生,发表论文10余篇。

李晓秋：女,法学博士,重庆大学法学院副教授,合作出版著作5部,发表10余篇。

第 2 版说明

本书是在厦门大学出版社 2006 年出版的《商业秘密法》基础上,根据学术界对商业秘密保护的最新研究成果和国内外有关商业秘密保护的最新立法与实践修订而成。本书由张耕任主编,各章写作和修订的分工如下:熊晖,第一章;陈鹏飞,第二章和第三章;刘有东,第四章和第五章;郑重,第六章;李君,第七章;张耕,第八章;李晓秋,第九章。

编　者

2011 年 5 月 7 日

前　言

　　知识经济和信息社会的到来,使知识产权在国际范围内获得了非同寻常的地位。在由知识产权制度支撑的全球知识经济新秩序中,非常引人注目的方面是知识财富分布的巨大地区差别,从而产生了知识沙漠和知识绿洲。知识产权从总体上讲是一种承认和奖励对知识宝库作出重要贡献的创新者的制度,其具体制度设计的合理与精巧与否,决定了全球范围内知识财富的流向。贫穷和落后,是产生无偿剥夺或利用他人物质财富和知识财富思想的温床。然而,这种"均贫富"思想被物权和知识产权这些私权制度无情地否定。尽管知识产权从产生之日起对它的攻击和责难就从没有停止过,世界经济和社会发展的历史和现状都告诉我们,没有合理的知识产权制度,不仅在精神财富创造方面缺乏基本正义,而且更是一个国家或民族贫困和落后的根源之一。世界贸易组织中的《TRIPS协定》表明,在属于知识绿洲地区的西方世界强力主导下确立了一个发展中国家不得不遵守的游戏规则:建立和完善知识产权制度是缩小知识沙漠、增长各种财富的必由之路。

　　商业秘密的法律保护是知识产权制度的重要组成部分。世界贸易组织中的《TRIPS协定》强制性地规定了成员保护商业秘密的义务,因而商业秘密的知识产权性质已形成了国际共识,即使习惯通过反不正当竞争法、合同法、劳动法保护商业秘密的大陆法系国家也逐渐改变了认识,开始从知识产权的视角研究和保护商业秘密。在知识产权制度中,商业秘密的理论和实务问题都甚为复杂,有关纠纷有增无减,但商业秘密立法和理论研究却是我国知识产权领域中最薄弱的环节之一。本书试图通过对商业秘密法律保护的系统研究,促进人们进一步思考我国商业秘密保护的立法和司法实务问题。本书既立足于当今中国社会的现实,又将论题置于世界法学之林加以阐释,注重运用比较法学的研究方法考察主要国家和地区的有关立法;既从学术之争的视野介绍、评价有关的理论学说和做法,借鉴该论题的最新理论研究成果,又进行了独立思考,形成了一些创新性观点,或对已存在的理论、观点、做法进行了更有说服力的论证;既解释现行法条,阐述支撑该法条背后的理论,更注重分析现行法条之弊端,提出了部分立法建议或创新性制度构想;既阐述有关法学理论之重点与难点,又密切联系实际,预测和解决司法实践中已经或可能遇到的重大、疑难问题,分析了部分国内外经典案例。

　　本书的写作分工如下(以撰写章节先后为序):熊晖,第一章;陈鹏飞,第二章和第三章;刘有东,第四章和第五章;郑重,第六章;周娟,第七章;张耕,第八章;李晓秋,第九章。囿于作者们的认识能力和研究水平,对于书中的缺点和谬误,诚恳欢迎读者批评指正。

张　耕
2006 年 4 月 5 日

目录 Contents

第一章 商业秘密的界定 …………………………………………… 1
    第一节 商业秘密的定义 ……………………………………… 1
    第二节 商业秘密的要件 ……………………………………… 6
    第三节 商业秘密的范围 ……………………………………… 22
    第四节 商业秘密与相关概念辨析 …………………………… 29

第二章 商业秘密法的理论基础 ……………………………………… 36
    第一节 商业秘密法的伦理道德基础 ………………………… 36
    第二节 商业秘密法的经济学基础与博弈分析 ……………… 47
    第三节 商业秘密法的法理基础 ……………………………… 58

第三章 商业秘密保护立法的演变 …………………………………… 68
    第一节 商业秘密保护立法的产生与发展 …………………… 68
    第二节 外国商业秘密保护立法的演变 ……………………… 76
    第三节 国际组织商业秘密保护立法的演变 ………………… 92
    第四节 我国商业秘密保护立法的演变 ……………………… 94

第四章 商业秘密权 …………………………………………………… 103
    第一节 商业秘密权的界定 …………………………………… 103
    第二节 商业秘密权的主体、客体和内容 …………………… 119

第五章 商业秘密合同 ………………………………………………… 131
    第一节 商业秘密合同概述 …………………………………… 131
    第二节 技术秘密开发合同 …………………………………… 145
    第三节 技术秘密转让合同 …………………………………… 155
    第四节 技术秘密使用许可合同 ……………………………… 160
    第五节 商业秘密保护合同 …………………………………… 162

第六章　商业秘密的管理…………………………………………… 167
　　第一节　商业秘密管理的重要性 …………………………… 167
　　第二节　商业秘密保护现状与误区 ………………………… 169
　　第三节　商业秘密的泄密方式 ……………………………… 171
　　第四节　商业秘密的管理措施 ……………………………… 180

第七章　人才流动与商业秘密保护………………………………… 194
　　第一节　竞业限制的引入 …………………………………… 194
　　第二节　竞业限制概论 ……………………………………… 197
　　第三节　法定竞业限制 ……………………………………… 207
　　第四节　约定竞业限制 ……………………………………… 213

第八章　侵犯商业秘密的认定……………………………………… 227
　　第一节　侵犯商业秘密行为的表现形式 …………………… 227
　　第二节　商业秘密权的限制 ………………………………… 238

第九章　侵犯商业秘密的法律责任………………………………… 242
　　第一节　侵犯商业秘密的法律责任概述 …………………… 242
　　第二节　侵犯商业秘密的民事责任 ………………………… 245
　　第三节　侵犯商业秘密的行政责任 ………………………… 257
　　第四节　侵犯商业秘密的刑事责任 ………………………… 264

第一章　商业秘密的界定

第一节　商业秘密的定义

美国信息探索研究所在其1993—1994年年鉴中,以"知识经济:21世纪信息时代的本质"为总标题发表了6篇论文,作出了有别于传统经济学的重要结论:"信息和知识正在取代资本和能源而成为创造财富的主要资产,正如资本和能源在二百年前取代土地和劳动一样,本世纪技术的发展使劳动由体力变为智力。"这一准确断言已为现实所证实并将继续被证实。在知识经济时代,作为保护信息、知识的有效方法之一的商业秘密法律制度,其重要性自不待言。然何谓商业秘密?哪些信息能构成商业秘密?我国学者莫衷一是,这实与商业秘密术语作为相应法律制度之基本范畴的应用研究相距甚远,也给司法实务带来诸多困扰。在商业秘密侵权纠纷中,有的当事人对构成商业秘密的法律要件缺乏正确认识,不清楚哪些信息属于员工不能带走的法律保护的商业秘密,哪些属于员工自己拥有并能服务于新单位的知识、经验或技能,甚至分不清作为商业秘密的信息和载体之间的关系,因而常会出现单位和员工离职时对能否带走有关资料,对留下文件、磁盘等信息载体后是否还会发生侵权等问题的认识各执一词。这些对商业秘密的模糊认识,反映在有关商业秘密的诉讼中,常出现原告多次变更诉讼请求或有关事实,提供无关联性的证据;被告也常作无谓的辩解,或举无关痛痒的反证。①

---

① 杨均:《审理商业秘密案件若干问题的思索》,载《知识产权》1997年第3期。

一、外国法中商业秘密的定义

我们不是言必称希腊的教条主义者。但对商业秘密科学而周延的定义只能从外国法谈起。这一方面缘于商业秘密法律制度源自外国：远可以追溯至古罗马时期，古罗马法禁止第三人诱使奴隶泄露所属奴隶主有关商业事务的秘密，并明确了法律责任；而且作为现代意义上的专门法律制度，商业秘密法律制度乃以19世纪英国衡平法为开端。另一方面缘于商业秘密法律制度在我国无本土资源可言：虽然我国历代以祖传秘方、家传（或师门）绝技的形式秘而不宣地存在着的信息，如中医治疗中的"验方"、"单方"，酿酒、烹饪中的独门手法，冶炼、织绣中的秘诀等，便是我们现今所谓的商业秘密，但相应的法律制度一直不发达。我国古代保护秘密信息的制度和法律均为国家秘密而设。据《太公六韬》记载，早在夏商时期，当时朝廷即设立了负有保密职责的卜官，专门处理一些公务秘事和军事机要。西周时期，保密事务更受重视，由六官中的大宰主管，创设了"一合而再离，三发而一知"的阴书等制度，并对泄密者予以刑事处罚。《周礼·秋官·士师》记载的八类罪名（即"八成"）就包含了涉及保密的"邦勾"罪与"邦谍"罪。此后，历代封建王朝关于"保密"的罪名、处罚等法律规定日渐完备，但都未跳出保护国家秘密的窠臼。这与我国封建社会商品经济极不发达、私法自治与私法精神不能弘扬有关，也与现代法治社会保护商业秘密的目的及有关法律制度相距甚远。了解我国《反不正当竞争法》立法情况的官员曾表示："在商业秘密保护条件、规定内容及表述方式上，较多地借鉴了美国商业秘密法的做法，也适当地吸收了大陆法系的规定。"①

商业秘密（Trade Secret）术语由英国率先提出，现已为国际社会广泛认可和使用。虽然世界贸易组织《与贸易有关的知识产权协定》（简称《TRIPS协定》）使用了"未披露的信息"（或未公开的信息，Undisclosed Information）术语，但从该协议规范的信息必须具有商业价值的限定来看，②"未披露的信息"与商业秘密并无实质区别。在英美法系长达100多年的普通法保护商业秘密的实践中，对商业秘密的界定及理解一直众说纷纭，这既与英美法系不注重对法律概念的认识进行抽象概括的法文化传统有关，也从一个侧面反映了商业秘密本身的复

---

① 王学政：《中国反不正当竞争法的理论与立法经验》，载《工商行政管理研究》1998年第11期。

② 参见《TRIPS协定》第39条第2款。

第一章 商业秘密的界定

杂性、隐蔽性和模糊性。至20世纪初,无论大陆法系国家还是英美法系国家,都认识到通过成文法规范商业秘密保护的重要性,纷纷立法规定商业秘密保护制度。

纵观各国的商业秘密立法,对商业秘密的界定主要有三种做法:其一是概括式地揭示商业秘密的内涵和特征,明确对商业秘密作出界定。如日本《反不正当竞争法》第1条第3款、①墨西哥《工业产权法》第82条的规定等。这种立法所揭示的商业秘密的外延广,包容性强,但显得抽象,不利于理解和施行。其二是采用概括和列举相结合的体例,在明确列举法律保护的商业秘密常见形式的同时,抽象概括出商业秘密的定义。如加拿大1998年《统一商业秘密法(草案)》第1条规定:"商业秘密指特定信息,该信息:(1)已经或可能用于商业或经营之中,(2)在该商业或经营中尚未公知,(3)因尚未公知而具有经济价值,并且(4)在特定情势下为防止公知已尽合理保密努力。""为定义之目的,商业秘密的'信息'包括记载、包含或体现于但不限于配方、样式、计划、编辑产品、计算机程序、方法、技术、工艺、产品、装置或机器之中的信息。"美国也采用这种立法体例。其三是成文法中没有明确揭示商业秘密的定义和范围,只有法院判例和学者解释对商业秘密进行了界定,如德国和英国。②

二、国际组织对商业秘密的定义

各国法律对商业秘密的定义、构成要件上有一定的差异,在保护的方式和程度等方面存在更大的差距。为了方便世界经贸往来和适应全球经济一体化的发展趋势,多年以来一些国际组织一直在努力,试图缩小这种差别。例如,国际商会1961年制定的《有关保护专有技术(Know-how)的标准条款》对商业秘密中的技术秘密的定义作出了统一规定。1964年保护知识产权联合国际事务局在其草拟的《发展中国家发明示范法》中再次明确了对商业秘密的定义。在《保护工业产权巴黎公约》1967年斯德哥尔摩文本中,"反不正当竞争"只涉及假冒商品、虚假宣传违背诚实信用原则的商业行为,没有直接涉及商业秘密的保护问题。鉴于对商业秘密的认识和保护力度与世界贸易的紧密联系,世界贸易组织对"未披露的信息"作了界定,《TRIPS协定》第39条规定:"在保证按《巴黎公

---

① 关于美国、英国、德国和日本法律对商业秘密的定义,请参见本书第三章"商业秘密法律保护的演变"之第一节"外国商业秘密法律保护的演变"部分。

② 孔祥俊:《反不正当竞争法的适用与完善》,法律出版社1998年版,第408~411页。

约》1967年第10条之2的规定为反不正当竞争提供有效保护的过程中,成员应依照本条第2款,保护未披露的信息;应依照本条第3款,保护向政府或政府的代理机构提交的数据。只要有关信息符合下列三个条件:

——在一定意义上,其属于秘密,就是说,该信息作为整体或作为其中内容的确切组合,并非通常从事有关该信息工作领域的人们所普遍了解或者容易获得。

——因其属于秘密而具有商业价值。

——合法控制该信息之人,为保密已经根据有关情况采取了合理的措施。"[1]

目前,通说认为,《TRIPS协定》中的"未披露的信息"就是指商业秘密。[2] 考虑到各国法律的差异,该定义对商业秘密在范围上未作任何限制,在构成要件上规定了大多数公约成员国共同认可的秘密性、经济性和管理性。但也有一些学者认为未披露的信息在范围上比商业秘密更广泛,且使用该概念的本身尚存在一些缺陷。《TRIPS协定》第39条是"美国人起草的。在这个协议中商业秘密被广泛地定义为'未公开的信息',而在美国国内则被定义为'能给拥有者以竞争优势的具有商业价值的并采取合理措施努力保护的特定信息'等等,这是一种狭义的定义"。显然《TRIPS协定》中的"定义非常广义,并且要求广大发展中国家遵守,而后一个定义又是特定的。这就明显看出,存在双重标准来定义商业秘密。美国的起草者承认这是一个矛盾,应该进行修改"。[3] "鉴于该协议仅要求其签署方对这些未公开信息提供保护,且并未明确其就是商业秘密;发展中国家还一致认为,对这些宽泛的信息提供保护,会给予太多的垄断权;加之该协议的效力范围并非及于世界各国、各地区,因而,很难说协议的上述规定统一了世界各国、各地区立法理论和实践对商业秘密的界定。"[4] 国际工业产权保护协会(AIPPI)执委会的1994年哥本哈根会议认为,"TRIPS第39条有关商业秘密必须具有'商业价值'这个条件应予取消"。"如果取消这一条件,则个人隐私、个人

---

[1] 郑成思译:《知识产权协议》,学习出版社1994年版,第28页。

[2] 孔祥俊:《商业秘密保护法原理》,中国法制出版社1999年版,第129页;张玉瑞:《商业秘密法学》,中国法制出版社1999年版,第151页;罗玉中、张晓津:《TRIPS与我国商业秘密的法律保护》,载《中外法学》1999年第3期。

[3] 唐海滨主编:《美国是如何保护商业秘密的》,法律出版社1999年版,第14~15页。

[4] 韩天森主编:《走向二十一世纪的中国知识产权法》,中国工人出版社1999年版,第529页。

档案、数据等等,均可以作为商业秘密加以保护。"①此后,1994年达成的北美自由贸易协定也专门规定了商业秘密保护的问题。该协定第1711条第1款对商业秘密进行了界定,除了以"商业秘密"一词代替"未披露的信息"外,其他内容与《TRIPS协定》完全一样。世界知识产权组织公布的《反不正当竞争示范法》第6条第3款也规定了商业秘密的定义,该条规定是以《TRIPS协定》第39条为基础制定的,内容基本一致,只是以"秘密信息"(secret information)代替"未披露的信息"。

三、我国对商业秘密的定义

在我国,商业秘密作为法律术语最早出现于1991年的《民事诉讼法》,该法第66条规定:"对涉及国家秘密、商业秘密和个人隐私的证据应当保密。"第120条第2款规定:"……涉及商业秘密的案件,当事人申请不公开审理的,可以不公开审理。"但该法并未对商业秘密予以界定。1991年4月12日中美两国签订的《关于延长和修改两国政府科学技术合作协定的协议》在附件中确认:"符合下列条件的信息应当确认为商业秘密:拥有该信息的人可以从中获得经济利益或者据此取得对非拥有者的竞争优势;该信息是非公知的或者不能从其他公开渠道获得;该信息的拥有者未曾在没有保密义务安排的情况下将其提供给他人。"1992年7月14日最高人民法院《关于适用〈中华人民共和国民事诉讼法〉若干问题的意见》首次对商业秘密作出司法解释,其第154条规定,商业秘密"主要是指技术秘密、商业情报及信息等,如生产工艺、配方、贸易联系、购销渠道等当事人不愿公开的工商业秘密"。1993年《反不正当竞争法》对商业秘密作了较为完整的概括,其第10条第3款规定,商业秘密"是指不为公众所知悉、能为权利人带来经济利益、具有实用性并经权利人采取保密措施的技术信息和经营信息"。该规定为我国法学界所普遍引用。《商业秘密保护法(送审稿)》在对商业秘密的定义上稍作了一些调整:"本法所称商业秘密,是指具备下列条件的技术信息、经营信息:(1)不为该信息应用领域的人所普遍知悉;(2)具有实际的或潜在的商业价值;(3)经权利人采取了合理的保密措施。"应当说,这一定义与《反不正当竞争法》的基本思路是一致的,但在用语上更为准确、科学和具体,在构成要件的概括上更符合《TRIPS协定》的要求。在我国台湾地区,商业秘密被称为营业秘密。

---

① 郑成思:《世界贸易组织与贸易有关的知识产权》,中国人民大学出版社1996年版,第232页。

第二节 商业秘密的要件

任何术语的界定都在于抽象出该事物的质的规定性,就商业秘密术语的界定而言,其核心就在于揭示商业秘密的构成要件或特征。现代社会充斥着各种各样的信息,但并非任何与技术、经营或商业有关的信息都是商业秘密。要成为商业秘密,必须具备相应的构成要件。这些构成要件作为商业秘密必须具备的质的规定性,不仅使之与国家秘密、个人隐私等其他秘密相区别,而且使之与专利、商标等其他知识产权相区分。"虽然各国在政治经济条件、文化传统等诸多方面存在差异,在对商业秘密进行法律保护的理论依据上也有不同看法,但在商业秘密构成要件的认识上大同小异,而非有的学者所宣称的那样'两大法系在商业秘密的界定上存在重大差别'。[①] 其原因是有着广泛成员的世界贸易组织中的《TRIPS 协定》对商业秘密的条件作了明确的规定,对协调各国国内商业秘密立法起了重要作用。该协定第 72 条对条款的保留问题作了非常严格的限制,因而可以认为各成员或缔约方原则上是认同《TRIPS 协定》规定的商业秘密条件的。""认为各国对商业秘密的界定有重大差别的学者的理由之一是英美法系国家还明确要求商业秘密必须符合社会公众利益,大陆法系国家则无此方面的明文规定。英美法系国家通过立法或判例确立了保护商业秘密不得与公共利益冲突的原则,但这并非英美法系国家在商业秘密界定上的特色,大陆法系国家有关保护商业秘密的立法或司法同样体现了该原则。'权利不得滥用'和'公序良俗'原则是各国民商立法的共同原则和基础。因而《TRIPS 协定》和绝大多数国家认为没有必要单独将社会公共利益条款列为商业秘密的构成要件。这种情况仅仅反映了各国在商业秘密保护立法风格上的差异,并不表明对商业秘密的界定和实质理解上有重大分歧。"[②]

对于商业秘密的构成要件或特征,我国学者见解不一:有学者认为商业秘密是一种知识信息,是人类智力活动的产物,具有非物质属性,具有可传授性和可转让性,未获得传统的知识产权法的直接保护,具有秘密性,具有经济性,具有一

---

① 唐昭红:《商业秘密研究》,载梁慧星主编:《民商法论丛》第 6 卷,法律出版社 1997 年版,第 745 页。

② 张耕:《知识产权民事诉讼研究》,法律出版社 2004 年版,第 537~540 页。

定的新颖性;①有学者认为商业秘密的构成要件是秘密性、经济性、独特性;②有学者认为其仅指秘密性、经济性、防范性;③有学者认为是秘密性、经济性、实用性、保密性;④有学者认为其指秘密性、经济性、新颖性、独特性;⑤有学者认为是秘密性、经济性、保密性;⑥有学者认为是实用性、经济性、秘密性、新颖性和管理性。现阶段,主张严格按照《TRIPS 协定》,商业秘密的构成要件为秘密性、经济性、管理性的学者越来越多。这些分歧,除去商业秘密与其他类型的知识产权的共性以及仅内涵相同而表述有异的外(如管理性、防范性、保密性、主观秘密性就属于此),主要集中于两方面:实用性是否能成为商业秘密的构成要件,新颖性是否有独立于秘密性而存在的必要。对此问题的解答,仍取决于对相关构成要件的正确理解。

一、秘密性

(一)秘密性的含义

秘密性,是指有关信息不为其所属领域的相关人员普遍知悉和容易获得。与此紧密相关的另一概念是商业秘密的新颖性。所谓商业秘密的新颖性,是指商业秘密不是该信息本行业内的公开和公知信息,不是通过正常手段能获知的既存信息。世界各国法律在秘密性和新颖性的规定上不尽一致,但就其实质意义而言应当说是一致的。以具有代表性的美、日两国为例。美国的《统一商业秘密法》及《经济间谍法》对此要求:不为众所周知,不能通过正当手段获知。日本《不正当竞争防止法》则要求:不为一般公众所知悉。美国法明确昭示了秘密性和新颖性,而日本法虽只明确昭示了秘密性,但也可理解为包含了秘密性和新颖性,因为若是既存的公知信息,又怎能称之为不为一般公众所知悉?我国《反不正当竞争法》第 10 条将此规定为"不为公众所知悉",1995 年国家工商行政管理局《关于禁止侵犯商业秘密行为的若干规定》第 2 条及 1998 年国家工商行政

---

① 种明钊主编:《竞争法》,法律出版社 1997 年版,第 258~262 页。
② 张今:《知识产权新视野》,中国政法大学出版社 2000 年版,第 12~13 页。
③ 唐大江:《论商业秘密的范围和构成要件》,载《广东工业大学学报(社会科学版)》2002 年第 3 期。
④ 衣庆云:《客户名单的商业秘密属性》,载《知识产权》2002 年第 1 期。
⑤ 张向群:《浅谈商业秘密的法律保护问题》,载《当代法学》2003 年第 1 期。
⑥ 梁平:《商业秘密及其法律保护》,载《经济论坛》2003 年第 10 期。

管理局《关于商业秘密构成要件问题的答复》都将其解释为:"该信息是不能从公开渠道直接获取的。"最高人民法院在1995年《关于审理科技纠纷案件的若干问题的规定》中也认为其是指:"不能从公共渠道直接获得。"2007年《最高人民法院关于审理不正当竞争民事案件应用法律若干问题的解释》第9条规定:"有关信息不为其所属领域的相关人员普遍知悉和容易获得,应当认定为反不正当竞争法第10条第3款规定的'不为公众所知悉'。"那么,这些规定是只指秘密性,还是既包括秘密性又包括新颖性?

(二)秘密性和新颖性的联系与区别

1. 联系。从某种意义上讲,秘密性和新颖性是一个问题的两个方面,密不可分。正是由于一项信息具有秘密性,不为所属领域有关人员普遍知悉,才能使之与公知信息相区别,具有新颖性。正是由于一项信息具有新颖性,具有公知信息所无之处,才有采取保密措施防止他人普遍知悉的必要,才会产生秘密性。而且,商业秘密的秘密性是相对秘密性,相对秘密性中有一个重要的时间概念,即使是重要的发明或者发现,经过一段时间的努力,也可被竞争者重复作出。如果将这种"终于被他人知道"的现象绝对化,那么就意味着绝大部分商业秘密都将会因秘密性即新颖性的不足,不能获得法律保护,于是时间概念即"努力的时间"问题就显得十分重要。构成商业秘密不需要绝对不为人知,只要求用正当手段的人不会马上知道,如果在"用正当手段的人不会马上知道"这样的一段时间内,有证据证明被告用不正当手段获取商业秘密,而被告又举不出自己用的是正当手段,那么就很容易被认定为侵权。[①] 基于以上原因,美国《反不正当竞争法重述》第39条评论F认为:"尽管商业秘密案件中有时产生新颖性要求,但新颖性要求只是对本条秘密性和经济性概念,以及排除相关已有技术等价替换要求的另一种表达方式。"

2. 区别。"秘密性更着眼于市场竞争的角度,强调商业秘密为少数人知悉或使用;新颖性更强调技术水准,即技术信息或者经营信息与通行的技术或经营存在差异。"[②]而且,与秘密性相比,新颖性有其独立存在的意义。通说认为,其意义在于防止本行业公知知识被人垄断,即公知知识被人作为商业秘密进行管理和禁止他人使用,从而导致个人独占公知知识的结果,使其正常交流及生产经

---

① 张玉瑞:《商业秘密法学》,中国法制出版社1999年版,第207页。
② 孔祥俊:《商业秘密保护法原理》,中国法制出版社1999年版,第32页。

营活动的正常进行受到阻碍,给经济技术的发展造成障碍。① 但笔者认为这种理解尚不充分,因为此时也可用秘密性来解决这一问题。该行为人对公知知识采取了保密措施,将其作为商业秘密进行管理,不能简单等同于具有秘密性。由于公知知识肯定为所属领域有关人员普遍知悉,所以怎么也不可能具有秘密性。新颖性独立存在的意义在于通过新颖性能更好地认定商业秘密,并证实其秘密性和经济性的存在,没有新颖性就无所谓秘密性,秘密性意味着最低限度的新颖性。试以一例说明。某公司合法取得国内所有证券、期货交易所公开的即时数据和信息,通过自己的劳动将其加工、编纂成某种即时"信息产品",以满足特定客户的需要,并将之作为商业秘密进行管理。由于该公司通过自己劳动进行加工、编纂,使该信息产品成为不同于既存的公知信息的"新产品",具有新颖性;进而能证实该信息产品不为所属领域有关人员普遍知悉,具有秘密性;并通过这种加工、编纂使之能符合特定客户不能从公知信息中得到满足的需求,具有经济性。如果不从新颖性上认识秘密性,即我们不先认为有关数据、信息已被加工、编纂成了"新产品",那么,我们定会认为该信息产品来源于证券、期货交易所公开的数据、信息,任何人均可获得相同数据、信息,则不具有秘密性。同样,在判断企业与其前雇员之间发生的商业秘密纠纷时,新颖性也有类似作用。基于以上原因,实有单独探讨新颖性之必要。如果认为秘密性中已隐含新颖性,那么必须符合先将新颖性实质内容界定于秘密性定义之中这一前提。即使这样,也不妨碍我们对新颖性这一部分具体内容的单独探讨。

(三)新颖性

商业秘密对新颖性要求的程度很低,仅要求不是该信息所属领域内既存的信息,即能够与公知信息保持最低限度的不同。美国的许多法院认为,从专利法的角度看,尽管商业秘密不一定构成发明,但它必须至少具有新颖的成分,在有关商业秘密案件的判决中,法院判决表明,商业设想要想获得保护就必须是新的、奇特的,或独创的、具体的。这种要求实际上无非是说信息或设想必须是非常识性的。② 不同商业秘密的新颖性差别很大。例如,有的信息可能只是对既存公知信息进行收集、整理、加工而编纂出来的,同行只要以相同方法进行劳动(比如通过反向工程等手段合法获知)同样能得出该信息,但如果同行未这样做,

---

① 张玉瑞:《商业秘密法学》,中国法制出版社1999年版,第206页;孔祥俊:《商业秘密保护法原理》,中国法制出版社1999年版,第32页。

② 查尔斯·R.麦克马尼斯:《不公平贸易行为概论》,中国社会科学出版社1997年版,第184页。

那么这种新颖性很低的信息仍可构成商业秘密,该信息拥有人有权禁止他人用不正当手段获知及使用。而有的信息的新颖性很高,甚至已经构成专利所要求的创造性,完全可以申请专利,只是拥有者愿意以商业秘密这种方式进行保护。商业秘密要求的新颖性与专利要求的创造性(外观设计专利不要求创造性)非常类似,均是从技术方面提出要求,强调比已有技术水平更高,但是专利对创造性的要求高得多。例如,根据我国专利法的规定,其创造性是指同申请日以前的已有技术相比,该发明有突出的实质性特点和显著的进步,该实用新型有实质性特点和进步。对于这种技术要求上的差别及其原因,美国《侵权行为法重述》第757条评论B作出了如下陈述:"商业秘密可以是一种可获得专利权的装置或工艺,但并非必须如此。其也可是从已有技术中能明显预期的装置或工艺,或一个好的技工即可作出的仅仅是机械方面的改进,商业秘密不要求像专利那样的新颖性和创造性。这些要求对专利来讲是必要的,因为专利保护要禁止的是对专利装置或工艺的未经允许使用,甚至包括正当的独立开发者。专利垄断是授予发明人的一种奖励,商业秘密保护并非如此。商业秘密保护不是基于回报或鼓励开发秘密装置或工艺的政策要求,其反对的仅是违反善意原则和以应受谴责方式获取他人的商业秘密。对这种有限保护,要求专利那样的新颖性和创造性是不合适的。"

(四)秘密性的判断

我国《反不正当竞争法》第10条将商业秘密的秘密性表述为"不为公众所知悉"。其具体含义是指除信息持有人以外的其他任何人均不知悉,还是指能让一定限度的人知悉而又未达到所属领域有关人员普遍知悉的程度?这就涉及秘密性是绝对秘密性还是相对秘密性的问题。应当说,秘密性只能要求相对秘密性,其理由如下:首先,商业秘密是一种具有经济性的信息,只有通过实施才能体现其价值,而在社会化大生产条件下,其实施往往需要借助雇员以及其他具有实施能力的人。如果我们苛求秘密性必须是绝对秘密性,那么,商业秘密权利人只能事必躬亲且由自己独自一人实施,这在现代工业社会必然不具有现实性。其次,更为重要的是,商业秘密的保护仅仅是对违反商业道德、以不正当手段获取他人商业秘密的禁止,不同于专利的保护是对任何未经允许的使用的禁止(法律有特别规定的例外),对这种有限保护,要求专利那样的新颖性和创造性是不合适的。由于是相对秘密性,他人经独立研究开发等正当手段获得该信息并使用是合法的,若他人也将该信息作为商业秘密进行管理,所属领域有关人员仍不能普遍知悉,则秘密性依旧存在。同理,负有忠实义务的雇员和负有保密义务的其他人即使知悉商业秘密,也不会影响其存在。所以,秘密性并不意味着信息只能由拥有

第一章 商业秘密的界定

者自己一人知道,也无须必须是公众一般不知道的。只要所属领域有关人员并非普遍知悉时,商业秘密就仍然成立。一种铸铜的方法,公众可能不知道,但铸造工业界很容易知道,就不能称作商业秘密。①

秘密性主要体现在两个方面:主观秘密性和客观秘密性,只有同时具备这两方面的信息才可能构成商业秘密。主观秘密性是指信息的拥有者具有对该信息予以保密的主观愿望。这种主观愿望,通常都是以信息的拥有者是否对其采取了合理、有效的保密措施来进行判断,对此我们将在管理性中再进一步探讨。客观秘密性是指信息在客观上不为所属领域有关人员普遍知悉。在主观秘密性和客观秘密性这两方面之中,客观秘密性更为重要。因为,如果商业秘密拥有者没有对该信息予以保密的主观愿望,信息在客观上必然为人普遍知悉;如果信息在客观上已为人普遍知悉,即使拥有者采取再严密不过的保密措施也不可能构成商业秘密。即不具备主观秘密性,最终必将反映为不具备客观秘密性,却能通过客观秘密性证实主观秘密性的存在;而纵然具备主观秘密性,也不一定具备客观秘密性,不能从主观秘密性去证实客观秘密性。

衡量某一信息是否具有客观秘密性,有下列两个认定标准:

1. 该信息被公开所造成的实际效果。作为商业秘密的信息,自开始形成时起,即存在着一种被公开的可能性。当这种可能性成为现实,即如果该信息被公开而造成的实际效果是使所属领域有关人员普遍知悉,则该信息不再具有客观秘密性;反之,则具有客观秘密性。如果该信息被他人非法公开,可依法追究其法律责任。若这种非法公开已使所属领域有关人员普遍知悉,则不再构成商业秘密。若这种非法公开仅使某个或某些所属领域有关人员知悉,则仍为商业秘密;这些人如果明知或应知公开行为系违法行为,则他们基于这一违法行为获取商业秘密,以及对获取的商业秘密进行使用或再披露,视为侵犯商业秘密;此时,权利人可采取一定的补救措施使其不为本行业的人普遍知悉,例如使相关人员成为负有保密义务的人。

2. 该信息获取的难易程度。作为商业秘密的信息,一旦他人意欲获取便可通过合法途径轻易获得,将容易导致其丧失秘密性。从信息获取的难易程度认定客观秘密性,在许多国家法律中都有体现。例如,他人通过实施反向工程而掌握相同信息的,该商业秘密是否失去客观秘密性,日本法作了如下规定:(1)通过反向工程掌握了秘密的人,将其也作为秘密管理时,则不能说这些信息是为人所公知;(2)通过反向工程在短期内很难掌握其耐久度、成本、价格的,则不能认为

---

① 沈达明:《知识产权法》,对外经济贸易大学出版社1998年版,第192页。

是已公开的;(3)如果产品售出后经分析很容易发现其秘密,则可以说该产品自售出后,其有关秘密即成为人人公知的信息。美国法也同样认为,如果一个秘密的制造方法可以通过成本检查很容易地被发现,则不能认定为商业秘密。但如果该秘密只有通过长时间的分析才能发现,则多数美国法院认为存在商业秘密,因为该秘密使那些知道它的人取得了时间优势。如果通过对产品进行内在检查很容易发现其秘密,而产品是根据合同租借或特许的,合同中又规定了禁止租借人和被特许人对产品进行内在检查,便可以对该产品予以商业秘密保护。① 对于这一标准,美国《侵权行为法重述》第 757 条评论 B 明确指出:"在决定特定信息是否是某人的商业秘密时要考虑的一些要素是……(6)他人可正当获得或复制的难易程度。"美国《反不正当竞争法重述》第 39 条评论 F 也认为:"如果他人不通过第 40 条所述违法手段,而以合法手段得到该信息是困难或昂贵的时候,该信息即可满足秘密性要求。"法国的法律虽没有给商业秘密下一明确的定义,但学理上描述其构成要件时,第一项就是知识的不容易取得,同时援引专利法要求的新颖性说明什么叫公众难以到手的知识。② 我国法律中也有类似规定。如《关于禁止侵犯商业秘密行为的若干规定》将"不为公众知悉"解释为"该信息不能从公开渠道直接获取"等。但也有学者对此持有异议,认为这是一种理论上的客观秘密性或绝对秘密性,是商业秘密在理论上被公开的一种可能性,以此标准,诸如市场上出售含有技术秘密的产品、将商业秘密刊载于公开发行的出版物以及采取的保密措施不适当等都会导致商业秘密丧失客观秘密性,这与法律要求商业秘密只需具有相对秘密性和采取合理保密措施相矛盾。③ 这种理解较为片面,正好说明了前文秘密性中包含新颖性实质内容的重要意义。《最高人民法院关于审理不正当竞争民事案件应用法律若干问题的解释》第 9 条规定:"有关信息不为其所属领域的相关人员普遍知悉和容易获得,应当认定为《反不正当竞争法》第 10 条第 3 款规定的'不为公众所知悉'。""具有下列情形之一的,可以认定有关信息不构成不为公众所知悉:(1)该信息为其所属技术或者经济领域的人的一般常识或者行业惯例;(2)该信息仅涉及产品的尺寸、结构、材料、部件的简单组合等内容,进入市场后相关公众通过观察产品即可直接获得;(3)该信息已

---

① 刘金波、朴勇植:《日美商业秘密保护法律制度比较研究》,载《中国法学》1994 年第 3 期。
② 沈达明:《知识产权法》,对外经济贸易大学出版社 1998 年版,第 192 页。
③ 李永明:《知识产权法学》,杭州大学出版社 1995 年版,第 529~530 页;王谢春:《知识产权侵害赔偿》,中国经济出版社 1997 年版,第 106~107 页。

第一章 商业秘密的界定

经在公开出版物或者其他媒体上公开披露;(4)该信息已通过公开的报告会、展览等方式公开;(5)该信息从其他公开渠道可以获得;(6)该信息无须付出一定的代价而容易获得。"

(五)认定秘密性的"范围"问题

认定秘密性时可能出现这样的疑问:在某一范围内,一项信息已是既存的公知信息,为该范围内的人普遍知悉,而在另一范围内,该信息鲜为人知,并非既存的公知信息,那么在后一范围内使用该信息的人能否把它作为商业秘密?这里所称的"范围",通常包括地域范围和行业范围。商业秘密的秘密性和新颖性存在地域范围的限制。商业秘密具有相对性,不同于专利。专利法授予专利权人的是一种近似"垄断"的专有性权利,绝对地排斥了他人对同一专利的所有,而商业秘密的相对性却使两个以上的人均能拥有同样的商业秘密。同样,商业秘密的相对性也能使在一个地域范围内不构成商业秘密的信息,在另一个地域范围内却可能在符合法定条件时构成商业秘密。

我国2008年修订后的《专利法》对专利新颖性的地域判断标准作了重要改变,将原申请专利技术新颖性判断的国际和国内混合地域标准修改为国际地域标准,要求申请专利的技术不是在申请日前在国内外为公众所知的技术。① 商业秘密中秘密性判断的地域标准是否应当像专利技术新颖性的判断那样实行国际地域标准呢?《最高人民法院关于审理不正当竞争民事案件应用法律若干问题的解释》始终明确回答这一问题。而秘密性判断的地域标准至关重要,不同的地域判断标准,有时会得出不同的判断结论。我们认为,秘密性判断的地域范围不应像专利的新颖性判断那样有一个确定的标准,要视具体情况而定,要根据发生纠纷当事人所处的地域范围、有关行业一般公众在特定地域范围获取相关信息的难易程度、被诉当事人在特定地域范围内获取有关信息的手段等方面进行综合评定。

商业秘密的秘密性也存在行业范围的限制。在对秘密性界定时,也明确强调"本行业"。这里所称的行业的含义是特定的。"一般不是指工业、农业、商业这样的大行业,而是运用某种专门知识的行业,包括:(1)各种社会上约定俗成的经营行业,如复印机修理业、房地产投资业、化妆品直销业;(2)各种技术专业,不是严格按照教科书题目作为主题分类,而是按照在社会实践中形成的必要知识来划分范围。例如磁卡应用技术并不限于磁卡本身,磁卡应用技术包括一部分

---

① 参阅我国《专利法》第22条。

计算机软件、硬件技术。有关计算机技术如果已经成为公知知识,就应该认为从事磁卡技术的人也应该已经知道。从这一前提出发,如果一种商业信息在一个行业、专业中是一般人所知的,但在另一行业、专业中其'可以使用'尚属秘密(这在新技术在其他领域内转用时最为明显)时,其对于后一行业、专业来讲仍属商业秘密。"①我国《商业秘密保护法(送审稿)》对秘密性表述为"不为该信息应用领域的人所普遍知悉",《最高人民法院关于审理不正当竞争民事案件应用法律若干问题的解释》第9条所规定的"所属领域",即是对此认识的肯定。

二、经济性

经济性,又称价值性,是指作为商业秘密的信息能够给持有人带来现实或潜在的经济利益或竞争优势。《TRIPS协定》对此解释为"因其属于秘密而具有商业价值"。经济性仅仅指信息具有经济价值或商业价值,否则即使具有诸如精神价值、社会价值等其他方面的价值,也不能构成商业秘密。经济性是构建商业秘密法律制度的根本性的经济动因,也是商业秘密区别于国家秘密、个人隐私等信息的主要标志。各国立法及各家学说对此均无异议。

虽然世界各国大都要求商业秘密必须具有经济性,但对其理解却不尽一致。如日本法要求,商业秘密的经济性仅体现为其已经在生产经营中成功地付诸实施,或因其使用确已提高了经济效益。而美国法则并不要求商业秘密已经在实践中被成功地付诸实施,而主要看是否存在着该商业秘密付诸实施并带来经济价值的可能性。这也是世界上大多数国家的一致要求,我国亦然。我国《反不正当竞争法》第10条要求商业秘密"能为权利人带来经济利益",根据国家工商行政管理局《关于禁止侵犯商业秘密行为的若干规定》第2条第3款的解释,其具体含义为:"能为权利人带来现实的或者潜在的经济利益或者竞争优势。"1995年《最高人民法院关于审理科技纠纷案件的若干问题的规定》第51条也规定非专利技术成果"能使所有人获得经济利益或竞争优势。"《最高人民法院关于审理不正当竞争民事案件应用法律若干问题的解释》第10条将经济性规定为:"有关信息具有现实的或者潜在的商业价值,能为权利人带来竞争优势。"《商业秘密保护法(送审稿)》将商业秘密的经济性明确表述为"具有实际或潜在的商业价值"。这些规定表明,我国法律要求商业秘密经济性包括两个方面:一是经济利益,二是竞争中的优势地位。在这两个方面中,后者更为重要。因为商业秘密的经济

---

① 张玉瑞:《商业秘密法学》,中国法制出版社1999年版,第189~190页。

性并不意味着必须以确切的货币金额来表明其价值,甚至不必有现实的直接经济利益;在侵权行为发生时,经济性并不一定直接表现为侵权行为给权利人造成多大的经济损失,而往往表现为使权利人丧失竞争中的优势地位,所以商业秘密权利人所具有的竞争优势是经济性的本质体现。

判断一项信息是否具有经济性,不应单纯从信息持有人角度出发,而应以其在社会上有无经济价值为标准。所以积极信息和消极信息均可构成商业秘密。积极信息是指行为人经过实质性的研究开发获得的,对自己的生产经营活动直接有用的信息。消极信息是指行为人经过实质性的研究开发得知的,对自己的生产经营活动没有任何效用的信息,例如对于自身已经撤退行业、领域中的科研、生产、经营等方面的信息。积极信息可构成商业秘密自不待言。而对于消极信息,虽然对其拥有者不能产生直接效用,但若被同行业竞争者获知,竞争者便可从中得到借鉴,避免重蹈覆辙,防止人财物等资源及时间的无谓浪费,缩短研究开发的过程,从而强化其在市场竞争中的地位,这样就会导致该信息持有人的竞争优势被削弱或丧失。所以消极信息也可构成商业秘密。

信息持有人投入的成本往往是其具有经济性的有力佐证,但它与该信息能否成为商业秘密无关。例如,仅仅把电话号码簿中可能是潜在的客户的名称、地址及电话罗列出来的客户名单,就很难说明其经济性。但如果客户名单中包含了信息持有人投入的较多劳动及其他成本而获得的客户的需求类型、需求习惯、价格承受能力、与其他公司的特别业务联系、购销清单、价目、购买周期等专门信息,则有助于说明其经济性。如美国彼德蒙特烟花公司诉萨特克立夫案中,原告客户名单中的客户名称、地址、电话、是否已订约、上次订约数量、客户指定燃放处的烟花燃放景象的感观调查、今后如何提高客户烟花表演满意度的总结性记载,是原告历经数年花费很多精力逐户探访而获得的,这就成为其具有商业秘密经济性的有力证据。但需注意的是,投入的成本仅仅是一有力佐证,不能片面地将之作为衡量是否具有经济性的唯一因素,从经济利益或竞争优势上去分析才是其根本。因为投入很小甚至没有成本的商业秘密也可能产生巨大的经济利益或竞争优势。美国一法官在批驳被告主张原告获得商业秘密"事出偶然",未投入多少成本而不值得保护时,有如下精彩评判:一项商业秘密的价值可以像丢在路边的一个钱包,长期处于公共领域而无人注意。成百上千的过路人走过之后,直至过来一个观察者而不是过路人,发现了钱包里面内藏的价值。① 如何认定商业秘密的经济性,美国《反不正当竞争法重述》第39条评论E同样可供我们

---

① 郑成思主编:《知识产权保护实务全书》,中国言实出版社1995年版,第396页。

借鉴:"主张的商业秘密信息的经济性,必须为直接或者间接的证据所证明。有关商业秘密的内容和对经营的影响力作为直接证据,具有明显重要性。同时价值的间接证据亦属重要,包括原告生产信息所投入的资源的规模,原告采取的保密措施,以及他人有偿获得该信息的积极性。""原告在自己经营中商业秘密本身,是对有关信息经济性的某种证明。商业秘密的所有者通过使用信息获得的可证明的利润,亦为经济性的证据。"

根据我国法律的规定,只要能为权利人带来现实的或者潜在的经济利益或竞争优势,就具有商业秘密的经济性,而无其他附加条件。但在美国商业秘密法中,还要求这种经济性是"独立"和"并非微不足道"的。这样的规定比我国法律更为合理和科学。"独立"是要求商业秘密能独立存在,在实施商业秘密时能不依附于其他事物而单独存在。"在特定情况下,原告主张的商业秘密,可能紧密地附着于其不应该享有权利的公知知识,或与他人的知识产权,与劳动者的一般知识、技能、经验结合太紧,同时在整体上处于从属地位。保护了原告的商业秘密,就会不合理损害社会、他人合法权益,所以原告的商业秘密没有独立保护的必要。"① 另一方面,如果对仅具有微不足道、琐碎价值的信息进行商业秘密保护,不仅有违法律追求的效益价值,而且也会给法院认定商业秘密和确定赔偿带来困难,所以美国法要求商业秘密的经济性还必须"并非微不足道"。美国《反不正当竞争法重述》第 39 条评论 E 认为:"商业秘密必须在工商经营中具有足够的价值,相对于不具有该信息的其他人,产生现实或者潜在的经济优势。然而这种经济优势不需要很大。如果秘密产生的优势并非微不足道,即可满足要求。"

三、管理性

管理性是指商业秘密权利人对有关信息采取了合理的保密措施,进行了必要的管理。管理性在商业秘密构成要件中有着重要的意义,不仅是认定主观秘密性的依据,能证实秘密性甚至经济性的存在,而且是商业秘密成为财产权的明确标志。商业秘密作为一种无形财产,不能像有形财产那样通过占有、登记来昭示其所有权,也不能像专利、商标那样通过国家机关的确认昭示其专有权,只能通过采取保密措施,将商业秘密置于自己的控制之下,禁止他人不正当获知,从而昭示其财产属性。正如美国《反不正当竞争法重述》第 39 条评论 G 所说:"保

---

① 张玉瑞:《商业秘密法学》,中国法制出版社 1999 年版,第 167 页。

密措施可以用来表明,商业秘密权利人向其雇员或其他接收者披露信息,具有要求保密的意图;可用来表明,根据第 40 条所述规则,被告应该承担侵权责任的主观状态;可以帮助决定有关获得信息的手段根据第 43 条,是否构成不正当手段;决定意外的泄露是否导致商业秘密权的丧失。"

    世界各国法律均要求商业秘密具有管理性,必须采取保密措施,我国《反不正当竞争法》第 10 条也要求商业秘密必须"经权利人采取保密措施"。那么,保密措施是指什么?国家工商行政管理局《关于禁止侵犯商业秘密行为的若干规定》第 2 条将其解释为:"本规定所称权利人采取保密措施,包括订立保密协议,建立保密制度及采取其他合理的保密措施。"显然此规定并未对保密措施内涵进行解释,仅列举了保密措施的一些具体形式。最高人民法院早前也是如此,《审理科技纠纷案件的若干问题的规定》第 51 条规定:"拥有者采取了适当保密措施,并且未曾在没有约定保密义务的前提下将其提供给他人。"严格意义上讲,保密措施是指商业秘密权利人为保守其商业秘密而采取的各种制度性的处理办法。之所以强调制度性,目的在于要求针对保密而采取的处理办法在商业秘密存续期间必须形成制度,具有连续性和稳定性,不得是临时举措或时有时无。否则,即使有所谓"保密措施"也形同虚设,无任何意义。《最高人民法院关于审理不正当竞争民事案件应用法律若干问题的解释》第 11 条对管理性作了进一步的明确:"权利人为防止信息泄露所采取的与其商业价值等具体情况相适应的合理保护措施,应当认定为反不正当竞争法第 10 条第 3 款规定的'保密措施'。""人民法院应当根据所涉信息载体的特性、权利人保密的意愿、保密措施的可识别程度、他人通过正当方式获得的难易程度等因素,认定权利人是否采取了保密措施。""具有下列情形之一,在正常情况下足以防止涉密信息泄露的,应当认定权利人采取了保密措施:(1)限定涉密信息的知悉范围,只对必须知悉的相关人员告知其内容;(2)对于涉密信息载体采取加锁等防范措施;(3)在涉密信息的载体上标有保密标志;(4)对于涉密信息采用密码或者代码等;(5)签订保密协议;(6)对于涉密的机器、厂房、车间等场所限制来访者或者提出保密要求;(7)确保信息秘密的其他合理措施。"

    对于保密措施的具体形式,我国一些地方性法规也对此作了列举。《深圳经济特区企业技术秘密保护条例》第 4 条规定,该条例所称的保密措施是:(1)合法拥有技术秘密的企业与因业务上必要知悉该秘密的员工或业务相关人已签有保密协议,或者提出书面的保密要求并已明确告知有关员工及业务相关人;(2)合法拥有技术秘密的企业已经对该秘密的存放、使用、转移各个环节采取了有效的控制措施。《珠海市企业技术秘密保护条例》第 4 条规定,该条例所称保密措施是：(1)企业对技术秘密明确划定密级和范围；(2)企业与知悉或者可能知悉技术秘密的员工及有关人员签订保密协议，或者提出书面的保密要求并经签名确认；(3)企业对技术秘密的存放、使用、转移等采取了合理、有效的办法和控制手段。国外的司法实践也可资我们借鉴。在美国，判例法认为，合理的保密措施主要包括：(1)把接近商业秘密的人限制到极少数；(2)利用物质障碍使非经授权人许可的人不能获取任何关于秘密的知识；(3)在可行的情况下，限定雇员只接触商业秘密的一部分；(4)对所有涉及商业秘密的文件，都用表示秘密的文字或符号将其一一标出；(5)要求保管商业秘密文件的人员采取妥善的保护措施；(6)要求有必要得知商业秘密的第三人签订适当的保密合同；(7)对接触过商业秘密又即将解雇的职员进行退出检查。在日本的司法实践中，合理的保密措施包括：(1)告知雇员存在商业秘密；(2)签订保护秘密合同；(3)限制进入工场、机器设备附近区域；(4)对秘密文件进行特殊保管；(5)禁止秘密材料的散放。①

法律要求对商业秘密采取合理的保密措施，合理有两层含义：从"质"上讲，它要求保密措施是有效的，必须能在保密方面切实发挥效用并达到保密目的；从"量"或"度"上讲，它要求保密措施是适当的，在商业秘密所处的特定环境、条件下足以防止一般人以正当手段获知即可。因此，保密措施首先必须是有效的，否则，就表明商业秘密权利人已经允许其进入公有领域，使他人意欲获知便可通过合法方法得到。在这种情况下，如果仅仅因为他人是从权利人而不是从公有领域获知而给予法律救济，这种救济就有失公平，正如获得他人已抛弃的财产而以盗窃论处一样。其次，保密措施只要求是适当的，而无须尽善尽美、万无一失。因为：(1)人的认识能力具有非至上性，后一阶段的认识总比前一阶段的认识更为充分和深刻，万无一失的理想状态只能无限接近而不能最终达到，因此，如果要求保密措施要绝对地万无一失就只能是一种苛求而不具有任何现实意义；(2)即使要求保密措施在某一阶段做到万无一失也不合理，这样将使商业秘密权利人成本过高并损害其生产能力，打击人们寻求更好的技术信息和经营信息的积极性，最终损害社会整体利益；(3)更为重要的是，商业秘密法律保护禁止的是他人违反商业道德和以不正当手段获取权利人的商业秘密，如果要求保密措施万无一失，他人根本不可能获取商业秘密，那么又何必需要保护商业秘密的法律？因此，美国法院认为，法律对企业保密措施的要求仅是合理范围内的，即保密措施犹如对善意过路人的一道"栅栏"，在足以使其不能觊觎商业秘密的同时，警告其禁止入内，要求企业为其商业秘密建造一座滴水不漏，不可攻克，可防范任何

---

① 刘金波、朴勇植：《日美商业秘密保护法律制度比较研究》，载《中国法学》1994年第3期。

不可预测、不可察觉和不可预防的间谍行为的堡垒,是不现实的。要认定保密措施是否适当非常困难,因为它要求的权利人"在商业秘密所处的特定环境、条件下足以防止一般人以正当手段获知"存在若干不确定的因素,如特定环境、条件和一般人,这都有待于视具体情况而定。从国外发展趋势来看,对此越来越强调义务人的合理注意义务。即在合理注意的前提下,如果保密措施足以使一般人意识到存在商业秘密,基于商业秘密保护所倡导的商业道德,义务人应尊重权利人的保密意志,主动采取回避行为。否则,其行为即使在通常情况下是合法的,也会被视为以合法形式掩盖非法目的的不正当行为。例如,雇员不能借口雇主保密措施的某些一时疏忽(如忘记将载有商业秘密的文件标注秘密等字样,没有将其锁在柜子之中等)而侵占商业秘密。也正因为如此,美国《反不正当竞争法重述》第39条评论G认为:"如果信息清楚地具有秘密性和经济性,那么就没有必要要求权利人提供特别保密措施的证据。"我国国家工商行政管理局《关于商业秘密构成要件问题的答复》也将"合理的保密措施"解释为:"只要权利人提出了保密要求,商业秘密权利人的职工或与商业秘密权利人有业务关系的他人知道或应该知道存在商业秘密,即为权利人采取了合理的保密措施,职工或他人就对权利人承担保密义务。"《最高人民法院关于审理不正当竞争民事案件应用法律若干问题的解释》第11条也是明确要求采取"合理保护措施","在正常情况下足以防止涉密信息泄露的","人民法院应当根据所涉信息载体的特性、权利人保密的意愿、保密措施的可识别程度、他人通过正当方式获得的难易程度等因素,认定权利人是否采取了保密措施"。

有学者认为,商业秘密保护有两种流行的观念:"第一种也是最普遍的一种概念,是对被剥夺具有竞争价值的秘密的企业给予救济,而被剥夺商业秘密则是一种违法行为所造成的后果,包括侵占或者其他侵害行为、违反雇佣合同或者其他保密协议。……第二种观念是由 E. I. due Pont de Nemours & Co., Inc. v. Christopher 案(即杜邦公司案)所确立的,即商业秘密是一种有社会价值的信息,法律甚至应当保护其不受合法行为的侵害。"这两种观念有着不同的保护重点,"根据第一种观念,原告必须证明被告通过非法行为取得了原告的商业秘密","根据第二种商业秘密保护观念,所有人的保密措施仍然具有证据意义,但主要的证据是商业秘密具有真正的价值。被告获取的具体手段在第二种概念中并不重要,尽管不是完全无足轻重"。[①] 杜邦公司案案情如下:1970年杜邦公司兴建一新生产线,厂房建设与新设备安装同时进行,在尚未完工时,厂房上空发

---

① 孔祥俊:《商业秘密保护法原理》,中国法制出版社1999年版,第57~58页。

现了一架可疑的飞机,杜邦公司对飞机降落后被发现的一名摄影师提起诉讼,认为其偷拍新设备,侵犯了商业秘密。被告的行为是否具有某种合法性,正如被告律师的辩护:(1)飞机航行的领域是公共空域,任何个人不被禁止飞行;(2)摄影拍照是美国宪法规定的包括旅行在内的行动自由的内容之一;(3)请问杜邦公司有没有用实际行动表明其工地不允许他人参观——在厂房上盖起大棚,或者装了高射机枪或雷达?法院肯定了前两个问题,基于合理的保密措施而否定了后一问题。这说明被告的行为分别来看是合法的,但一旦与盗窃商业秘密的目的结合起来又是非法的,是以合法形式掩盖非法目的的不正当行为。因此,两种商业秘密保护观念并无实质差别,均是强调商业秘密保护是禁止一般人以违反商业道德和不正当手段获知商业秘密这一主旨,第二种观念只是进一步证实了义务人需尽合理注意义务这一发展趋势,是法律要求保密措施只需合理或者适当地进一步发展。

认定商业秘密,通常需要从以上三个构成要件去衡量。在美国,法院一般采用以下两种基本方法对商业秘密加以分析:(1)产权分析法。采取此分析法,法院将审查信息是否有充分的秘密程度并且具备足够的价值被视为私有财产,它注重两个因素,即必须具备保持其秘密性的合理努力和独立的经济价值。其目的是确定信息是否达到商业秘密的标准而不仅仅是单纯的想法或概念。(2)义务分析法。此分析法并不着重强调信息的保密程度和价值,而是建立在获得信息的渠道以及信息是如何获得的基础上。信息从属于含有保密条款的合同关系,并由此产生信息即使被获知也不能使用或泄露该信息的义务。①

四、对"实用性"的质疑

实用性是指商业秘密的客观有用性,即通过在商业活动中的运用,商业秘密能为持有人带来经济价值。在世界大多数要求实用性的国家,实用性仅强调商业秘密能够付诸实施,而非要求已经实施。但是,"日本的商业秘密法律制度则要求商业秘密具有现实的实用性,即商业秘密已被经营活动采用。日本法律不保护束之高阁的商业秘密,意在促进商业秘密的使用与传播,不过,如此限定商业秘密,必然将某些信息产品排除在商业秘密法律制度的保护之外"。② 我国

---

① 美国加州大学、美国斯坦福大学法学院:《国际知识产权法律制度》,中央广播电视大学出版社1998年版,第18页。

② 唐昭红:《商业秘密研究》,载梁慧星主编:《民商法论丛》第6卷,法律出版社1997年版,第748页。

《反不正当竞争法》第10条明确要求商业秘密"具有实用性",根据1995年国家工商行政管理局《关于禁止侵犯商业秘密行为的若干规定》第2条第3款,具有实用性是指"该信息具有确定的可实用性",《最高人民法院关于审理不正当竞争民事案件应用法律若干问题的解释》第10条则进一步将之涵盖于经济性之中:"有关信息具有现实的或者潜在的商业价值,能为权利人带来竞争优势的,应当认定为《反不正当竞争法》第10条第3款规定的'能为权利人带来经济利益、具有实用性'。"可见,我国的法律规定同世界大多数国家一样,并不要求商业秘密必须已经实施。

在赞成实用性要件的学者看来,实用性具体表现在以下几个方面:(1)客观性。客观性是指商业秘密在客观上确实对其权利人有价值,具有形式的可表现性。倘若某人仅主观臆想某信息对其有价值,而客观上实际并无此功用,或者该信息本身就属于虚无缥缈、只可意会之物,那么这一信息不构成商业秘密。(2)具体性。具体性是指商业秘密应该是具体可行的信息,而不是抽象的构思、原理和单纯的概念,在内容上具有可交易性。这是商业秘密区别于一般理论成果的基本标志。因为,对于具体可行的信息而言,人们可以据此直接在生产经营中实施和应用,并进而转化为经济价值或竞争优势;而对于抽象的构思、原理和单纯的概念,即使它们可能对生产经营具有一定的指导意义,但由于不能直接付诸实施不具备上述功用,也无法律保护的必要。而且,基于维护社会公共利益的需要,抽象的构思、原理和单纯的概念覆盖范围极为宽泛,如果法律对之予以保护,无异于束缚了他人的手脚,不利于知识的进步和社会的发展。(3)确定性。确定性是指商业秘密权利人应能说明商业秘密的详细内容和划定其外延边界。比如,能够说明商业秘密是由哪些信息组成,各组成部分具体内容及其相互关系,与其他相关信息之间的区别,怎样付诸实施等。否则,不确定的信息处于模糊状态,权利无以明确,法律自然也就无从加以保护。

对于商业秘密是否必须具有实用性甚值得怀疑。诚如郑成思先生所言:"在商业秘密领域,合格的受保护信息并无'实用性'要求,是TRIPS明文规定的。"①当然,倘若只是因为《TRIPS协定》对未披露信息的条文没有规定实用性而得出这一结论,那就只具形式意义,但细究之下,这样规定有其内在合理的原因:首先,我们不能找到有经济性而无实用性的信息,因为无实用性必无经济性,相反我们能找到不具有实用性但具有经济性的信息。若信息持有人的同行竞争对手获知后,仍能对其经济利益或竞争优势造成威胁,对之不予以法律保护有违

---

① 郑成思:《WTO与知识产权法研究》,载《中国法学》2000年第3期。

商业秘密保护立法的初衷。例如研究过程中的阶段性成果,尚未形成一个具体的可以据以实施的完整方案,还不足以在商业活动中运用;又如消极信息,拥有者花费很多成本得到的最终结果却是一些失败的试验数据、方法等,这些对拥有者本人毫无用处的信息也不可能在其商业活动中去运用。如果这些信息具有上述的新颖性、秘密性和管理性,应作为商业秘密受到法律的保护。反之,这些信息若仅因其不具有实用性而不予保护,就与商业秘密法促进新技术与新经验研发、反对违反商业道德以不正当手段获取他人信息的宗旨相悖。"如果这类信息由于不具有'实用性'不能受到法律的保护,那么无异于鼓励人们可以不择手段获取该类信息,从而使法律所倡导的维护公平、有序的竞争处于尴尬的境地。"①其次,对经济性的要求实际已含实用性的合理内核。有学者认为:"实用性与价值性是密切相关的,即实用性是价值性的基础,没有实用性就谈不上价值性;价值性是实用性的结果。这就是实用性与价值性的区别与联系,也是我们说实用性与价值性是不同的法律要件的根据。"②这种观点,正确地揭示了二者的联系,但不能指明其区别,更不能成为二者是不同的法律要件的根据,比如上文所述的不具有实用性而具有经济性的信息。由于二者的有机联系,我们完全可以将实用性的合理内核作为经济性的要求,即剔除客观性、具体性、确定性中要求信息必须能予以运用的部分,并以此去判断经济性;在商业活动中运用某信息可以给持有人带来现实或潜在的经济利益或竞争优势,自是具有经济性,仅拥有而不运用和不让同行竞争者自由获得、运用如能给信息拥有者带来这些利益和优势,也应具有经济性。

第三节 商业秘密的范围

一、对商业秘密范围的不同认识

世界知识产权组织国际局对1996年制定的《关于反不正当竞争保护的示范规定》第6条规定的商业秘密作了下列解释:秘密信息(secret information)由制

---

① 寇占奎、许振台:《Trips协议中未披露信息与我国商业秘密构成要件的比较》,载《经济论坛》2002年第21期。

② 孔祥俊:《商业秘密保护法原理》,中国法制出版社1999年版,第48页。

造的或商业的秘密组成。它包括生产方法、化学公式、图样、营销方法、分配方法、合同格式、经营计划表、价格协议细节、消费者群体、广告方案、供应者或顾客名单、计算机软件和数据库。① 日本1993年修改的《反不正当竞争法》第2条第2款和我国《反不正当竞争法》第10条均将商业秘密分为技术信息和经营信息两大类。而英美法系国家并无这样的限定,它们往往将商业秘密的范围统称为"包括配方、样式、编辑、程序、装置、方法、技术、工序在内的特定信息"(美国《统一商业秘密法》)、"各种形式和种类的金融、商业、科学、技术、经济或工程的信息"(美国《1996年反经济间谍法》)、"保密信息"(英国国会法律委员会《关于违反保密义务的法律草案》)、"符合下列条件的任何信息"(加拿大《统一商业秘密法》)等。

我国法学界对商业秘密范围的认识存在分歧。一种观点赞成我国《反不正当竞争法》对商业秘密的限定,认为:"商业秘密包括技术信息和经营信息。这种区分是极为合理和严密的,完全能够涵盖作为商业秘密的各种信息。在作为商业秘密的信息中,除了技术信息,就是经营信息,也即经营信息是技术信息以外的信息。"② 另一种观点则持反对意见,认为:"技术秘密与经营秘密是商业秘密的主要部分,但商业秘密还可有其他内容。"③ 反对者的理由主要为:(1)故事主题、情节的构思、广告宣传上的精彩创意、特殊的训练方法等文学、艺术、教育、医疗卫生等方面的信息不能归纳到技术信息和经营信息中去。(2)技术信息和经营信息,仅是采取反不正当竞争法保护的国家的一种定义方法,如果将商业秘密保护置于更广阔的视野来研究,会看到情况并非如此。而且,反不正当竞争法本身的调整范围也将不断扩大,在其形成和发展时期,其调整范围仅限于工商业领域;而到了成熟时期,其调整的范围则扩大到体育、文化、教育、科研、旅游、医疗卫生、社会保障等几乎所有经济生活的垄断或限制竞争及不正当竞争行为。因此,商业秘密的范围将随反不正当竞争法调整范围的扩大而扩大,相关领域的秘密信息自然会作为商业秘密受到保护。(3)虽然我国《反不正当竞争法》只调整经营者之间的关系,但发展趋势正如美国《反不正当竞争法重述》第39条评论D所总结:"虽然商业秘密权一般为经营者和其他商业机构所主张,但非营利机构,如慈善、教育、政府、互济和宗教组织,也可对具有经济价值的信息主张商业秘密权,例如可加入组织的人员或者捐献者的名单。"笔者认为,无论我们怎样认定商

---

① 孔祥俊:《商业秘密保护法原理》,中国法制出版社1999年版,第130页。
② 孔祥俊:《商业秘密保护法原理》,中国法制出版社1999年版,第133页。
③ 张玉瑞:《商业秘密法学》,中国法制出版社1999年版,第49页。

业秘密的范围,都不可否认这样一个前提,即该信息必须具备法律所要求的构成要件。离开这一前提,单纯地以范围论范围是片面的、不科学的。美国有这样一个关于商业秘密的案例(Religious Technology Center v. Wollersheim 案),其案情为:原告认为,一个人的行为和幸福通过除去魔障(engrams)而改善,其科学教堂(the Church of Scientology)传授一套使人确定并消除魔障的教义,并认为信徒只有在科学教堂的监督下循序渐进地接受教义,才能达到目的,而在条件不成熟时无监督地使用高级教义将会造成精神上的伤害,因此科学教堂将此高级教义高度保密,只向作出书面保密保证的信徒传授。被告曾是科学教堂创立人的合作者,并帮助其准备高级教义,后离开科学教堂创建了新文明教堂(the Church of the New Civilization),为信徒提供相同的顾问和训练。本案的审判几经曲折,最终,巡回法院认为,秘密材料只有具有可用金钱计算的现实的或者潜在的经济价值,才可能作为商业秘密予以保护。科学教堂相信其信徒与非信徒相比,通过运用这些材料可以得到更多的精神价值,并以此作为构成商业秘密的基础,巡回法院对此不予支持。新文明教堂侵占科学教堂的秘密对其所造成的损害是一种"宗教损害"。该秘密信息的价值是精神的而非商业的,不能说其具有商业秘密所必须的独立的经济价值。[①] 这足以说明并非任何信息都能作为商业秘密。而文学、艺术、教育等方面的信息并非与技术信息、经营信息格格不入。由于经济性是大陆法系和英美法系所有国家均要求具备的构成要件,其含义也均包括商业秘密能为其权利人带来现实的经济利益(或竞争优势),因此,无论哪方面的信息,如果要使其具备经济性都必须运用于(或将运用于)商业活动之中。当我们把经营信息界定为商业活动中除技术信息以外的其他信息时,技术信息和经营信息就可以囊括文学、艺术、教育等方面可用于商业活动的信息。而不能用于商业活动的这些方面信息,因不具备经济性,本该排除在商业秘密范围之外,技术信息和经营信息不能囊括也无可指责。由此推之,即使反不正当竞争法调整范围扩大,即使非营利机构也可成为商业秘密权利人,但如果相关信息因不能用于商业活动而不能为技术信息或经营信息囊括时,其本身本来就不能成为商业秘密。综上所述,将商业秘密的范围限定于技术信息和经营信息是可取的。

二、技术秘密

技术秘密,也被称为专有技术、技术诀窍,以及音译诺浩、挪号,这一术语来

[①] 孔祥俊:《商业秘密保护法原理》,中国法制出版社 1999 年版,第 45～47 页。

自英文"Know-how",即"I know how do it"的缩写,其含义为"我知道如何去做"。20 世纪 60 年代中期,我国在技术引进合同中开始使用这一术语。1980 年 12 月 14 日财政部公布《中华人民共和国中外合资经营企业所得税法实施细则》时,我国在官方正式文件中首次把"Know-how"称作专有技术。1985 年 5 月国务院发布的《技术引进合同管理条例》及其《实施细则》规定了专有技术的引进。其中专有技术特指,"未公开过、未取得工业产权法律保护的制造某种产品或者应用某项工艺以及产品设计、工艺流程、配方、质量控制和管理方面的技术知识"。1969 年在布达佩斯召开的保护工业产权国际联盟会议上,匈牙利代表团就专有技术定义提出了一个提案,认为"专有技术是指享有一定价值的,可以利用的,为有限范围的专家知道的,未在任何地方公开过,其完整形式和未作为工业产权取得任何形式保护的技术知识、经验、数据、方法或其组合"。这一提案普遍被认为是迄今为止对专有技术所作的最有影响的定义之一。

专有技术和商业秘密的关系大体上可分为三种情况:其一,国际技术贸易中较多地使用 Know-how 一词。如国际商会理事会 1961 年通过的《保护技术秘密标准条款》、世界知识产权组织制定的《供发展中国家使用的许可证贸易手册》以及 1969 年保护工业产权所通过的议案等国际文件都使用了 Know-how 概念。其二,英国等国家将 Know-how 与 Trade Secret(商业秘密)严格区别使用,其理由是:(1)产生时间不同,商业秘密作为一个法律术语比 Know-how 早出现 100 余年;(2)内容不同,即商业秘密一般指自成体系并具有经济价值的信息,专有技术一般不是独立的技术,它必须依附于某项专利或某项商业秘密才能发挥作用。其三,商业秘密与专有技术混合使用,不作严格区分,日本、美国皆然,在美国更为常用的是商业秘密。有的美国学者认为,Know-how 是商业秘密的"一个远房亲戚"(a distant cousin),可以界定为由经营者开发或者积累的对其经营活动有益的一种信息。这种信息不必是新颖的(novel)或者独有的(unique),没有商业秘密那样重要,但对公司有价值。[①] 由于我国立法渐趋使用商业秘密一词,大多学者认为专有技术就是指技术秘密。这是因为将 Know-how 译为专有技术是不准确的,与专利相比较,专有技术本身恰恰不是"专有的",不具有排他性的专有权利,一项专有技术可能同时被几个人合法拥有。技术秘密也不能等同于非专利技术。在工业发达国家的现行相关法律条文中,找不到与"非专利技术"对应的概念。我国的技术合同及其他法律中也并未对这一概念作出明确界定。在最初使用这一概念时,人们一般是将它与技术秘密等同起来认识的,以为

---

① 孔祥俊:《商业秘密保护法原理》,中国法制出版社 1999 年版,第 20~21 页。

两者所指向的对象属于同一事物。但实际上,非专利技术和技术秘密不是同一个概念。非专利技术是指不涉及专利权的技术之总和,它包括被排除在专利保护范围以外的技术、未申请专利而处于保密状态的技术、专利保护期届满后进入公有领域的现有技术。技术秘密只是非专利技术中的一部分,范围明显窄于非专利技术。因此,1999 年 1 月通过的《合同法》技术合同一章中,以"技术秘密转让"取代了"非专利技术转让"。

技术秘密包括但不限于符合商业秘密构成要件的设计、工艺、数据、配方、程序、图纸等形式。《深圳经济特区企业技术秘密保护条例》第 55 条将技术信息的范围解释为:"包括以物理的、化学的、生物的或其他形式的载体所表现的设计、工艺、数据、配方、诀窍等形式。"原国家科委发布的《关于加强科技人员流动中技术秘密管理的若干意见》第 2 条规定:"本单位所拥有的技术秘密,是指由单位研制开发或者以其他合法方式掌握的、未公开的、能给单位带来经济利益或竞争优势,具有实用性且本单位采取了保密措施的技术信息,包括但不限于设计图纸(含草图)、试验结果和试验记录、工艺、配方、样品、数据、计算机程序等等。技术信息可以是有特定的完整的技术内容,构成一项产品、工艺、材料及其改进的技术方案,也可以是某一产品、工艺、材料等技术或产品中的部分技术要素。"该解释较准确地揭示了技术秘密的内涵和外延。这里的"技术"是从狭义角度界定的,是指根据自然科学原理和生产实践经验发展成的各种工艺操作方法与技能,而不包括社会科学及其相应技能。[1]

三、经营秘密

经营秘密,是指技术秘密以外的能够构成商业秘密的其他信息。技术秘密和经营秘密作为商业秘密的两个组成部分,其主要区别为:技术秘密侧重于工业中的技术知识和经验,经营秘密则侧重于在经营、管理中的知识和经验,除了工业以外,还涉及商业、服务业、旅游业、金融业等广义的产业领域;技术秘密比经营秘密具有更明显的财产价值,对技术秘密的认定相对来说比较容易,而经营信息在构成条件和范围上存在较多不易确定的地方。商业秘密的法律保护先是从财产特征明显的技术秘密开始,随后逐步扩大到技术秘密以外的经营秘密。

国家工商行政管理局发布的《关于禁止侵犯商业秘密行为的若干规定》第 2 条第 5 款所列举的"管理诀窍、客户名单、货源情报、产销策略、招标投标中的标

---

[1] 张耕:《知识产权民事诉讼研究》,法律出版社 2004 年版,第 541 页。

底及标书内容"均属于典型和常见的经营秘密。除此之外,与经营者的金融、投资、采购、销售、财务、分配有关的信息,如企业投资方向、投资计划、市场预测、产品成本和定价、新产品的研发计划、招投标的标底、进货及销售渠道、特定职员的薪金等都属于经营秘密的范围。需注意的是,经营秘密包括但不限于这些信息,而这些信息是否构成商业秘密,必须依据具体情况从商业秘密构成要件去分析,它们并非理所当然地是商业秘密。经营信息的范围十分广泛,必须注意与处于公有领域的普通信息的区分。认定是否以属于商业秘密的经营信息,应从商业秘密的构成要件上分析和把握。从国内外的大量判例看,认定构成侵权的商业秘密绝大多数都属于技术秘密范畴。

客户名单是经营信息中的一个重要种类,在商业秘密侵权案中最易引起纷争。《最高人民法院关于审理不正当竞争民事案件应用法律若干问题的解释》第13条规定:"商业秘密中的客户名单,一般是指客户的名称、地址、联系方式以及交易的习惯、意向、内容等构成的区别于相关公知信息的特殊客户信息,包括汇集众多客户的客户名册,以及保持长期稳定交易关系的特定客户。"由于此类案件常因员工跳槽引起,与员工择业自由权相关,同时客户名单的秘密性不高,又常处于动态变化中,内容和范围都不易确定,因而客户名单的商业秘密属性的认定在国内外商业秘密案件中都是一个难点,形成了许多正反两方面的判例。在美国判例中,常常基于下列理由而否定客户名单的商业秘密属性:(1)联邦法院:客户名单易于从公开的商业周刊获得;(2)加利福尼亚:所有的竞争者都能够通过相同的途径取得该客户名单;(3)加利福尼亚:客户名单在该领域内极为有名;(4)客户名单没有上锁,没有标注秘密字样,并由一般的业务员保管;(5)客户名单是从垃圾中获得的。综合考察国内外判例,对客户名单的商业秘密属性的判定,主要应考虑以下因素:

1. 客户名单是否容易获取,获取过程中耗费多大的人力、财力和智力。构成商业秘密的客户名单必须是不易取得的。如果容易取得,如从公开的刊物、电话簿或特定数据库中简单抽取获得,就不应当成为原告财产权的客体。但是,如果所有人通过花费相当多的人力或财力或智力才能获得,就应当对客户名单加以保护,即使这些客户名单是从公有领域信息中加工而成的。英国格瑞额(Greene)勋爵在其对英国商业秘密保护具有里程碑意义的 Saltman Engineer-

---

① Henry J. Siberberg and Eric G. Lardiere, Eroding Protection of Customer Lists and Customer Information Under the Uniform Trade Secrets Act, V.42, Nov.2, *The Business Lawer*, Feb.1987, p.487.

ing v.Campbell Co.一案中的判决中指出:"从任何人都可以利用的资料中经过劳动所取得的工作成果,完全可以成为一种秘密文件……使其具有秘密性的是,文件的制造者业已动过脑筋,才取得了该成果,而他人只有经过这一同样的过程才能取得该成果。"英国的《(英格兰和威尔士)法律委员会信任违反法草案》第2条第2项也规定:"公共领域的信息包括公共知识或公众易于取得的知识……但是,就本法而言,任何能够从公共领域(不管是文件、产品、过程还是其他任何东西)摘取的信息,如果为该摘取的信息付出了劳动、技术或金钱,就不属于公有领域的信息。"① 例如,在一个案件中,一个家庭清洁服务公司打了两三百个电话,才查到8到12家需要清洁服务,法院认为,该顾客名单不是简单地从电话簿中看到,故为商业秘密。在另一个案件中,顾客名单的所有人用3年时间,耗资80万美元的广告费及邮寄大量的传单,才找到274个买主,此种顾客名单应当受到保护。②

在美国彼德蒙特烟花公司诉萨特克立夫案的审理过程中,当事人对原告开发客户名单是否耗费了人力财力进行了充分辩论,法庭最终确认原告的客户名单构成商业秘密。本案原告从事烟花零售和批发业务,被告曾受雇于原告,后辞职自己开公司从事与原告竞争的烟花行业,并利用了原告的客户资源。对烟花行业来说,客户资源要靠不断地挖掘和培养,市场上不存在现成的客户。客户源的不确定性,决定了商家难以准确地获知哪些人对烟花生意感兴趣。这一行业最常见的,也是最管用的寻找客户的方法为逐户探访(cold-calling),一种耗时、成本又高的方法。经过几年的逐户探访,原告将其客户名单录入电脑,记载了每一客户的部分或全部情况,如客户名称、地址、电话、是否已订约、上次订约数量、客户指定燃放处的烟花燃放景象的感观调查以及关于今后如何提高客户烟花表演满意度的总结性记载。被告的私人日记中也记载了他接触过的客户的详细情况。本案中,双方当事人都承认客户名单的获得花费了大量的人力物力才完成,因而法庭判决原告胜诉。③ 我国法院判决的客户名单构成商业秘密的著名判例则是中国青年旅行总社诉中国旅行总社利用其原工作人员擅自带走的客户档案进行经营活动侵犯商业秘密纠纷案。④

---

① 转引自孔祥俊:《商业秘密保护法原理》,中国法制出版社1999年版,第147～148页。
② 孔祥俊:《商业秘密保护法原理》,中国法制出版社1999年版,第136页。
③ 彭学龙:《从美国最新判例看客户名单商业秘密属性的认定》,载《知识产权》2003年第1期。
④ 参阅最高人民法院中国应用法学研究所编:《人民法院案例选》(知识产权卷),中国法制出版社2000年版,第631～634页。

2. 权利人采取保密措施的程度。商业秘密必须具有秘密性,并且所有人还应采取保密措施,努力保持其秘密性。权利人采取的保密措施是否合理,应依具体情势进行判断。通常情况下,只要权利人采取了一定的保密措施,并且能够为他人所识别,他人就应望而却步,此时权利人的保密措施就可以认定是合理的。但是,如果客户名单获取后,没有采取一定的保密措施,如没有标注秘密字样,或没有制定相应保密规则,或没有禁止雇员随意使用,而是随意公开,甚至丢弃在垃圾中,就不能认定客户名单属于商业秘密。在美国丹福斯公司诉盖格朗侵犯商业秘密案中,法庭就认定原告未采取合理的保密措施而判决其败诉。本案原告为康涅狄格州弥尔福特(Milford)的一家保险代理商,被告盖格朗是原告雇佣的保险代理人,受雇数年后于1999年6月21日辞职。原告称被告离开公司时带走客户名单,侵占了其商业秘密。法院认为,客户名单可以构成商业秘密,但它必须具有足够的秘密性,以至于除非运用不正当手段,要获得该信息非常困难。这样,客户名单的所有者就必须采取适当的措施防止名单泄露。但证据表明原告并未采取任何措施要求员工要保密,原告与其员工之间也未订立过有关保守其所宣称的"商业秘密"的协议。原告的客户名单随手可得,并不存在任何限制,一个曾经有机会使用这些名单的证人就从未听说过如原告的一个证人所试图证明的"上锁的柜子"。可见,这样的客户名单即使获得时付出了劳动,也难以成为商业秘密受到法律保护。①

第四节 商业秘密与相关概念辨析

一、商业秘密与国家秘密

国家秘密作为秘密的一种特殊形式,除具有秘密的一般属性以外,同时又有自身的一些特性。它是为维护国家安全和利益而存在的,产生于国家的政治、军事、经济、科技、外交等领域,是这些领域中国家机关的行为所派生的(包括一般民事主体接受国家机关的委托),并为之服务。不同国家对国家秘密的定义大致相同,意大利将国家秘密定义为:符合国家利益或国家内外政治利益的一切情

---

① 彭学龙:《从美国最新判例看客户名单商业秘密属性的认定》,载《知识产权》2003年第1期。

报。罗马尼亚规定,凡明显标有机密性质的情报、资料、文件均属国家秘密。泰国规定:国家秘密是指那些为了维护国家和盟国利益,根据它本身的重要性,而在一定的范围内保守秘密的情报(包括语言、图案、文件以及各种形式的物件等)。① 我国于1951年6月公布的《保守国家机密暂行条例》将国家秘密定义为"一切未经决定或者虽经决定尚未公布的国家事务"。但这一定义未揭示国家秘密的本质特征,也未明确国家秘密的范围。1988年9月5日七届人大常委会第三次会议通过的《中华人民共和国保守国家秘密法》对此作出更为科学的界定,该法第2条规定:"国家秘密是关系国家的安全和利益,依照法定程序确定,在一定时间内只限一定范围的人员知悉的事项。"

国家秘密和商业秘密都是秘密,都只限于特定范围内的人知悉,都能为权利人带来利益,并且都必须由权利人采取合理的保密措施予以保护,二者存在着某些交叉和重合。例如,《保守国家秘密法》第8条规定,国家秘密包括国民经济和社会发展中的秘密事项,科学技术中的秘密事项;1990年4月25日国家保密局发布的《保守国家秘密法实施办法》第22条规定,在对外交往与合作中,对方以正当理由和途径要求提供国家秘密时,应当根据平等互利的原则,按照国家主管部门的规定呈报有相应权限的机关批准,并通过一定形式要求对方承担保密义务。根据1995年原国家科委、国家保密局《科学技术保密规定》,作为国家秘密的科学技术的范围为:削弱国家的防御和治安能力的,影响我国技术在国际上的先进程度的,失去我国技术的独有性的,影响技术的国际竞争能力的,影响国家声誉、权益和对外关系的。由此可见,技术信息和经营信息关系国家的安全和利益时可构成国家秘密,符合商业秘密的构成要件时也能成为商业秘密。但正如有的学者所指出的:"国家秘密和商业秘密本是两个不同的概念,在市场经济发达国家不会存在交叉或混同的问题。但在我国却经常将二者混杂在一起。这不仅由于我国现阶段公有制正处于经济体制转换时期,企业产权尚不十分明确,而且由于保密工作部门长期把侵犯企业技术秘密或经营秘密视为国家秘密予以保护的传统习惯以及刑事司法工作部门把泄露商业秘密认定为泄露国家秘密犯罪处理的传统实践。"② 确实,在实行市场经济的今天,我们应充分尊重并维护市场主体的合法权益,凡国家秘密和商业秘密可能交叉的技术信息或经营信息,如果不会关系到国家的安全和利益,国家不应无端干涉;如果关系到国家的安全和利

---

① 刘志才:《保密法概论》,金城出版社1996年版,第59页。
② 张欣:《论国家秘密与商业秘密的关系及其法律保护》,载《河北法学》1997年第4期。

第一章　商业秘密的界定

益(如军工企业中的军事技术),国家应依法定程序确认为国家秘密,予以更严格的保护,对权利人因此而受限制的权利给予合理的物质补偿及鼓励。所以,澄清二者的区别甚为重要。二者存在以下的区别:

1. 权利的性质不同。基于国家秘密所享受的权利具有强烈的公权色彩,它直接关系国家的安全和利益,相关法律规范多为强制性的规定,权利主体的权利(特别是处分权)受到较多限制,不得擅自转让或抛弃权利,许多行为的实施受到国家及其行政机关的干预。而商业秘密则是一种私权,它直接关系权利人的经济利益或竞争优势,相关法律多为任意性规范,权利主体受到的限制较少,行为的实施充分尊重当事人的意思自治。

2. 权利的客体不同。国家秘密所保护的信息包括国家政治、经济、科技、军事、外交等多个领域,根据我国《保守国家秘密法》第8条,具体是指下列秘密事项:"(1)国家事务的重大决策中的秘密事项;(2)国防建设和武装力量活动中的秘密事项;(3)外交和外事活动中的秘密事项以及对外承担保密义务的事项;(4)国民经济和社会发展中的秘密事项;(5)科学技术中的秘密事项;(6)维护国家安全活动和追查刑事犯罪中的秘密事项;(7)其他经国家保密工作部门确定应当保守的国家秘密事项。"国家秘密及其密级的具体范围,由国家保密工作部门分别会同外交、公安、国家安全和其他中央有关机关规定。国防方面的国家秘密及其密级的具体范围,由中央军事委员会规定。而商业秘密所保护的技术信息和经营信息仅仅限于商业活动领域之中(如工业、农业、第三产业等),并且其范围的确定取决于权利人及当时公知信息的发展状况。

3. 法律保护的前提不同。关系国家安全和利益的事项,只有经过国家机关依照法定权限和法定程序确认为国家秘密的,才受到法律的保护。根据我国《保守国家秘密法》第11条、第13条、第15条及其《保守国家秘密法实施办法》第10条、第11条的规定,各级国家机关、单位对所产生的国家秘密事项,应当按照国家秘密及其密级具体范围的规定确定密级。对是否属于国家秘密和属于何种密级等不明确事项,依照下列规定确定:绝密级由国家保密工作部门确定;机密级由省、自治区、直辖市的或者其上级的保密工作部门确定;秘密级由省、自治区政府所在地的市和国务院批准的较大的市的或者其上级的保密工作部门确定。其他机关经国家保密工作部门审定,可以在其主管业务方面行使前款规定的确定密级权。在确定密级前,产生该事项的机关、单位应当按照拟定的密级,先行采取保密措施。对是否属于国家秘密和属于何种密级不明确的事项,产生该事项的机关、单位无相应确定密级权的,应当及时拟定密级,并在拟定密级后的10日内依照下列规定申请确定密级:属于主管业务方面的事项,逐级报至国家保密工作部门审定的有权确定该事项密级的上级机关;其他方面的事项,逐级报至有权确定该事项密级的保密工作部门。接到申请的机关或者保密工作部门,应当在30日内作出批复。国家秘密事项的密级和保密期限,应当根据情况变化及时变更。密级和保密期限的变更,由原确定密级和保密期限的机关、单位决定,也可以由其上级机关决定。而商业秘密的法律保护则无须任何国家机关的确认或审批,直接由权利人自己采取保密措施进行保护。

4. 构成要件不同。从我国《保守国家秘密法》对国家秘密所下的定义中可以看出,国家秘密必须具备以下三个构成要件:关系国家的安全和利益,依照法定程序确定,在一定时间内只限一定范围的人员知悉。对于第二个要件,上文已经述及;而第三个要件则是所有秘密都具备的;根据《保守国家秘密法实施办法》第4条,第一个要件的具体含义为:"(1)危害国家政权的巩固和防御能力;(2)影响国家统一、民族团结和社会安定;(3)损害国家在对外活动中的政治、经济利益;(4)影响国家领导人、外国要员的安全;(5)妨害国家重要的安全保卫工作;(6)使保护国家秘密的措施可靠性降低或者失效;(7)削弱国家的经济、科技实力;(8)使国家机关依法行使职权失去保障。"而商业秘密的构成要件则如前所述,分别为:经济性、秘密性和新颖性、管理性。商业秘密要求信息必须在客观上适合于在商业活动中实施,并能创造出积极的效果,给权利人带来经济利益或竞争优势;而国家秘密则不一定要求这些内容。

5. 保护的期限不同。《保守国家秘密法》第14条规定:"机关、单位对国家秘密事项确定密级时,应当根据情况确定保密期限。确定保密期限的具体办法由国家保密工作部门规定。"1990年9月19日国家保密局据此发布的《国家秘密保护期限的规定》规定,国家秘密的保密期限,除有特殊规定者外,绝密级事项不超过30年,机密级事项不超过20年,秘密级事项不超过10年。除保密期限届满外,有关国家机关、单位的解密也能导致原国家秘密不受保护。根据《国家秘密保护期限的规定》第11条,经主管机关、单位正式公布,即视为解密。根据《保守国家秘密法》第15条、第16条及其《保守国家秘密法实施办法》第18条,国家秘密事项的密级和保密期限,应当根据情况变化及时变更;密级和保密期限的变更,由原确定密级和保密期限的机关、单位决定,也可以由其上级机关决定;保密期限需要延长的,由原确定密级和保密期限的机关、单位或者其上级机关决定;国家秘密事项在保密期限内,因该事项公开后无损于国家的安全和利益或从全局衡量公开后对国家更为有利,不需要继续保密的,原确定密级和保密期限的机关、单位或者其上级机关应当及时解密;情况紧急时,可以由上级机关直接解密。而商业秘密没有固定的保护期限,只要某种技术信息或经营信息仍具有商业秘密的构成要件,就能永远受到法律保护,有关国家机关无权决定其保护期限及其解密。

6. 外在的标志不同。作为国家秘密的载体,法律要求其必须作出明显的标志,以供识别。《保守国家秘密法》第 12 条规定:属于国家秘密的文件、资料,应当依法标明密级,不属于国家秘密的,不应标为国家秘密文件、资料。《保守国家秘密法实施办法》第 13 条规定:属于国家秘密的文件、资料和其他物品,由确定密级的机关、单位标明密级;对于不明确的或有争议的关于确定密级的事项,无确定密级权的机关、单位,在向有批准权的机关、单位提出申请确定密级的同时,应标明拟定的密级。1990 年 10 月 6 日国家保密局、国家技术监督局发布的《国家秘密文件、资料和其他物品标志的规定》进一步具体规定为,国家秘密文件、资料和其他物品(简称密件)的密级和保密期限一经确定,应当立即作出明显并易于识别的标志。书面形式的密件,其密级和保密期限的标志应当采用下列形式:在封面(或者首页)的左上角标明密级和保密期限;地图、图纸、图表在其标题之后或者下方标明密级和保密期限。书面形式的密件,其国家秘密的标识为"★", "★"前标密级,"★"后标保密期限。非书面形式的密件,应当以能够明显识别的方式在密件上标明密级和保密期限;凡有包装(套、盒、袋等)的密件,还应当以恰当方式在密件的包装上标明。而对于商业秘密,虽然也可采用文字、图案、色彩等标志以便识别,但法律并无强制性要求,有无标志均不影响其构成商业秘密。

7. 承担的法律责任不同。我国现行法律对侵犯国家秘密的行为主要规定了行政责任和刑事责任,其行政责任包括国家机关、单位按隶属关系对所属的保密违法行为人给予的行政处分,以及国家保密行政机关对保密违法行为人(含法人和自然人)给予的行政处分和行政处罚;其刑事责任主要依据《刑法》第二编第一章"危害国家安全罪"的有关规定予以追究。而现行法律对侵犯商业秘密的行为设定了民事、行政、刑事三种法律责任,其行政责任主要是工商行政管理机关对违法行为人的行政处罚,其刑事责任主要依据《刑法》第二编第三章第七节"侵犯知识产权罪"的有关规定予以追究。

二、商业秘密与个人隐私

自 1890 年美国萨缪尔·D.沃伦和路易斯·D.布兰戴斯发表《隐私权》一文后,如何对个人隐私进行界定,学术界一直存在争论。我国学者对个人隐私的界定主要有两种观点:一种观点认为,隐私是个人不愿为他人所知晓和干预的私人生活,其内容包括三个方面:个人信息的保密,个人生活不受干扰,个人私事决定的自由。① 另一种观点认为,隐私又称私人生活秘密或私生活秘密,是指私人生活安宁不受他人非法干扰,私人信息保密不受他人非法搜集、刺探和公开等,其具体内容为:公民得保有姓名、肖像、住址、住宅电话、身体肌肤形态(尤其是性器官)的秘密,未经其许可,不得加以刺探、公开或传播;公民的个人活动,尤其是在住宅内的活动不受监视、监听、窥视、摄影、录像,但依法监视居住者除外;公民的住宅不受非法侵入、窥视或者骚扰;公民的性生活不受他人干扰、干预、窥视、调查或公开;公民的储蓄、财产状况不受非法调查或公布,但是依法需要公布财产状况者除外;公民的通信、日记和其他私人文件(包括储存于计算机内的私人信息)不受刺探或非法公开,公民的个人数据不受非法搜集、传输、处理、利用;公民的社会关系,包括亲属关系、朋友关系等,不受非法调查或公开;公民的档案材料,不得非法公开或扩大知晓范围;公民不向社会公开的过去或现在的纯属个人的情况(如多次失恋、被罪犯强奸、患有某种疾病或者曾经患有某种疾病等),不得进行收集或公开;公民的任何其他纯属于私人内容的个人数据,不得非法加以搜集、传输、处理和利用。② 个人隐私和商业秘密都具有秘密性,都必须由权利人采取合理的保密措施予以保护,二者存在着某些交叉和重合,个人隐私能为权利人带来经济利益和竞争优势、具有商业秘密构成要件时,也可成为商业秘密。但二者存在着以下区别:

1. 权利的性质不同。个人隐私属于人格权,而商业秘密属于知识产权,具有财产权属性。

2. 权利的客体不同。隐私权所保护的个人隐私包括个人信息、个人生活(或个人私事决定自由),而商业秘密仅保护技术信息和经营信息。

3. 权利的主体不同。个人隐私的主体只能是自然人,法人和其他组织不能成为隐私权的主体。因为个人隐私受到法律保护是基于两个方面的原因:一是大众传媒大量登载涉及个人的桃色新闻和庸俗流言,二是公众尤其是受害者感受到侵犯个人隐私所带来的极大精神痛苦。③ 这表明隐私权从产生之日起就是保护公民个人的,只有公民才有精神痛苦的情感。而商业秘密的主体主要是法人及其他组织,且个体工商户仅占少数。

4. 构成要件不同。商业秘密要求信息必须在客观上适合于在商业活动中实施,并能创造出积极的效果,给权利人带来经济利益或竞争优势,而个人隐私

---

① 王利明、杨立新:《人格权与新闻侵权》,中国方正出版社1995年版,第415~416页。
② 张新宝:《隐私权的法律保护》,群众出版社1997年版,第16~18页。
③ 张新宝:《隐私权研究》,载《法学研究》1990年第3期。

第一章 商业秘密的界定

则不要求这些内容。

5. 侵权的行为形式不同。侵犯商业秘密和个人隐私的行为都涉及刺探、调查、披露、公开或者传播等形式,但侵害个人隐私的行为还包括干扰个人生活(或妨碍个人私事的决定)。

6. 承担的法律责任不同。现行法律对侵犯商业秘密和个人隐私的行为都规定了民事、行政和刑事三种法律责任。商业秘密侵权行为人的行政责任由工商行政管理部门追究,而个人隐私侵权行为人的行政责任因行为人的不同而由不同的部门来进行处理,例如根据《律师法》第 33 条、第 34 条,律师违反法律规定,泄露当事人隐私的,由省、自治区、直辖市以及设区的市的人民政府司法行政部门给予警告,情节严重的,给予停止执业三个月以上一年以下的处罚;有违法所得的,没收违法所得。追究商业秘密侵权行为人的刑事责任主要依据《刑法》第二编第三章第七节"侵犯知识产权罪"的有关规定,追究个人隐私侵权行为人的刑事责任主要依据《刑法》第二编第四章"侵犯公民人身权利、民主权利罪"的有关规定。

第二章 商业秘密法的理论基础

第一节 商业秘密法的伦理道德基础

从各国现有的成文法律规定与既往判例中,我们能清晰地发现立法者对商业秘密进行法律保护包含有强烈的道德判断。商业秘密保护理论非常丰富的美国在1985年修订《统一商业秘密法》时,明确声称商业秘密法的主要目的是"维护商业道德的水准"。在著名的 Kewanee Oil Co.v.Bicron Corp.一案中法官明确指出"维护商业伦理标准和对创造发明的鼓励是商业秘密法背后的重要政策基础"。[1] 在 Abbott Lab.v.Norse Chem.Corp.一案中法官同样指出"商业秘密法的理论基础在于努力增进商业道德"。[2] 可见,对侵犯商业秘密的行为进行不道德评价是美国立法者非常显著的价值取向。纵观世界各国对商业秘密立法保护的现状,我们可以进一步发现对商业秘密的法律保护除体现在单行的商业秘密保护法中外,大都被纳入反不正当竞争法中。欺诈、胁迫、盗窃以及违反合同义务等一系列侵害商业秘密的不正当手段之所以遭受法律禁止,不仅因为它们违反法律规定,更深层次的原因还在于它们违反人类的惯常道德规范和伦理价值。如我国对商业秘密予以保护的《反不正当竞争法》中就鲜明表达出了立法者的道德声明:"经营者在市场交易中,应当遵循自愿、平等、公平、诚实信用的原则,遵守公认的商业道德。"

自然法学派一贯坚持法律与道德具有一致性,认为法律应以道德为基础并反映道德的本质要求;分析实证法学派则始终主张"法律问题……是社会技术问

---

[1] Kewanee Oil Co.v.Bicron Corp.,416 U.S.470,481~482(1974).
[2] Abbott Lab.v.Norse Chem.Corp.,147 N.W.2d 529,533(wis.1967).

题,并不是一个道德问题"①要求排除对法律的道德考察,以维护法律的权威和法律秩序的稳定。虽然在法理学界对道德与法律的关系历来存在不同认识,但道德问题始终贯穿于现实立法与司法实践中成为隐藏在明文法律规定背后的重要指导因素却是不争的事实,而且即使是最坚定的实证主义者也"不能否认法律之稳定性部分地有赖于与道德的一致性"②,以避免造成"他们由于缺乏考虑对社会的代价而匆忙作出法律是无效的因而不应得到遵守的判断"。③ 法律与道德相互作用、相互渗透的历史也不断地表明法律的基本价值取向应以伦理道德为基础,并且法律只有与社会伦理道德的规范基本吻合才能获得实际的普遍效力。因此对立法问题进行道德评判不仅应该而且十分必要,对商业秘密的立法保护亦不例外。

那么,传统的道德观念是怎样证明维护商业秘密具有道德性？在商业高度发达、竞争相当激烈的当今社会里,服从伦理观念不侵犯他人的商业道德是否依然具有现实意义？能否对上述问题进行圆满的回答,直接关系到对商业秘密保护的道德辩护是否充分、有力,对商业秘密保护的道德认识也才会从上述问题的解答中实现从道德常识到道德理性的深刻飞跃。

一、传统道德观念下的商业秘密保护诉求

伦理道德规则源于人类共同生活的冲突协调,如同罗素所说它"起于欲望间的冲突,或系人与人间的欲望冲突,或系本人各时间的欲望,甚至同时间内的欲望间的冲突"④。伦理道德规范作为稳定社会关系,缓和人与人间的对抗,平息个体间争斗的协调机制而诞生并存在。虽然在对伦理道德本质问题的认识上,西方伦理学一直存在功利论与义务论的分野,但无论是以边沁与穆勒为代表的功利论为标准,还是以康德为代表的义务论为尺度来对商业秘密的保护进行考量,我们都会发现尊重、不侵犯他人的商业秘密是一项基本的道德诉求,其核心体现在"不侵犯他人的财产","信守诺言"和"己所不欲,勿施于人"三项道德法则。

---

① [奥]凯尔森著,沈宗灵译:《法与国家的一般理论》,中国大百科全书出版社1996年版,第5页。
② [英]哈特著,张文显等译:《法律的概念》,中国大百科全书出版社1996年版,第199页。
③ [英]哈特著,张文显等译:《法律的概念》,中国大百科全书出版社1996年版,第206页。
④ 周辅成编:《西方伦理学名著选辑》(下卷),商务印书馆1987年版,第691页。

(一)不侵犯他人财产的道德标准

要认识不侵犯他人财产的道德问题,首先要明确商业秘密是否具有财产属性。传统意义上的财产仅限于有形财产,对于商业秘密这种无形的信息是否也应纳入财产之列一直以来都存在着争论。反对者认为将商业秘密认定为财产有两个问题无法解决:其一,财产所有人对财产应拥有排他的权利,同一财产不能为财产权人之外的第三人同时掌握,作为信息的商业秘密不具备充分的排他性,不同主体同时拥有相同商业秘密的可能意味着商业秘密不能成为独占性权利,不能被认定为财产;其二,传统意义上的有形财产一旦受到侵犯将会产生使财产权人丧失财产或财产受损的结果,而商业秘密被人不当获取或披露并不会对信息本身产生任何破坏。

上述认识的误区源于对财产客体局限于有体物,而事实表明,有体物之外大量无形智力成果的财产性已经得到普遍的认同,著作、商标、专利早已被公认为无形财产。作为商业秘密而言,其包含的信息、技术作为一种无形物的确具有不同于有形财产权排他性或独占性的特征,但商业秘密并非一般意义上的知识、信息或技术,它是被持有人采取了保密措施的特殊信息,持有人通过采用各种保密手段确保了他对商业秘密的独占并不为他人所知,并能禁止他人通过不正当手段获取或使用该商业秘密,这在某种程度上已使商业秘密具备了排他性。同时,有形财产遭到侵害虽然表面上呈现出财产自身的损坏或丧失,但本质上导致的是财产持有人享有权利的减少或丧失,商业秘密遭受不当行为的侵犯虽可能不直接对商业秘密本身构成任何破坏,但这种侵犯从根本上剥夺了秘密持有人在竞争中可能获得的优势从而给秘密持有人造成利益上的损失,就此而言,商业秘密受到破坏的后果与有形财产遭受侵害的后果是一致的。

为了进一步认识商业秘密的财产性,我们再把目光从对商业秘密本身的孤立考察转移到从商业秘密与商业秘密持有人的相互关系上来,因为"财富的本质就在于财富主体的存在"。[①] 商业秘密之所以能成为财产首先表现在秘密持有人为此付出了劳动,其次体现了秘密持有人对该秘密享有经济利益。正如洛克所说:"财产来源于劳动。我的劳动使它们(财产)脱离原来所处的共同状态,确定了我对于它们的财产权。"[②]因此衡量某一客观物是否具有财产性的依据之一应该考察它是否凝结了人类的劳动。对于商业秘密来说,秘密持有人为了开发

---

① 《马克思恩格斯全集》第 42 卷,人民出版社 1979 年版,第 115 页。
② [英]洛克著,叶启芳、瞿菊农译:《政府论下篇——论政府的真正起源、范围和目的》,商务印书馆 1993 年版,第 20 页。

出某种技术诀窍或调研得出某种市场经营信息,是以付出了相当的时间、精力和金钱为代价的,在商业秘密上体现着秘密持有人的辛勤劳动和天才创造,在财产为劳动所创造的意义上商业秘密应被视作财产。同时,财产的另一本质特征反映在它是能体现主体的物质利益的客观物,因此财产应包括只要能为所有人带来实际利益的有形财产与无形财产的一切领域,就商业秘密而言,它具有实用性,能为持有者创造竞争中的优势从而为其带来经济利益,在这种意义上商业秘密仍应被纳入财产的范畴。

不侵犯他人财产的道德观对商业秘密保护的支持首先可以从功利论的伦理学说中找到依据。以功利论的标准,凡是能给人带来幸福、快乐,满足人的利益的行为皆为善,均合乎道德,反之则有违道德要求,利益标准成为衡量道德的唯一尺度。如爱尔维修就认为:"个人利益是人类行为价值的唯一而普遍的标准。"① 霍布斯甚至指出:几何公理要是触犯了人们的利益,那也一定会遭到反驳。商业秘密的财产性表明,商业秘密持有人通过自己的劳动创造出某种具有竞争优势的技术或获得某种具有商业利益的信息是他劳动成果的体现,持有人对商业秘密的占有实际是对自己劳动成果的占有,这种占有以及从这种占有中获得利益的满足无可厚非,商业秘密持有人在不受他人非正当手段侵犯其秘密的情况下实现利益是合乎道德准则的。这也是大卫·休谟将"让各人继续享有他现时所占有的东西"作为道德正义的第一原则的重要体现。②

功利论在主张利益第一位的同时,强调功利的标准应是"最大多数人的最大幸福"的满足,反对采取不正当手段无限扩张个人利益,这也从财产持有人的相对人的角度论述了不应侵犯他人财产的必要性。体现在商业秘密上,采取盗窃等不正当手段获取他人商业秘密本身并未通过劳动创造新财富,同时侵犯了他人的正当利益和幸福,这种违背最大幸福原则的行为在道德上应受到谴责。因为道德上的幸福不是集中在同一个人身上的那种幸福,而是分布在各个人身上的幸福,幸福不是单方面的,而是双方面的或是各个方面的。它在体现本人幸福的同时还必须承认别人的幸福,如果失去对别人的义务的根据和对象,也就没有道德实践本身。因此在道德上,商业秘密相对人绝不能只为实现自己的利益而去侵犯秘密持有人的正当利益。

在义务论那里同样可以找到对商业秘密进行保护的道德支撑。义务论没有从利益的角度对盗窃他人财产进行道德评价,但他们从任何侵犯财产行为本身

---

① 周辅成编:《西方伦理学名著选辑》(下卷),商务印书馆1987年版,第47页。
② [英]大卫·休谟著,关文运译:《人性论》,商务印书馆1980年版,第544页。

的非正当性作出的不道德评价同样适用于我们对商业秘密保护的道德考察。康德认为不附条件的由行为自身性质决定的"断然式律令"(Categorical Imperatives),应被普遍适用,不允许有任何例外存在,正如其所说:"我一定要使我的行动的准则,同时成为一个普遍的法则"①才是合乎道德的行为。侵犯商业秘密这种财产的行为应被定义为不道德的行为,因为它在根本上不具有普适性。任何侵犯他人商业秘密的人并不希望自己的商业秘密也受到他人的侵犯,他们也根本不希望侵犯商业秘密可以成为一条普遍的准则。

同时康德确立的尊重法则也体现出义务论对道德的基本判断,他指出:"无论对自己或对别人,你始终都要把人看成是目的,而不要把他作为一种工具或手段。"在义务论者那里,尊重他人是任何一个理性者行事的基本要求,一个人的计划与目标不能凌驾于他人的价值之上,只有出自尊重的行为才是合乎道德的行为。让我们把这种尊重法则运用于针对商业秘密的保护,我们得到的结论是:尊重他人的商业秘密不仅意味着对他人财产的尊重,还意味着对他人劳动的尊重,进而是对他人人格的尊重。我们的行为是尊重了他人还是侵犯了他人,成为衡量我们的行动是否具有道德性的尺度。这是因为在财产上一则体现着持有者的物质利益,二则还表现着他们的情感和精神依赖,人的心理需要也一样为保护商业秘密等财产的私人占有提供了非物质的根据。因为"人除了会具有一种占有的本能外,还希望将其人格与性格扩及到他们周围的东西上面,从而创造一个可以使他们感受到自由的外部范围"。② 这种无形的精神需求虽然往往被人们所忽视,但必须承认人们希望自己的财产受到尊重,不仅是出于自己对物质利益的一种要求,更是出于精神上的一种期待。义务论的普遍原则和尊重原则都可以说明侵犯他人的商业秘密在行为本身的性质上是一种不道德的行径,因此对商业秘密给予法律保护从谴责侵犯财产行为自身的不义性考察是不容置疑的。

通过功利主义和义务论的分析,我们发现不侵犯他人财产这条通行的道德律令为商业秘密作为一种特殊的财产应受到法律保护提供了最基本的道德基础。这既是劳动应使人们获益的要求也是维护财产权稳定性使然,人们通过劳动创造成果进而从自己的创造中享有劳动利益是天经地义的,而且如果只有生产出的财产才能为劳动者提供报偿,那么这些财产便是他们应得的。同时,尊重

---

① 周辅成编:《西方伦理学名著选辑》(下卷),商务印书馆1987年版,第358、372页。

② [美]E.博登海默著,邓正来译:《法理学法律哲学与法律方法》,中国政法大学出版社1999年版,第275页。

他人的财产有助于建立一种相对稳定的财产关系,如同 Morris Cohen 所说,只有"持久的所有权才能在所有者和其他人中产生期望,而只有低劣的道德才会忽视导致期望落空和使人类关系不安全带来的艰难困苦"。①

(二)诚实守信的道德信念

如前所述,商业秘密作为无形财产具有的排他性来自秘密持有人采取的保密措施,但秘密享有者为了把此种秘密信息转化为经济上的利益必须将其用于生产或经营,为此他不得不通过与雇员签订保密协议的方式,在雇员承诺不泄露秘密的前提下允许雇员在一定范围内了解并运用该秘密,由此产生的后果便是雇员有可能违背其曾许下的诺言泄露雇主的商业秘密。在这里,我们无法回避对信守诺言的道德性考量,反对谎言对于人们来说是一种道德常识,但我们还应当运用道德理性对其进行更深入的评价。

在雇员与雇主签订有保密合同的情况下,若雇员违反合同泄露或擅自使用雇主的商业秘密内容,那他有两种违反诚信的可能。其一,雇员为了获取雇主的商业秘密假意签订保密合同,这属于主观上自始没有信守合同的恶意的谎言欺骗行为;其二,雇员在订立合同时并无窃取雇主秘密的主观恶意,但在成为雇员后出于自身利益的不正当膨胀或他人的威迫利诱而违反保密合同私自使用、泄露商业秘密,在道德上这属于违背诺言的行为。无论是谎言还是违背诺言,在道德上均被认为是有违诚实信用的非道德行为。

对诚实守信的道德评判贯穿于整个中西方的道德发展史,无论是在中国还是在西方,诚信都是衡量人们行事是否合乎道德伦理的基本尺度。在以"礼"为核心的中国传统伦理体系中诚信占有相当重要的地位。"诚",要求人们真实不欺,诚善于心,言行一致,对己要真心实意地为善去恶,对他人,要开诚布公。讲究君子之风的中国同时提倡"思诚者,人之道也",主张"君子诚之为贵"。诚实一方面要求对他人心怀坦白,不欺人,另一方面还被认为是不自欺的表现,即所谓"诚其意者,毋自欺也"。而"信"则反映在与人交往中应讲究信用,遵守诺言。作为五常之一,孔子不仅提出"人而无信,不知其可"的思想,而且把信提到"民无信不立",宁死必信的地位。在许诺与守信的问题上,中国先哲们强调"言之所以为言者,信也。言而不信,何以为言",主张"言必信,行必果",指出"轻诺必寡信"。可见,在中国的道德判断中诚信已成为个人立身修德的重要标准,甚至将诚实守信视为"道"的体现。

---

① 转引自[美]理查德·A.斯皮内洛著,刘钢译:《世纪道德——信息技术的伦理方面》,中央编译出版社 1999 年版,第 234 页。

与东方将诚信视为一项道德常识相比,西方更对诚实守信被确定为一项人人皆应遵守的道德准则进行了逻辑上的分析。康德首先运用"普遍性"规则对诚信进行了理性考量。他分析道:"为环境所迫,我能不能许下诺言而又不打算履行呢?问题不在于虚伪许诺是否精明,而在于在道德上是否正当。若要我直截了当地回答这个问题,我以为顶好的方法是自己问自己:我是否满意于用虚伪许诺以逃避逆境的办法成为一条人人皆循之而行的普遍规则?我可以用这种办法待人,但别人也可以用这种办法待我,这样,马上就可看到:虽然我能决意说谎,但我并不愿意说谎成为一条普遍的规则,严格来说,如果说谎成了普遍规则,那就不存在有所谓许诺了。……这样,我的准则一旦成为普遍的规则,那末它本身就会成为自取灭亡了。"①除了认为谎言不符合普遍性规则外,康德甚至还认为说谎是对自己的人的尊严的放弃和道德上的自杀行为。因为谎言的目的,无非是想从欺骗中获得利益,但它却因此毁灭了人们间的信任和自信,最终损害的是社会生活。

　　谎言使直接交往者间首先产生不信任,商业秘密持有者若被某个雇员所欺骗,他先是对说谎的雇员不信任,如果这种经历多次重复,他就会产生对一般人的普遍不信任,而对说谎的雇员而言,在失去被人信任的同时,他也失去了对于其他人的信任,因为在心理上将别人视作同他一样说谎对于说谎者来说是一种心理需要。谎言最终将人与人间的信任气氛破坏殆尽,从而损害集体生活和人们间的协作劳动。在商业秘密中建立一种信任的机制是至关重要的,人与人间彼此猜忌,人们间的合作便无法实现,秘密持有人出于对雇员的不信任,不愿将拥有的可带来经济上利益的信息告知雇员,规模化、社会化的有组织生产便不会产生,没有人与人间的合作,商业秘密发挥作用的范围被极大地压缩,不仅商业秘密拥有人的利益不能得到最大的实现,最终带来的后果是社会利益的最大化不能达到。因此包尔生引用赫尔德的话对谎言作了最深恶痛绝的评价:"我觉得在尘世中没有什么比分裂整个人类社会的谎言和背信弃义更为有害的恶行了。因为谎言和背信弃义先是分裂人们的心灵;当人心被分裂之后,它又会分隔人们的手,而当人们的合作之手也被分隔了的时候,人们还能做些什么呢?……"②基于对谎言和背诺的谴责,在美国的 National Tube Co. v. Eastern Tube Co. 一案

---

① 周辅成编:《西方伦理学名著选辑》(下卷),商务印书馆1987年版,第358页。
② [德]弗里德里希·包尔生著,何怀宏、廖申白译:《伦理学体系》,中国社会科学出版社1988年版,第579页。

中法官甚至将诚实、守信、公平的行为视为商业世界中的生命和灵魂。① 由此可见,从反对谎言与背诺的角度出发,建立维护商业秘密的道德基础是十分必要的。在道德力量不足以对违背保密合同的人加以约束的时候,商业秘密的法律保护就成为建立在道德基础上的必然选择。

(三)"己所不欲,勿施于人"的道德准则

"己所不欲,勿施于人"不仅是中国传统道德准则,在各国的古训及宗教教义中均有体现,佛教言:"我如是,彼亦如是,彼如是,我亦如是。"基督徒则被告知:"你们要别人怎样待你们,你们也要怎样待他们。"犹太人信奉:"你不愿施诸自己的,就不要施诸别人。"《古兰经》中则教诲伊斯兰人:"你自己喜欢什么,就该喜欢别人的什么;你自己觉得什么是痛苦,就该想到对别的所有人来说它也是痛苦。"尽管表达有所不同,用最简洁的汉语加以概括就是"己所不欲,勿施于人"。如此不同历史发展轨迹和文化背景的国家、民族都将它作为一项指导人们行事的基本道德准则,反映出人类社会对此认识的一致性和共通性。

"己所不欲,勿施于人"在一定程度上是康德的"普遍性义务"的再表述,如同我们已经分析过的侵犯他人视为财产的商业秘密,违背保密合同的约定擅自披露或使用雇主的商业秘密,均可用上述原则对其进行道德性衡量。当我拥有某种商业秘密时,我也同样希望能得到他人的尊重,不被侵犯,我履行不侵犯他人商业秘密的义务是我获得他人尊重我的商业秘密权利的道德代价,若我不顾道德的约束去非法获取或泄露他人的财产性秘密同样意味着我的商业秘密及诸如此类的财产性权利将随时处于他人可能进行侵犯的危险中,这是任何一个理性的人不愿看到的。因为"这种感觉不是别的,只是一种害怕或恐惧,但却是一种对于整个的种属和个体都很有益的害怕或恐惧。因为如果不是为了促使自己的财产、名誉和生命,我们也许就不那么尊重别人的钱包和生命了"。② 基于此,托马斯·黎德将"己所不欲,勿施于人"奉为道德中的第一原理。当然道德的力量仅基于人们的普遍自觉和良心、社会舆论的软约束,但在有了这种可供辩护的道德基础上我们便有理由运用法律的强制性手段对商业秘密进行法律保护。

"己所不欲,勿施于人"这则道德"金箴"(golden rule),它的有效性不仅表现在推己及人的普遍性基础上,还有一项检验的标准是考察我欲达到的目的,欲采取的行为是否能公之于众而不受社会舆论的谴责。劳拉·纳什提出:"能否把你

---

① National Tube Co. v. Eastern Tube Co., 3 Ohio C.C. (n.s.) 459, 462 (1902), aff'd, 69 Ohio St. 560, 70 N.E. 1127 (1903).

② 周辅成编:《西方伦理学名著选辑》(下卷),商务印书馆1987年版,第33页。

的决策或行为无所顾忌地告诉你的老板、首席执行官、董事会、你的家庭或整个社会?"①是否能通过这项检验是判断行为是否具有道德性的重要尺度。很显然,无论是采取非法手段获得他人的商业秘密,还是违背保密合同泄露他人的商业秘密的行为,均是不能公之于众的,这一系列手段只能是私下进行的暗箱操作,因为社会大众不能接受这种违背信义,不劳而获的行径。这也再次论证了对商业秘密侵犯的非道德性。

在传统道德领域,不侵犯他人财产,信守诺言,不将自己所不乐意接受的结果强加于他人,都为商业秘密的法律保护提供了充分的道德理由,但我们还有另一个疑问,在商品经济极度发展的今天,人人都将追逐利益最大化作为行事的基本标准时,这些传统的道德观念是否还依然有效?

二、商业伦理视野下的商业秘密保护诉求

在商业社会中很多人都将市场竞争追求利益最大化与人们应具有道德观念视作对生的两极,认为二者是鱼与熊掌不可得兼的关系。如鲍基尔就认为在竞争市场中道德伦理是并非必需的奢侈品。个别企业家的道德行为即使可能,也是从来不值得向往的,因为它会扰乱竞争机制,破坏价格信息。② 否认市场经济具有伦理性的人认为,伦理道德虽然在人们的思想中值得向往,但在竞争的条件下是不可行的,企业家的道德行为往往会使其在竞争中处于不利地位,在道德上不敏感的竞争者会利用有良心的企业家的道德行为在激烈的竞争中超越他,甚至将其排挤出市场。这种观念似乎过分夸大了市场的优胜劣汰作用,将市场视为一种完善的机制,事实上竞争的作用并没有大到将消灭每一个有道德的企业家的地步,道德行为的代价也没有高到把经济伦理从利益追逐中完全排除在外的程度。事实上,道德在市场经济中不仅有存在的可能而且还是市场经济必须的一种机制,由于市场竞争中存在着利益,因此"竞争市场不是一个道德中立的区域,而是一个引生道德的区域,竞争市场中并没有排斥伦理"。③ 诺贝尔经济

---

① 转引自[美]理查德·A.斯皮内洛著,刘钢译:《世纪道德——信息技术的伦理方面》,中央编译出版社1999年版,第42页。
② 转引自[德]彼得·科斯洛夫斯基著,孙瑜译:《伦理经济学原理》,中国社会科学出版社1997年版,第181页。
③ [德]彼得·科斯洛夫斯基著,孙瑜译:《伦理经济学原理》,中国社会科学出版社1997年版,第185页。

学奖得主诺思就提出,自由市场制度本身并不能保证效率,有效的自由市场经济除了需要充分的产权和法律制度外还需要在诚实、正直、合作等方面有良好道德的人去操作市场。应运而生的现代的商业伦理理论再次为市场经济下的商业秘密的保护提供了理论支持。

（一）商业伦理是维护自由市场经济的必然前提

商品经济作为商品生产和商品交换关系的总和必须具备两项基本前提,一为充分的不受侵犯的所有权,二为完善和谐的市场协调机制。所有权为人们进行经济交往提供了必备的物质基础,而只有在完善的市场机制中人们的交易才能顺利地实现。在一个道德的社会中这两项条件是很容易达到的,如前所述,如果人人均将道德规范作为自己的行事准则,那么根据"普遍性"规则和"己所不欲,勿施于人"的思想,每位社会个体的应有权利均会得到尊重,如果都抱着诚实守信的态度进行交易,那么也就无须采用任何外部强制手段就能实现人们彼此间的互利交易。如果对商业秘密的维护同样是在商业伦理的指引下进行的,则每位商业秘密持有人从秘密中获得利益的可能性都能转化为现实,诚实无欺的社会环境还将为人与人间的合作提供良好的社会氛围,这不仅表现为雇主与雇员间的彼此信任,还同时体现在竞争者间的相互诚实交往,从而实现每位竞争参与者的最大利益和社会的最大利益。运用商业伦理对商业秘密进行保护实际是商业伦理对自由市场经济秩序维护的一个具体方面。

（二）商业伦理能很好地解决商业秘密持有人面临的"囚徒困境"

依照马修斯的观点,哪里有个人利益没有有效协调的地方哪里就有囚徒困境的存在,市场条件下的所有缺陷和市场失灵的所有问题,都属于囚徒困境所阐述的一般情况。对于每个持有商业秘密的人而言同样时刻面临着囚徒的困境。商业秘密持有人都知道如果人人都彼此尊重商业秘密,那么每个人的利益都可得到维护,也无疑是一种很好的选择,但他也面临着这样的诱惑：如果他人都不侵犯别人的商业秘密,而他可以作为一种例外任意攫取他人的秘密而不受惩罚,那么他将获得更大的利益,但他这时并没把握确定他人对他这种违反规则的行为是不是会没有反应。同时他也面临自己遵循不侵犯他人商业秘密的规则而自己的竞争对手却会侵犯他的秘密的怀疑。这种困境最终产生的结果只会是每个竞争个体出于对他人行为选择的不确知而从眼前利益出发彼此千方百计去获得他人的商业秘密以谋取眼前利益,但正如我们前面分析的那样,这种彼此侵夺的状况是有违自由市场经济对所有权完整性和正常竞争秩序的要求的,整个社会因此陷入一种混乱的局面。

如果在商业交往中遵守伦理规则,那么上述的囚徒困境则会很好地加以解决。埃尔斯特尔的合理性理论主张行为人的经济与道德行为动机的协调一致,认为行为正派、信任对方的行为人是创造整体最大价值的人,他们与创造局部最大价值的人不同。① 具有道德感的商业秘密持有人能够正确地处理眼前利益和长远利益间的关系,他能对通过侵犯他人商业秘密以获利的短期行为说不,因为对他而言如果能有效地维护一种道德准则将保证一种稳定的人际行为关系,也才能保证他从自己的秘密运用中获得长远利益,因此他不会利用违反道德规则的机会去侵害他人的商业秘密。基于对对方的信任,他也会放弃以不正当手段获取他人商业秘密以谋求短期利益的方式。由于道德伦理是建立在普遍性基础上的,在一个伦理道德被广泛接受的社会环境中,每个社会个体也就不会出于对他人行为的不确知而采取各种途径来防范自己的秘密不受侵犯或以报复的方式去侵犯他人的商业秘密。伦理道德规范由此便消除了人们间由于相互猜忌和防范带来的囚徒困境,进而实现社会利益的最大化。

(三)商业伦理能减少商业秘密持有人的交易成本

交易成本在商业交往中普遍存在,它是处理人与人之间由于进行交易所需的费用,包括获取交易信息、交易中的谈判以及合同的签订、实施与进行必要的监督所发生的一系列费用。就商业秘密持有人而言,他的交易成本主要产生在两个领域。其一产生在秘密持有人与竞争者间,其二产生在拥有秘密的雇主与雇员间。秘密持有人不断在与其竞争者间发生着关系,他们之间既有竞争也有合作,如果对对方的道德品质无法进行考察或者知道对方的道德诚信度不高但又不得不与之发生经济交往,那么商业秘密持有人为了保证自己秘密的安全将不得已支出不菲的开支用于对秘密的安全性维护。就秘密持有人与其雇员间的关系来考察,虽然雇主会要求雇员签订保密合同,但他同时也必须考虑雇员的诚实品质,他甚至必须详细了解雇员过去的经历来判断雇员是否是一个诚实的人,从而决定是否对其录用。即使在订立合同后,雇主也无法保证雇员对他始终忠实,他同时还得采取一整套监督措施来防备雇员可能随时发生的泄密行为。这些支出无疑都加大了商业秘密持有人的成本开支,从利益最大化的初衷考虑商业秘密持有人本来是不愿支出这笔费用的,但在一个缺乏人身信用的环境里这将是他不得已的选择。

如果诚实守信的伦理道德准则能在一个社会中得到广泛的遵守,我们将发

---

① 转引自[德]彼得·科斯洛夫斯基著,孙瑜译:《伦理经济学原理》,中国社会科学出版社1997年版,第43页。

现这些交易成本可以完全节省。如果大家均以诚实待人,在交往中信守诺言,那么交易的双方完全可以相互信赖,不会产生对对方行为的不可知和不安全的怀疑,从而减少为考察对方的诚信度和防止对方进行欺骗进行的额外的支出,在以经营者的道德态度为前提下的忠诚、信任已经超出了单纯追求利润最大化的范畴,但他却为商业秘密的持有者减少了交易成本,从商业秘密持有人的最终目的来说从根本上实现其利益的最大化。

在这里,伦理道德一方面可以作为一种外在的影响力抑制欺骗和机会主义的出现,另一方面又可以作为一种内化了的作用力增强人们人格的可靠性,从而阻止不诚实以及背信弃义的行为发生。

从上述三个方面我们都可看出,即使在竞争激烈的商品经济社会,伦理道德不仅有其强有力的存在基础,甚至可以在一些方面弥补市场经济的基本缺陷,商业社会中依旧需要道德的存在。因此尊重他人的商业秘密,不侵犯他人应有的财产权利,给予商业秘密以法律保护的伦理基础并没有因为激烈的市场竞争的存在而遭到削弱更不应受到否定。

无论是传统伦理观念给予的理论论证还是现代经济社会对伦理的切实需要都清楚说明尊重、不侵犯他人商业秘密合乎伦理规范,反之则有悖道德准则。虽然我们清醒地认识到道德伦理的存在价值以及不可取代的作用,但道德的约束毕竟只能源于个人的内心良知,要求具有经济追求的个体能主动地尊重他人的商业秘密不加以侵犯一则依赖个人的道德素质,二则需要这种尊重规则能被普遍遵守形成广泛的舆论力量。而这些手段均不具有强制力,基于此在不侵犯商业秘密成为一项道德准则的基础上制定商业秘密保护法也就势在必行。而正是由于具备了上述的伦理道德的依据商业秘密保护法也才更能为公众在心理上予以接受,在具体运行中遭遇的阻力才会小得多,应该说伦理道德的依据为商业秘密保护法的制定和实施提供了充分的理论辩护。

第二节　商业秘密法的经济学基础与博弈分析

运用经济方法分析法律问题可一直追溯至亚当·斯密和马克思,但经济方法在法律领域的再次勃兴与广泛运用却不过是近50年间的事情。对法律问题进行经济分析并不意味着对法律追求的公平、正义、衡平等制度理念的剥夺,也并非要取消法律特有的权利、义务、责任等术语而代之以经济名词。在法律认知领域引入经济学方法是为发现隐藏在法律现象背后的经济因素,寻找法律制度设计和法律措施运用的理性根据的一种尝试。这既反映着现代社会经济关系高度发达引发的经济研究方法向各学科渗透的客观事实,同时也是对人类生活本质的必然写照。人类社会本身即是一部社会经济发展的历史,社会经济关系是整个社会体系得以存在和维系的物质基础;社会生活中的个人也时刻以经济交往作为个体生存与发展的核心,运用经济方法对各种社会现象包括法律现象进行分析反映了社会生活的一般规律和人类行为的普遍本性,这是我们对法律现象进行经济分析的必要前提。同时按照罗伯特·考特和托马斯·尤伦的观点,法律创设的规则会对不同种类的行为产生隐含的费用,因而这些规则的后果可当作对这些隐含费用的反应加以分析。① 而且根据经济学的理性人假设,追逐利益最大化的个人会自觉使用效率和均衡的经济学概念对法律规则作出反应,这都为法律问题的经济分析提供了可能性的依据。在分析法律现象的众多经济工具中尤以微观经济学、制度经济学以及博弈分析方法最为重要。下面我们就将使用这些方法探讨商业秘密保护法在提供激励机制,降低交易费用以及在人与人的博弈交往中引导人们理性行为等方面的作用机制和经济学意义。

一、商业秘密法的激励机制分析

激励是人们从事某种行为的动力来源。亚当·斯密就曾认为,最直接的激励因素来自于利益,是利益的激励引发了所有经济活动参与者的勤勤恳恳、兢兢业业的经济行为。激励机制希望通过利用人们趋利避害的本性,运用利益诱导促使人们进行某种活动,或设计某种额外的责任负担阻止人们进行某类活动。考虑某种经济制度的激励功能是经济学家的主要思考方式,运用激励机制创设经济制度则是经济学家的重要使命。当经济学向其他学科渗透时,激励分析同样成为衡量政治制度、法律制度以及其他诸种制度是否完善有效的标准。采取法律的手段保护商业秘密,从经济学的角度来看是一种能够促使秘密持有人进行技术开发创新的有效激励方式。

(一)商业秘密法界定了商业秘密的产权

经济学中的产权类似于法律用语中的财产权,它是指人们对某种财产的使用引起的相互认可的行为关系,经济学认为产权的主要功能是帮助形成人与人间的交易预期。简言之,明确产权的归属首先能起到正名定分、息纷止争的作

---

① [美]罗伯特·考特、托马斯·尤伦著,张军译:《法和经济学》,上海三联书店、上海人民出版社1994年版,第13页。

用。对此波斯纳在其设计的农夫范例中进行了充分的论证:在废除了所有权的社会里,辛勤的农夫在历经辛苦即将收获劳动果实时,成熟的谷物却被他的邻居收割并据为己有。在否认所有权的社会里,农夫既非土地的拥有者也非庄稼的主人,因此他就无权对邻居的行为提出任何法律救济要求,若他同时又无法采取充分的防护措施,那么在经历几次类似事件后,农夫将放弃对土地的耕种。① 同样的情况亦可类推于商业秘密的场合,商业秘密若缺少法律保护,商业秘密持有人不享有产权,秘密持有人将遭遇与农夫相同的命运,丧失从商业秘密中获取收益的可能。由此产生的最终的结果是磨灭掉商业秘密持有人继续从事技术开发和创新的动力和热情。而任何一个没有革新与创造的社会是不可想象的。因此要给商业秘密持有人以有效率地使用资源,进行创造的激励,肯定商业秘密持有人对秘密的产权是必然的选择。

商业秘密作为信息的特殊性质决定了唯有采取法律的形式,明确其归属才能肯定秘密持有人的产权。信息的基本特征表现为非独占性和非竞争性,不具备物质形式的信息通常属于公共物品,经济学领域中公共物品表现出与私人物品截然不同的性质。作为公共物品的信息是经济人"搭便车"的天然对象,人人皆可免费分享,不必为此支出费用;私人物品则相反,任何第三人想获得权利人控制下的私人物品必须以通过交换的方式,支付相应的代价为前提。如果商业秘密没有法律保护,那么它就连有形物品具有的还可以进行私力救济的最后一道防线也没有,不可避免会沦为公共物品,商业秘密持有人的利益就无法得到保护。如同 Robert G.Bone 曾断言的那样:"一旦某种商业秘密成为公共物品,其他人通常能以很低的成本对它进行'复制',如果'复制'的成本低于开发者的研制成本,复制者便能以低于研制者欲收回投资成本的任何价格销售该产品……如果潜在的研制者预见到这种情况他们将不愿意进行技术开发。"②

(二)商业秘密法为秘密持有人提供了充分的利益刺激机制

1.商业秘密法以权利、义务和责任三位一体的特定模式确保秘密持有人利益的实现

法律赋予商业秘密持有人以财产权,权利人便享有自主占有、使用商业秘密并从中获得利益的资格,相对人也即被附加了尊重他人商业秘密不得侵犯的强

---

① [美]理查德·A.波斯纳著,蒋兆康译:《法律的经济分析》(上卷),中国大百科全书出版社1997年版,第40页。

② Robert G.Bone,New Look at Trade Secret Law:Doctrine in Search of Justification,*California Law Review*,March 1998,p.263.

制性义务,义务人不履行法定义务损害商业秘密持有人的权利将承担法律的强制性责任。法律责任本质上是侵权人侵权成本的一种外加,侵权人必须权衡自己进行侵权可能遭受的制裁损失与侵权收益间的大小比例,从而决定行为方式。商业秘密保护法以法律特有的强制力成为阻止第三人侵权,捍卫秘密持有人利益的有力武器。

2. 商业秘密法为权利人提供了专利保护的替代制度

波斯纳认为:"商业秘密是专利授权常用的替代制度。"[①]对于同一种技术方法权利人同时可选择商业秘密或专利的方式进行保护。商业秘密法与专利法的保护各有利弊。商业秘密较之专利的优点体现在:其一,它的取得不用履行复杂的手续和程序,不必将技术信息公之于众;其二,它的保护不受时间的限制,如果保护措施得当,对商业秘密的保护从理论上说是无期限的;其三,它的取得不必具备专利要求的新颖性、创造性、非显见性等严格的法律要件。但商业秘密同专利相比缺点同样突出,它不能对抗竞争者通过独立研制、反向工程以及持有人意外披露而进行的使用。在这两种可能的保护模式中权利人可以根据自身的具体情况挑选适合自己的方式,商业秘密保护法的存在为秘密持有人的权利保护提供了更多的选择余地,增强了权利人从自己开发研究的技术和产品中回收投资的信心,从而达到调动他们进行科技创新的积极性以促进技术进步的目的。

(1)商业秘密法能鼓励人们从事不具备专利性的小发明和小改进。一项技术要获得专利法的认可和保护从各国的普遍情况来看一般要求具备新颖性、独创性和实用性三方面的条件。这就阻止了那些只有部分技术改进升级的技术寻求专利法保护的可能。但这类技术也是开发者劳动的凝聚,具有一定的经济价值,放弃对其保护不利于维护开发者的利益。某项技术开发研制成果能否获得专利具有不确定性,技术创新的偶然性很大,如果开发者被告知其技术研究不能获得专利便不受法律保护时,他也许就会放弃进行更多的发明创造。因此如果没有商业秘密保护法对一些无法达到专利法保护条件的技术信息提供额外的保护途径,必然会在很大程度上削弱人们进行技术革新的积极性。

(2)商业秘密法能保护技术创新中取得的中途成果。研制者在发明创新时取得的阶段性中途成果,可以是整个发明的某个环节或某个方面。在对中途成果的保护的问题上会面临如下问题:其一,中途研究成果本身可能缺乏创造性而

---

① [美]理查德·A.波斯纳著,蒋兆康译:《法律的经济分析》(上卷),中国大百科全书出版社1997年版,第49页。

不能得到专利法的保护；其二，如果可以得到专利法的保护，就某项发明的若干个阶段性成果均进行专利申请无疑成本太高；其三，专利申请中的公开程序可能为竞争对手提供发现相同最终发明的机会和条件，甚至被竞争对手抢先申请最终发明成果专利，此种情况下本人至多仅能从竞争对手那里获得相互实施许可的便利，却因此丧失了本应由自己取得的专利成果，从而只有许可他人使用以获取使用许可费的权利。基于上述理由，为了对中途研究成果进行保护，商业秘密保护法是专利法必要的补充。

（3）商业秘密法能保护非技术性信息。商业秘密的内容不仅包括技术信息同时还含有经营信息和管理信息，这些非技术性信息诸如生产计划、市场调研、客户信息、营销策略等是商业秘密持有人在生产经营过程中通过调查研究、收集整理以及经验总结等方式，花费时间精力辛苦得来，在市场竞争中也往往发挥着举足轻重的作用，但由于不具备技术特点不能受到专利法的保护，如果没有商业秘密保护法加以弥补不能不说是法律上的重大欠缺。

3. 商业秘密法以其保护对象的灵活性促使开发者创新

伴随着科学的进步，新兴技术不断涌现，传统的知识产权制度往往表现得相对滞后，如版权法只保护作品形式而不保护思想，专利法则要求其保护的对象必须具备前述三个要件，但很多新技术往往超越了版权法与专利法的保护范围，产生法律保护的空白地带，如计算机软件究竟应纳入版权法还是归入专利法保护的范畴就一直存在着争议。其弊端之一便是导致许多新兴技术在司法实践中不能得到及时的法律救济，打击了开发者的积极性。商业秘密法的出现在很大程度上缓解了这种矛盾，一项新兴技术只要不为公众所知，能带来经济上的利益，并由权利人采取了保密措施，便能获得商业秘密保护法的保护。它相对宽松的保护条件，对层出不穷不能为版权法、专利法涵盖的新方法、新技术提供了更大的包容空间，正如 Gale R.Peterson 所说，在信息时代"商业秘密的保护更直接，不受版权法、专利法那般的限制，同时它还天生地较版权与专利的保护范围更为广泛"。① 商业秘密保护法以对新技术广泛的容纳性，激励开发者不断创新，促进科技的新发展。

---

① Gale R.Peterson, Trade Secrets in an Information Age, *Houston Law Review*, Spring 1995, p.386.

二、商业秘密法的交易成本理论分析

科斯教授在对企业制度与市场组织以及它们彼此间的替代关系分析中提出了交易费用理论,他认为交易费用是考察某种人类行为调整制度的合理性的重要标准。交易费用作为人们不想付出的额外成本,实际上是社会财富的一种浪费。但在人类社会中交易费用又是不可避免的,按照威廉姆斯的观点这是由市场信息不完全的"交易要素"和经济个体的有限理性和机会主义的"人的要素"共同引起的。[①] 用交易费用理论衡量某种法律制度的合理性及优劣是以考察该制度的设计能否降低交易成本,消除额外耗费,实现社会利益的最大化为标准的。法律制度不能完全弥补市场交易信息的不完全与不对称,但它却能通过对理性人的投机主义和有限理性的抑制达到降低交易费用的目的。与商业伦理降低交易费用的效果相比,商业秘密保护法将保护商业秘密的伦理准则上升为法律,用国家强制力替换伦理道德的内心约束,降低交易费用的作用更普遍和有效。

Friedman 等人认为,为保护商业秘密支出的交易费用主要包括三方面:商业秘密持有人的防范成本,相对人为窃取商业秘密付出的偷窃成本,以及在商业秘密转让中发生的费用。[②] 在没有商业秘密保护法的场合,偷窃他人的商业秘密不受法律的禁止,秘密持有人要达到保护秘密,维持自己竞争优势的目的不得不支出大笔的防范经费,采取设立"防护篱",建立"安全通道",增派保安人员,加强对员工的保密教育等等措施。除此之外,秘密持有人如果缺乏对雇员的诚实度的了解,它可能会选择雇佣一些忠诚但业务熟练程度相对较低的员工或开发研制能力相对较差的人员。为了防止商业秘密被大范围地知悉,他也有可能采取缩减研究与开发部门的规模或减少雇工的数量等一些情非得已的举措。而这些非常措施都阻碍了商业秘密最大限度地发挥其经济作用,造成秘密持有人可获利益的减少。

就相对人而言,由于不愿看到商业秘密给竞争对手带来的竞争优势,在没有商业秘密保护法的情况下,为了尽快消除对手给他带来的不利影响,以各种非正当手段获取对手的商业秘密,比自行进行技术开发的费时费力方式来缩小与对

---

① 转引自周林彬:《法律经济学论纲》,北京大学出版社 1998 年版,第 117～118 页。
② David Friedman, William Landes and Richard Posner, Some Economics of Trade Secret Law, *Journal of Economic Perspective*, Vol.5, 1991, pp.66～69.

手的差距更直接。由此便产生恶性循环,越来越严密的防范措施与越来越猖獗的偷盗行为此起彼伏,大量的社会财富便耗费在了秘密持有人与相对人你来我往的盗窃与反盗窃的争斗中。

没有商业秘密保护法,许可使用商业秘密也会发生困难。在商业秘密许可使用的协商谈判中,许可使用要求方为确保商业秘密的真实性和实用性,会当然要求许可方提供商业秘密的相应资料,但秘密持有人却不得不担心在自己提供了相应资料后,如果双方仍不能就商业秘密的使用许可协议达成一致意见,那么对方却有可能从其提供的资料中发现商业秘密的诀窍,在重重顾虑下,许可协议也许要经过更多的磋商和支出更多的谈判费用,在充分的考察后才能达成,甚至仍有可能是无果而终。双方为合作付出的大量前期调查、协商的费用不能取得任何的回报,交易成本白白耗费了。

一旦对商业秘密进行法律保护,上述的交易费用均可降低。商业秘密保护法通过向侵犯商业秘密的人追究法律责任的方式来达到减少交易费用的目的。追究侵犯商业秘密者的法律责任实际增加了侵权者的盗窃成本,侵犯商业秘密的行为一经查实,侵权人面临的将是被追缴所有违法所得及赔偿权利人损失的责任,如果潜在的侵权人考虑为此付出的代价大于获利的可能,就会放弃侵权,从而转向自行开发研制或向商业秘密持有人请求进行许可转让。盗窃商业秘密的潜在威胁一旦减小,持有人也会相应减少防范侵权的投资,不必在合理的保密措施外注入过多的资金。在非常著名的 E.L.Dupont deNemours & Co.v.Christopher 一案中,该思想就得到了充分的体现。① 对商业秘密进行法律保护,同时还能很顺利地推动秘密持有人与相对人就秘密的许可使用进行谈判。由于商业秘密受法律保护,持有人不必担心向相对人提供了相关资料而无法达成协议对方却因此获得其秘密的情况发生,一旦有这种情况出现,持有人在举证上拥有了便利,可以方便地追究相对人侵犯商业秘密的责任。侵权风险的降低促进了双方交易成功的可能。

对商业秘密进行法律保护在降低交易费用的基础上可实现社会经济效益的"帕累托"改进。根据20世纪初意大利经济学家帕累托的观点,如果社会的每个

---

① 在 E.I.Dupont deNemours & Co.v.Christopher 一案中,被告通过在原告未完工的工厂上方飞行拍照的方式企图获取原告生产甲醇的生产线,根据美国有关商业秘密保护的法律,法官以原告已采取了合理的保密措施,要求原告为未完成的工厂装设屋顶以保护商业秘密是对原告的苛求为由判被告败诉。从而避免了原告必须花费大量金钱建造屋顶才能保护其商业秘密的不经济的状况出现。

成员在不损害任何人的利益前提下对自己的经济利益进行改善达到了顶点,则意味着社会资源处于最优的配置状态,这种理想的境界被称为"帕累托最优",由于在现实社会中有许多条件,如完全竞争、信息完全、无外部性以及交易费用为零等均无法达到,"帕累托最优"只存在于理想世界中。但是我们通过各种制度设计却能为贴近这种最优状态不断进行"帕累托"改进。对商业秘密进行法律保护减少了商业秘密持有人与相对人产生的各种交易费用,是减少社会资源浪费,实现社会利益最大化的重要的"帕累托"改进方式。

三、商业秘密法的博弈分析

博弈方法是经济学在经历了古典价值理论、近代价值理论后兴起的又一经济分析方法。从冯·诺依曼在博弈领域作出的开创性工作到纳什、海深义、塞尔腾等一大批博弈论者对博弈分析的新发展,博弈方法已成为通过分析人类行为选择,找寻人类经济行为动机的重要经济分析方法。博弈针对战略行为指出,在两个或多个个体相互作用的场合,每个个体的决策取决于他对其他个体行动的预测。[①] 社会个体往往在根据他人可能采取的行动方式上决定自己的行动方式,因此博弈论又被称为对策学。用塞尔腾教授的话说,博弈论可以被描述为关于自利的个人的理性交往的理论。博弈理论以经济学中行为个体具有经济理性,总是偏好更高收益而非更低收益的结果为前提。这样人们在进行行为选择时就要充分考虑相对人的行为,以决定自己的行为,从而为自己带来利益的最大化。博弈分析能帮助我们认识人们行事的普遍动机,进而为制度设计者找到如何设置外部条件,合理诱导或控制人们的行为,实现政策目标的途径。运用博弈分析的方法透析商业秘密的法律保护问题,我们会发现在涉及商业秘密的场合,当事人是如何根据他人的行为来决定自己是否应该侵犯或采取何种方式保护商业秘密,以及对商业秘密采取法律保护后博弈规则又是如何影响人们的行为的。

(一)商业秘密持有人与竞争者间的博弈分析

商业秘密持有人竞争者间的博弈模型是一个典型的标准形式博弈,也称作战略形式博弈,它解决发生在两个个体同时互动,彼此都缺乏对对方行为方向了解时如何决定自己的行为的问题。标准形式的博弈包含三个基本要素:(1)博弈

[①] [美]道格拉斯·G.拜尔、罗伯特·H.格特纳、兰德尔·C.皮克著,严旭阳译:《法律的博弈分析》,法律出版社 1999 年版,导言第 1 页。

的参与人;(2)参与人可能的战略;(3)每一可能战略组合下参与人的收益。在商业秘密持有人与竞争者的博弈模型中参与者就是他们双方。秘密持有人可能选择的战略有两种:其一对商业秘密采取强保护措施,其二采取弱保护措施。(根据商业秘密法的规定持有人不能不采取保密措施,否则该技术或信息将不被视为商业秘密。)竞争者也可能选择两种战略:其一盗取持有人的商业秘密,其二不侵犯持有人的商业秘密。在这里我们假设持有人选择强保护措施付出的成本为100元(收益为-100元),选择弱保护付出的成本为50元(收益为-50元),但在弱保护情况下遭受盗窃还将有额外的损失为200元(收益-200元)。竞争者选择盗窃收益除去其盗窃成本在对方强保护下为150元,在对方弱保护下为200元,选择不盗窃收益为0元。在没有法律保护的情况下上述金额就是双方战略选择中可能产生的收益,图1的二元矩阵描述了这个博弈。

		持有人			
		强保护		弱保护	
竞争者	侵犯	150	-100	200	-250
	不侵犯	0	-100	0	-50

图1

如何求解呢,博弈理论提供了一种严格占优的求解方式,所谓一种战略比另一战略占优是指无论对方采取何种战略的情况下对自己而言都是最好的战略选择。相反如果某一战略总被另一战略占优,那么它则是严格劣的战略。总是选择严格优战略并且总是不选择严格劣战略是博弈理论中最基本的思想,也符合经济学中理性人的基本假设。在这个博弈模型里竞争者有一个严格占优的选择:侵犯持有人的商业秘密对它来说总是有利的。无论持有人进行强保护或是弱保护,对竞争者来说侵犯总比不侵犯能获得更多的收益。由于我们假设过参与博弈的人都是理性的,参与人都知道自己及对方可能选择的战略,也都知道每种战略中自己和对方的收益,因此持有人也会得出上图的分析结论,知道竞争者会侵犯其商业秘密,在此情况下他将选择强保护措施。由此持有人进行强保护,竞争者选择侵犯秘密,成为本博弈中的唯一解。而这种情况却是我们最不愿意看到的,在对交易费用的分析中我们已经指出,这是交易费用最大的一种选择,持有人的防范成本与竞争者的盗窃成本将会相当高昂,这种不贡献任何社会正效益的成本极大地浪费了社会资源,既不利于个人利益最大化目标的实现,也无法对整个社会进行"帕累托"改进。

在有商业秘密保护法的场合又会有什么情况发生,当事人的选择又将发生怎样的变化呢？商业秘密保护法将在上图基础上增加对侵犯商业秘密的行为的制裁因素，假设竞争者侵犯持有人秘密受到的法律制裁代价为250元，那么将产生图2所示的博弈模型。法律制裁成本的出现使得竞争者选择侵犯商业秘密转化成为严格劣的战略，无论持有人采取何种战略，竞争者进行侵犯总是比不侵犯遭受的损失大。因此竞争者选择不侵犯才是理性选择，持有人也由此推及采取弱保护措施，这便成为本博弈的唯一解。我们希望看到这种结局，这是交易费用和社会成本最低的一种双方行为方式，商业秘密保护法在这里就起到了"帕累托"改进的作用，减少了不必要的社会耗费，节约了社会资源。

		持有人	
		强保护	弱保护
竞争者	侵犯	−100　−100	−50　−250
	不侵犯	0　−100	0　−50

图 2

（二）商业秘密持有人与雇员间的博弈分析

在持有人与雇员间的关系中，标准形式的博弈模型不再适用，因为持有人是否雇佣员工的行为在前，员工被雇佣后是否遵守保密协定在后。标准形式的博弈图不能反映存在先后关系的战略行为。在这里我们引进扩展式博弈模型对此问题加以解答。扩展式博弈考虑了参与人的行动先后顺序，其包含的元素有如下四个：(1)参与人；(2)参与人进行行动的先后次序；(3)每个参与人可能选择的战略；(4)在每个可能的行动组合中各参与人的收益。在商业秘密持有人与雇员的关系中参与人就是他们双方。持有人可以选择雇佣员工或是不雇佣，其行动在前；员工被雇佣后可以选择保守商业秘密或不保守。让我们假设如果雇佣不发生双方的收益都为0，如果持有人在雇佣了员工后其收益为100元，如果雇员保守秘密他的收益就是其劳动报酬为5元，如果雇员将该秘密提供给持有人的竞争对手，他将获得额外的收益50元，但将给雇主造成150元的损失。在没有对商业秘密进行法律保护的前提下我们就会得到以下树状的博弈模型，如图3。

第二章 商业秘密法的理论基础

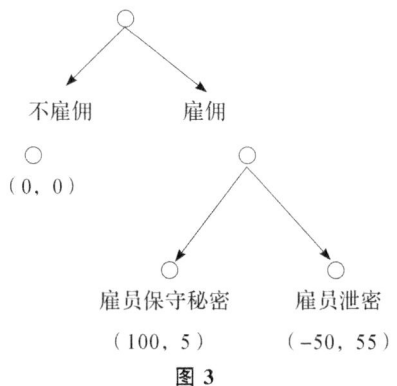

图 3

在图 3 中,代表每种可能的选择及结果;括号中的前一数字代表雇主的收益,后一数字代表雇员的收益。对于图 3 我们又当如何求解呢?雇主最后是选择雇佣员工还是放弃雇佣呢?这里我们采用逆向推理的方法进行分析,雇主是否雇佣员工是以员工能否保守商业秘密为前提的,那么雇员能保守雇主的秘密吗?我们考察雇佣了的情况,在这里存在一个严格占优的选择:对于雇员来说选择泄露秘密以获利对他而言是最优战略,有理性的雇主如果经过上述分析也会得出同样的结论,因此他不会进行任何雇佣。最终的后果便是合作无法达成,双方的收益均为 0。秘密持有人不能通过扩大规模充分发挥商业秘密的最大经济效益,雇员也因此失去了就业的机会,这可称作分则两害。

如果对商业秘密进行法律保护,情况又将如何改变?假设法律规定,雇员泄露雇主的商业秘密将受到 100 元的处罚,博弈图将是下面的模样。如图 4。

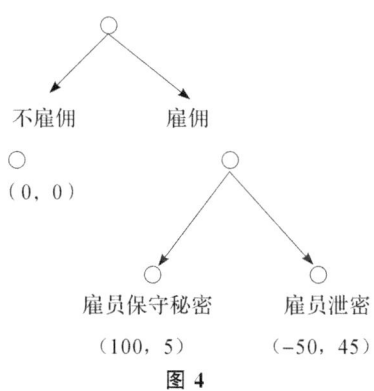

图 4

由于法律附加的额外制裁成本存在,选择泄密在这里成为雇员的严格劣选择，选择保守秘密对于雇员来说才是占优的，同样在分析到雇员会保守秘密后，商业秘密持有人自然会放心雇佣员工，扩大生产规模，充分发挥其技术的所有潜力。雇主通过借助雇员的劳动实现其利益最大化，雇员则获得了就业机会，这也就是我们所说的合则两利。

将经济学的分析方法运用于法律问题的研究往往能发现隐藏在法律问题背后的经济原因，这既符合人类经济生活的必然要求，同时也是现代社会追求经济效益的必然体现，在这里我们通过运用激励机制、交易费用理论及博弈理论分析了对商业秘密进行法律保护的经济学原理，从经济人的交往理性角度得出了对商业秘密进行法律保护的必然性。经济学方法的运用为我们明确对商业秘密的保护提供了明确的，合乎人类本性的解释，对坚定我们对商业秘密保护的认识作用巨大。但无论是我们前面对商业秘密保护的伦理分析还是经济分析，最终都必须以法律理论的形式出现才能体现商业秘密保护法的学科特色，在以下部分我们将分析商业秘密法律保护的法理基础，尽管它们之中仍然脱离不了伦理道德和经济利益的色彩。

第三节　商业秘密法的法理基础

自从对商业秘密进行现代意义上的法律保护开始，在对商业秘密保护法的法理认识上就一直呈现着众说纷纭、莫衷一是的局面，究竟是基于何种理由对商业秘密进行保护，法律学者及法院法官提出了各种观点，其中主要包括财产权理论、保密合同理论、侵权理论、不正当竞争理论以及保护隐私权理论。下面我们将针对这几种理论分别进行介绍和探讨。

一、财产权理论

将商业秘密视作财产，侵犯他人商业秘密即意味着侵犯财产权是在商业秘密保护诸多理论中较为传统也是最有影响的一种法律观点。财产权理论最初产生于商业秘密保护进行较早的美国，将商业秘密看作财产权的典型案例可以追溯到 1868 年的 Peabody v. Norfolk 一案，该案原告 Peabody 发明了一种用黄麻生产麻布的机器和工艺，他雇佣被告 Norfolk 为其工作，并同被告签订了书面合同约定被告不得将此工艺和机器的秘密泄露给他人也不得自行使用，但不久被告辞职与他人合伙开办了一家同样类型的工厂制造了与原告相同的机器同时还使用了原告的工艺。原告遂向衡平法院申请禁令,要求阻止侵权行为,法院最后支持了原告的主张。Gray法官在判决中指出:"如果某人运用自己的技术和努力从事某种商务,他在商务中付出的劳动在法律上应被视作财产。"他同时还指出:"如果某人发明或发现了某种生产工艺,无论是否构成专利保护的对象,只要本人采取了保密措施,虽然这种做法对公众或善意方不具有独占权,但是它仍是本人的财产,大法官法庭将禁止他人违反合同或保密义务自行使用或向第三者泄露。"① 以此为先河,此后在美国的众多判例中均将商业秘密当作特殊的财产对待,加以保护。在1978年制定的美国《统一商业秘密法》中也隐晦地承认了商业秘密是特殊财产的思想。在大陆法系国家,由于一贯坚持严格的物权观念,一直拒绝将商业秘密视为财产,但近年来随着知识经济和信息产业的高速发展,情况也有所松动,在日本就有观点认为商业秘密是财产性的情报,主张将商业秘密规定为财产信息。② 除了两大法系国家外,在国际性的经济组织中商业秘密一般也被归入到知识产权的范畴,与版权、专利权、商标权一道被看作无形财产。如20世纪70年代末,在世界知识产权组织为各成员国起草的知识产权示范法中就包含了商业秘密的规定,在90年代的乌拉圭回合谈判中达成的TRIPS也对商业秘密的保护进行了专门规定并将其纳入了知识产权保护之列。我国的现有法律规定也同样将商业秘密当作财产看待,如我国的三资企业法以及公司法均将作为商业秘密之一部分的专有技术和非专利技术视作可出资的财产,事实上承认了商业秘密的财产性。

虽然商业秘密被视为财产已在很大范围内得到了认同,但仍能听到不少质疑的声音。有的学者从权利性质、侵权后果、横向关系以及经营信息的财产特征与利益特征的比较着眼归纳了反对意见。③ 事实上反对者的意见很大程度上依旧是围绕着商业秘密是否具有传统财产的排他性展开的。对于商业秘密的财产属性我们在分析商业秘密法律保护的伦理基础时已提到,有两点理由可以证实商业秘密的财产性:其一商业秘密一般说来是持有人自行开发研制的凝聚着他的劳动,从劳动创造财产的角度应将商业秘密看作财产;其二商业秘密能给持有人带来经济利益,从财产的本质属性是利益性出发应将商业秘密看作财产。如何来理解商业秘密的排他性呢?我们认为可以从以下方面进行认识。

其一,商业秘密的秘密性是其排他性的基础。商业秘密作为一种技术、信

---

① Peabody v.Norfolk,98 Mass.452,457~458(1868).
② 张玉瑞:《商业秘密法学》,中国法制出版社1999年版,第306页。
③ 张玉瑞:《商业秘密法学》,中国法制出版社1999年版,第306~308页。

息、情报或方法不具有物质形式,一旦被公开将成为公众财产,开发研制者就不再享有排他的独占权利,因此秘密性既是商业秘密成立的理由也是商业秘密具有排他性的前提。商业秘密因为具有秘密性而排他,由于保持这种秘密性而使排他的权利得以继续。

其二,无形财产不同于有形财产,它们的排他性不是绝对的。对于商业秘密而言即使秘密持有人采取了严格的保密措施未曾泄露,但他人通过反向工程、独立开发得出相同的商业秘密并不构成对原秘密持有人权利的侵犯。这一点成为商业秘密权财产否定论者的最有力的论据。我们认为无形财产的特性本身就决定了无形财产的排他性并非绝对。以专利权、商标权和著作权的情况亦能说明,如专利权的时间性及地域性说明它不是绝对排他的,在商标登记注册中的"一件商标一类商品"的原则,也说明同一商标在不同商品上使用并不构成侵权,在著作权中只保护作品的形式而非思想的做法同样说明,同一思想若采取不同的表达方法不能算作对著作权的侵犯。这些情况都表明,由于无形财产不具有物质性因而表现出不同于有形财产的特性,因此它的排他性并不绝对,但人们并没有否定知识产权的财产属性。同样我们也不应否认商业秘密的财产权性质。

其三,现代社会中即使有形物的财产权也不是绝对排他的。

所谓排他性是指财产可以排除他人的干扰,被所有人独立地占有、使用、收益和处分,但事实上为了发挥财产最大的增值效益往往要交由非所有权人进行占有和使用,在所有权与使用权分离的情况下财产权是不具有绝对的排他性的,它不能排除使用权人对财产行使权利,若在财产上设立了担保物权,财产所有人同样不能排除担保权人的权利。更为重要的情况是,现代社会中财产所有权的绝对性已经受到了挑战,在从个人本位向社会本位过渡中,人们愈来愈认识到从维护公共利益的角度出发通常需对财产权的绝对排他性进行限制,防止个人权利的过度膨胀和滥用对社会的整体利益构成损害。

其四,对侵犯商业秘密采取的救济手段实际上已将商业秘密作为了财产看待。

在传统民法领域,财产权遭受侵害的救济手段主要有三类:停止侵害、返还原物、恢复原状。对于商业秘密来说由于它不具备有形物的载体因此不存在返还原物的情形,但法院都要作出停止侵害的裁定,在英美法中被称作禁令,阻止侵权人继续使用权利人的商业秘密。对于商业秘密又是如何做到恢复原状的呢?在法院作出的判决或裁定中同时也要明确规定,侵权人除了不能再继续使用原秘密持有人的商业秘密外同时还负有不得将该商业秘密向第三人透露的义务,这事实上是要求把持有人的商业秘密回复到原初的秘密状态。从法律救济

第二章 商业秘密法的理论基础

的手段看商业秘密事实上是被作为财产进行保护了。

二、保密合同理论

保密合同理论最先起源于英国衡平法上的信托关系。其中比较典型的案例是1851年的Morison v.Moat案,该案原告的父亲发明了一种成药,并告诉了其合伙人(该案被告),双方约定不得将该药配方向第三人透露,但被告在合伙结束后违反约定擅自将该配方告诉了自己的儿子由其进行利用。法院最后根据信托关系进行判决,认为被告违反了合同和信义,禁止被告的儿子利用该配方。① 在美国,一些判例也从保密合同理论角度对商业秘密进行保护,在Board of Trade v.Christie Grain & Stock Co.一案中Holmes法官认为商业秘密的保护是基于保密关系,建立了信任关系的人应被禁止破坏信任合同以获取并使用他人的商业秘密。② Holmes法官不主张从财产权角度对商业秘密进行保护,这在他裁决的E.I.DuPont deNemours Powder Co.v.Masland也可以看出来,他认为:"财产这个词用于商标和商业秘密是未经分析的表达……原告是否拥有商业秘密以及何种商业秘密,被告是通过与之建立守秘关系得知的,财产权可以否认,但守秘关系却不可否认,因此对商业秘密的保护不是基于财产权而是源于原被告间的守秘关系。"③美国有关商业秘密保护的成文法中也含有从源于信任的保密合同角度对商业秘密进行保护的规定,如《侵权行为法重述》(第一次)第757条规定:"在下述情形下没有这样做的权利时,披露或使用他人的商业秘密的,向后者承担责任,即……(B)他的披露或使用构成违反另一个在把秘密向他披露时对他的信任……"《统一商业秘密法》第1条规定:"不正当手段包括盗窃、贿赂、虚假陈述、违反或诱使违反保密义务……"在法国,涉及商业秘密转让时,法律认为受让人根据转让协议是负有保密义务的,他们间的关系应由合同法进行调整。

对商业秘密从保密合同角度进行保护经历了一个发展的过程,最开始仅限于双方间存在书面的保密协议,即有明示合同(express contract)存在。后来法官在审判实践中发现,如果合同关系仅限于明示合同对商业秘密的保护是不力的,许多情况下当事人间已经默示同意了保守商业秘密,如果一旦违反却因没有明示合同不予以保护对秘密持有人不利。于是在美国率先发展出了准契约

---

① Morison v.Moat,68 Eng.Rep.492,9 Hare 241(1851).
② Board of Trade v.Christie Graim & Stock Co.,198 U.S.236,251(1905).
③ E.I.DuPont deNemours Powder Co.v.Masland,224 U.S.100,102(1917).

(quasi-contract)理论或称作默示合同(contract implied in law)理论。默示合同理论认为当事人间的保密关系不必强制书面合同的存在,只要双方事实上形成了保密关系,秘密持有人基于信任将秘密告知了对方,对方当事人就要受事实上的保密关系的约束,这不是基于双方达成的保密协议或条款产生的,而是由法院法官依据当事人间的关系进行的认定,是法律强加的责任。Robert G.Bone 就指出:"商业秘密中的合同关系既包括明示合同也包括法定默示合同。在这种情况下,保密义务应被视作合同的默认条款(default rule)。……默认条款是商业秘密合同中的补漏条款。"①这种法律拟制的合同关系是为了在当事人间维持一种诚实信义的气氛,体现了法律对公平竞争和参与经济交往的当事者的良好信誉的促进和鼓励。默示的保密关系主要存在于雇主与雇员间的雇佣关系中,同时它也存在于合伙人间的合伙关系中,在对商业秘密进行许可使用进行谈判时也可认定存在默示的保密关系。

运用保密合同理论对商业秘密进行保护主要是通过认定违约的方式来追究泄露者的责任。在保密关系存在的情况下,相对人不能超过权利人允许其使用的范围对该商业秘密进行使用,不能为自己的利益进行使用,更不能将该秘密透露给第三人。按照合同法的理论,合同即是当事人间的法律,一旦依法形成就对当事人产生法律约束力,甚至依据古罗马法的观念,契约是当事人间的"法锁",彼此都要严格遵守。如果相对人违背合同,将承担违约责任。因此当事人间可以自行约定对于什么样的技术或信息在何种情况下应遵守怎样的保密规则,合同法赋予了当事人充分的自由协商空间,同时也通过默示合同的方式弥补因当事人考虑不周产生的约定不足,最后法律通过向泄密者追究违约责任,要求其赔偿损失的方法制裁并防范侵犯商业秘密的情况发生。

虽然运用合同理论对商业秘密进行保护可以避开商业秘密是否属于财产的争论,但合同理论的运用范围毕竟有限,如果双方不存在明示或默示合同,就将无法追究侵权者的责任。例如雇员将商业秘密泄露给第三人,第三人也明知该信息是雇主的商业秘密予以接受,如果运用合同理论就只能追究雇员的责任,而主观上有恶意的第三人却可逃过法律的制裁,显失公正。在我们举过的 Peabody v.Norfolk 一案中的第三人 Cook 就以与原告 Peabody 间没有保密合同关系进行抗辩,最终 Gray 法官还是以财产权的理论驳回了他的抗辩理由。② 同时

---

① Robert G.Bone,New Look at Trade Secret Law:Doctrine in Search of Justification,*California Law Review*,March 1998,p.301.
② Peabody v.Norfolk,98 Mass.452,456(1868).

默示合同义务需要法官进行认定,对于自由心证的法官来说由于个人理解的不一致,也完全可能导致他对于某些关系认识上的出入不将其视作商业秘密,这样秘密持有人的利益就不能得到充分的保护。

三、侵权行为理论

利用侵权行为法对商业秘密进行保护是美国保护商业秘密的重要方式。在美国,对商业秘密的成文法保护最早就体现在1939年制定的《侵权行为法重述》(第一次)中,该法律第757条规定:"在下述情形下没有这样做的权利时,披露或使用他人的商业秘密的,向后者承担责任:(1)以不正当方法获取秘密者;(2)其泄露或使用,已构成违反其与告知秘密者之间依赖关系的;(3)自第三人获知秘密,而明知其为秘密,而第三人是以不正当方法或以违背对他人保密责任而泄露的;(4)取得秘密时,已被告知其为秘密,且其泄露是因错误所致的。"在1985年修订的《统一商业秘密法》第1条对不正当方法进行了归纳:包括盗窃、贿赂、误传、违反或诱导违反保密责任,或通过电子或其他方式的间谍行为;第2条对侵占行为进行了解释:(1)经由第三人取得他人之商业秘密,且该提供商业秘密之人系以不正当方法获知或有理由获知该项秘密者;(2)未获得商业秘密提供人之明示或暗示同意,而泄露或使用他人之商业秘密,且该商业秘密提供人是:①运用不正当方法取得该商业秘密之知识,②于泄露或使用时,知悉或有理由知悉其获知的商业秘密知识是:A. 出自或得自经由不正当方法取得该项知识的人,B. 于负有保密责任或限制使用的状态下,取得该项知识,C. 出自或得自具有保密义务的人,为寻求减轻其维护商业秘密的义务或限制使用者,③于实质改变其地位之前,即知悉或有理由知悉该项知识为商业秘密,且其获得该项知识是在意外或失误状态下取得的。为了防止经济间谍盗窃商业秘密,美国还在1996年制定了反经济间谍法对此种侵犯商业秘密的行为进行制裁。

从上述的规定我们可以看出以侵权行为法方式对商业秘密进行保护涵盖的范围非常的广泛,它既包括了有保密合同义务存在的情况,也包括了默示合同的情况;不仅针对合同当事人还针对不存在合同关系的第三方。它不考究某种行为侵犯的是财产权还是对合同的违反,只要客观上产生了侵害商业利益后果,便要追究行为人的法律责任。虽然在侵权行为理论中明显包含了我们讨论过的财产权问题、保密合同问题以及我们将要论及的不正当竞争问题,但侵权行为理论的侧重点与它们都不相同。它既不注重商业秘密的属性,不看重它是物权(财产权)还是债权,也不关注行为人进行该行为的主观意思及采取的手段,它只看重是否产生了侵权的后果。只要行为人出于故意从事了上述法律规定的行为,造成了权利人的商业利益损失,而且损害行为与损害后果间存在因果关系,该侵权行为就成立,侵权人就要承担法律责任。

　　侵权行为理论在现实中有很强的适用性,首先,它摆脱了长期以来人们对商业秘密是否是财产的争论,如同 Allison Colemen 指出的:"侵权法是合法控制权在各方面的表现,其主要特点是适应性强。将违法行为规定为新种类的侵权行为,可以不像确立一种新的财产权那样,需要首先进行理论的支持。"[1]它只认定商业秘密能给持有人带来经济利益,这一点是不容侵犯的,违反之就构成侵权。它同时弥补了合同理论的局限,将一切可能构成对商业秘密侵犯的行为都进行了列举,既包括了违反合同义务的行为也纳入了不正当竞争的行为,因而解决了对第三人侵犯商业秘密无法规治的问题。其次,对于法律列举的侵害商业秘密以外的情况,法律给予许可,以利竞争。例如相对人采取反向工程、独立开发、或在商定秘密所有人的使用许可项下所作的发现以及从出版的文献中得到商业秘密均不构成侵权,从而达到鼓励竞争的目的。按照《侵权行为法重述》(第一次)的观点,在美国的自由经济制度下允许模仿是必须的,如果不允许模仿,每个第一次进行开发、发明、设计的人都将成为垄断者,没有模仿就会扼杀竞争。从总的原则出发允许人们进行模仿是打破垄断,鼓励竞争的必然选择,也是美国的市场经济所要求的,但不是在所有的领域,在所有的时间都允许模仿,法律应该从整体利益出发明确界定可以模仿与禁止模仿的界限,对于商业、专利、著作权而言是禁止模仿的,对于商业秘密只有法律没有加以限制的情况下才可以模仿。

四、反不正当竞争理论

　　以反不正当竞争法对商业秘密进行保护是当今世界各国较为普遍采取的方法。特别是大陆法系国家和地区大都倾向于用不正当竞争理论解释侵犯商业秘密的行为。如德国在《反不正当竞争法》第 17 条对基于雇佣关系和采取其他不正当手段获取商业秘密的情况进行了规定。日本在 1990 年修订的《不正当竞争防止法》中增加了对商业秘密的保护。在我国有关保护商业秘密的规定也同样体现在《反不正当竞争法》中,类似的情况还有我国台湾地区的"公平交易法"对营业秘密的保护,瑞士 1986 年颁布的《反不正当竞争法》对商业秘密的保护。在

---

[1] Allison Colemen, *The Legal Protection of Trade Secrets*, Sweet & Maxwell, 1992, p.49.

美国虽然已经有了《侵权行为法重述》、《统一商业秘密法》，但同样还在《反不正当竞争法重述》中再次对商业秘密的保护进行规定。除了各国立法外，世界知识产权组织在其制定的《关于反不正当竞争保护的示范规定》也纳入了对商业秘密保护的规定。

各国倾向于在反不正当竞争法中对商业秘密进行保护，将侵犯商业秘密的行为视作不正当竞争行为，各自有着不同的出发点和初衷。第一，就大陆法系国家来说，它们一直拒绝将商业秘密看作财产，不使用财产权理论类推保护商业秘密，同时它们也看到合同理论在保护商业秘密问题上的欠缺，因此必须寻找第三条道路。反不正当竞争法的出现刚好给它们提供了这种机会。如日本学者中山信弘就认为用反不正当竞争法对商业秘密进行保护应该认为仅相当于掸去正在落向原告头上的火星，而不应该认为是物权上的效力。① 在 AIPPI 杂志组织的有关讨论中，巴西小组也提出，巴西法律不保护商业秘密本身，而仅是禁止不正当的竞争行为，对受损害者赋予请求赔偿的权利。在巴西不承认商业秘密的排他性权利。② 将侵犯商业秘密的行为看作不正当竞争行为就避开了一直困扰这些学者的难题，从一条新的途径对商业秘密的保护提供了可能。第二，对商业秘密采取不正当竞争法进行保护体现了社会公共利益。无论是采取财产权理论、合同理论还是侵权理论对商业秘密进行保护，其立足点都是针对秘密持有人的利益保护，完全体现着对私权利的尊重。随着社会的发展，人们愈加认识到个人的利益固然重要，但在社会生活中个人的利益往往是与社群的利益联系在一起的，并且个人利益通常只有在社会公共利益得到维护的情况下才能最大限度地实现，因此在现代社会中对公共利益的保护就更加重要。这是人类社会从个人本位向社会本位转变的必然要求。反不正当竞争法正是顺应对社会公共利益的整体维护出现的，它反对在自由竞争的经济社会里一切违背诚实信用的不正当获取利益的行为，它通过对每个社会个体行为的调控达到社会整体利益优化的目的。将商业秘密的保护纳入反不正当竞争法体现了维护公序良俗，维持公平、公正、公开的交易环境，保证正常社会竞争秩序的公益目的。

以反不正当竞争法保护商业秘密的特点和优点表现在：其一，它不从确定商业秘密的性质着眼，不关心它是财产权抑或是基于信任关系产生；它也不同于侵权理论，不从行为给权利人造成的损害后果考察。它只分析某种获取商业秘密

---

① ［日］中由信弘著，张玉瑞译：《多媒体与著作权》，专利文献出版社1997年版，第6页。
② 转引自张玉瑞：《商业秘密法学》，中国法制出版社1999年版，第292页。

的行为的主观意图是否正当,采取的手段是否合法。如 Ramon A.Klitzke 所说:"尽管最终法官可以采取侵权理论、合同理论、财产权理论对商业秘密进行保护,问题的实质还是商业竞争者间是否采取了公平、诚实的竞争手段。"[1]只要行为人出于非正当获取他人商业秘密的故意,不是通过自己的努力劳动创造和有偿交换取得商业秘密,而是采取法律禁止采取的手段,其行为就构成对他人商业秘密的侵犯而应遭到禁止和处罚。其二,由于反不正当竞争法是社会立法,因此在有利用不正当手段侵犯秘密持有人的利益的情况发生时,它不仅要求对持有人进行私法所主张的赔偿,同时还可从社会利益的角度出发对违法人进行行政处罚和罚款,加大不正当竞争者的违法成本,达到阻止违法行为的目的。其三,通过反不正当法对商业秘密进行保护有很强的实用主义色彩,它的弹性可以更全面地对商业秘密进行保护。通过反不正当竞争法保护商业秘密不仅突破了财产权理论的思维困扰和合同理论的运用缺陷,而且可以应对现实生活中层出不穷、花样翻新的侵犯商业秘密的行为。反不正当竞争法中对不正当竞争手段的定义相对灵活,可以根据现实生活的变化作出相应的调整,防范和打击各种侵犯商业秘密的不当行为。

五、隐私权理论

当今世界各国将隐私作为一项法律权利加以确认的并不是很多,在大陆法系国家比较典型的当属德国,其在1972年制定的《联邦资料保护法》及最高法院的一些判例中明确了隐私权。法国在1970年增补的《民法典》第9条为公民个人隐私的保护提供了依据,但在司法实践中很少运用。日本对是否承认隐私权现在还存在争论。就英美来看,英国及其英联邦国家现在均没有承认隐私权的问题。在美国情况正好相反,隐私权的理论和立法都相对丰富。人们通常将萨缪尔·D.沃伦和路易斯·D.布兰戴斯于1890年发表在《哈佛法律评论》上的《隐私权》作为美国隐私权理论研究的开端。[2] 其后有关隐私权的研究极为兴盛,在此推动下以1974年美国政府颁布联邦《隐私法》为标志诞生了一大批联邦及各州的隐私方面的立法。

将隐私权理论运用于商业秘密的保护是美国的首创。在 Kewanee Oil Co.

---

[1] Ramon A. Klitzke, Trade Secrets: Important Quasi-Property Rights, *The Business Lawyer*, February 1986, p.557.

[2] 转引自张新宝:《隐私权的法律保护》,群众出版社1997年版,第37页。

v.Bicron Corp.一案中法官指出:"当一个公司侵犯他人商业秘密时,除了权利人为防止盗窃、窃听、贿赂以及其他方式盗用商业秘密支出的费用外,社会成本也不可避免地遭到浪费。如果产业间谍获得宽恕或者由此获利,一项最基本的人类权利——隐私权就受到了威胁。"①在1995年新通过的《反不正当竞争法重述》(第三次)的评论中也认为:"商业秘密法不仅禁止违反保密义务和不正当的有形入侵,还有利于保护个人隐私权。"隐私权论者将商业秘密看作隐私权的理论依据在于商业秘密具有秘密性不为公众所知,这符合隐私的一般特征。人们所说的隐私通常是指个人信息,或是个人对其私人领域的一种控制状态,包括是否允许他人对其进行亲密的接触的决定和他对自己私人事务的决定。②而商业秘密为持有人所专有并采取相关措施防范其他人窃取,对于商业秘密的享用只限于权利人的私人支配领域。由此看来商业秘密具有隐私的一般特性。

由于隐私权已超出了财产权的范围,属于人格权,用隐私权对商业秘密进行保护,更能体现出商业秘密的重要性。在人们的一般认识及法律的规定中,人身权是比财产权更重要的权利,虽然无财产就无人格,财产权是人身权的基础,但财产最终是为人的发展服务的,人类社会进步的核心衡量标准还是人的解放程度。将商业秘密当作隐私权对待,表示了人们对商业秘密的重视。但这种理论同时也面临一系列的挑战,首先,技术信息和经营信息并不同于我们的肖像、私生活、个人日记、情书等等表示或记录着我们的私人特征和私人信息。它们能否作为隐私权的客体?其次,隐私权的主体通常是有生命的自然人,而商业秘密大多数持有人为法人或其他组织,他们是否可以成为隐私权的主体?上述两个问题均是隐私论者现在没有充分回答的,可以说以隐私权理论保护商业秘密至少在现在,理论上还没有完全给出充分的依据。

---

① Kewanee Oil.Co.v.Bicron Corp.,416 U.S.470,487(1974).
② 转引自王利明、杨立新:《人格权与新闻侵权》,中国方正出版社1995年版,第410页。

第三章 商业秘密保护立法的演变

第一节 商业秘密保护立法的产生与发展

一、商业秘密的产生

商业秘密并非现代社会的产物,生产资料的私有制和商品交换的出现是商业秘密诞生的必要前提,家庭则在商业秘密的诞生中扮演着重要的角色。随着人类社会从原始社会向奴隶社会的过渡,家庭成为了拥有生产资料的基本单元和生产交换的直接主体,人们在家庭生产和劳作中积累的生产技能与经验,获得的对某种物品的制造诀窍往往成为一个家族或家庭提高产品数量、生产适销产品的重要因素。这种通常历经数代积累形成的工艺,获得的秘密、诀窍,一般都以家传秘方、祖传绝技的方式在家庭与家族内部代代相传、一脉相承,它们便是我们今天所说的商业秘密的早期雏形。在古代中国,商品交换虽不兴盛,但五千年绵绵不息的农业文明积累下的各种秘技与绝活依旧为数众多,如我们熟知的流传至今的宣纸工艺、景泰蓝的制作以及各式各样的独特烹饪技法等等便是其中的佼佼者。这些产品的制作与生产的工艺流程,在当时通常不为外界所知,而秘诀的掌握者通过拥有一般同类生产者不具有的特殊技能和方法,能够生产出超乎常规产品特性和优点的产品,从而吸引更多的购买者,为该产品赢得远播的声名的同时,还能为自己带来丰厚的收入。由于中国传统的法律制度体系中没有专门的知识产权保护制度,也没有专门针对各种绝技、秘方进行保护的法律,拥有某种特殊生产技能和秘密的生产者只能通过对秘密的严格保守和家族内部的传授来维持对这种秘密技术的专有和垄断地位,但从其采取的保密手段看,其与今天的商业秘密的保密途径已经完全相同。

人类社会生活的共通性决定了商业秘密不仅出现在古代中国,在同时期商品交换较为发达的西方同样大量存在各种生产诀窍、技术秘密,而且更加显著地表现出了它们的经济价值。这种情况在中世纪的手工业作坊时期表现得尤为典型,当时大量的学徒进入作坊学习技艺,作坊师傅在无偿剥削学徒的同时也向他们传授一些除学徒之外的其他人不可能学到的特别技艺。学徒劳动力与作坊师傅掌握的特有手艺间的特殊交换结果便是学徒们在封闭的传授中获得了某种特殊性技艺,由于手艺只被作坊师傅和一部分幸运的学徒所掌握,这种具有一定垄断性的技艺往往成为他们谋生的重要手段。进入欧洲的工场手工业时期,生产或制造某种产品的特殊技能就不仅仅是技能持有人谋生的工具,那些在技术上有巨大创新的特殊工艺通常还能为持有者带来丰厚的收益。商品经济的急剧发展,工业革命的不断进步,商业秘密的经济效益在频繁的商品交换中被迅速放大,人们越来越认识到商业秘密巨大的经济价值,对商业秘密进行法律的保护很自然便成为西方国家必然的选择。

历史清晰地表明,在人类社会所经历的奴隶社会、封建社会和资本主义社会的前期,各种各样的生产技术、诀窍、特殊的工艺与经验已经广泛存在,虽然它们未被冠以我们今天通常所用的商业秘密的名称,但事实上已具备了现代社会中商业秘密的一系列特点。其一,它们都是被运用于生产与制造的具有实用性的技能和特长;其二,由于持有人采取了保密措施而不为大众所知;其三,这种技能和诀窍能为持有人带来生产和销售上的优势,它或者能帮助持有人提高产量,或者以其制造出的产品的低成本和高质量吸引更多的买主。至于商业秘密(trade secret)一词被正式作为法律用语出现,或者说这些用于生产经营的秘密信息被最终定名为商业秘密则要晚得多,甚至要晚于许多已对事实上的商业秘密进行法律保护的案例出现之后,据史料记载,在1883年7月14日美国的《纽约》杂志上才第一次出现了商业秘密的说法。①

二、商业秘密法律保护的实现

与中国传统法制缺乏对商业秘密的法律保护形成鲜明的对照,西方很早便出现了对技术秘密保护的法律规定。早在古罗马时期为了防止奴隶主使用

---

① 商业秘密法制丛书编辑委员会:《商业秘密法制现状分析及案例》,中国法制出版社1995年版,第1页。

的奴隶对外泄露主人的秘密,法律便明文规定禁止诱使奴隶泄露主人有关商业上的秘密,凡对奴隶行使该诱使行为的第三人将支付受害者遭受损失的双倍赔偿。①

商业秘密法律保护的广泛兴起和普遍运用则是产业革命以后的事。现代意义上的商业秘密的法律保护起源于英美的判例法。1851 年的 Morison v. Moat 一案是英国进行正式的商业秘密法律保护的具有开创性的判例。② 该案中原告之父发明了一种成药,并把该项发明告诉其合伙人(被告),约定不得向任何第三人透露该项发明,但合伙关系结束后被告擅自将此发明告知自己的儿子并由其进行运用。法院依据衡平法认定被告的行为违背诺言和信义,虽然原告与被告之间不存在直接的合同关系,但原告作为成药配方开发者的儿子对配方拥有所有权,对被告违背忠诚义务这一事实本身原告享有诉权。最终法院判决被告之子永远不得运用该配方制造药品。本案的裁决一方面体现了英国判例法中维护信托关系的传统,另一方面也成为英国法院运用信托理论对商业秘密进行保护的先声。

随着产业革命的热潮从欧洲大陆向美洲的迁移,新兴产业在美国迅速兴起,涉及商业秘密的案件也大量出现。人们一般都把 1868 年的 Peabody v. Norfolk 一案视作商业秘密法律保护在美国真正确立的标志。③ 该案中原告 Peabody 发明了一种生产麻布的机器和工艺,被告 Norfolk 为原告所雇佣,进行工作,并书面保证不会将此工艺和机器的秘密泄露给他人,也不会自行使用与原告进行竞争,但不久后被告即辞职与他人合伙开办了一家生产相同麻布的工厂,而且制造了与原告相同的机器同时还使用了原告的工艺。原告遂向法院申请禁令,要求阻止被告的侵权行为,在经过法院的审理后获得了支持。随着商业秘密的案件不断出现,对商业秘密的保护在美国的认可度不断提高,对成文法的需求也就愈加强烈。一方面,法官积累的越来越多的判例为商业秘密法律保护的成文化提供了充分的案件基础,另一方面,联邦各州,各个法院,不同的法官对商业秘密保护的认识各有不同,在一定程度上也为商业秘密的保护造成了混乱。从 1939 年《侵权行为法重述》(第一次)对商业秘密的保护进行成文立法开始,此后在 1975

---

① 参见[美]《反不正当竞争法》(第三次)第 39 节评论。
② Ramon A. Klitzke, Trade Secrets: Important Quasi-Property Rights, *The Business Lawyer*, February 1986, p.557.
③ Robert G. Bone, New Look at Trade Secret Law: Doctrine in Search of Justification, *California Law Review*, March 1998, p.301.

年的《统一商业秘密法》(1985年修订),1995年的《反不正当竞争法重述》(第三次),1996年的《反经济间谍法》中均对商业秘密保护的若干问题进行了成文法规定。

经济生活的不断发展,商业秘密在经济生活中的重要作用日益显现,越来越多的国家和地区开始重视商业秘密的保护问题,除英美之外,德国1896年制定的《反不正当竞争法》,日本1934年制定的《不正当竞争防止法》(1993年最新修订),瑞士1986年颁布的《反不正当竞争法》,我国台湾地区1991年制定的"公平交易法"以及我国1993年颁行的《反不正当竞争法》均对商业秘密的保护进行了明确的规定。一些没有对商业秘密进行专门立法保护的国家,也在相关的法律中订立了保护商业秘密的条款。如法国、意大利、巴西等国均在各自的刑法中对侵犯商业秘密的行为规定了相应的制裁措施。截至1994年2月,全世界共有51个国家制定了保护商业秘密的相关法律。① 在世界经济一体化日益加强的今天,对于商业秘密的保护甚至还逐渐超越了各个主权国家单独立法的局限,正逐步进入国际立法的领域。在1991年的关贸总协定乌拉圭回合谈判中达成的《与贸易(包括假冒商品贸易)有关的知识产权协议》(TRIPS)中,就设专节对商业秘密保护进行了规定。对商业秘密的保护在现在已是一个世界性的法律话题。

三、商业秘密保护立法的发展趋势

从世界各国商业秘密法律保护制度的发展进程来看,商业秘密的法律保护呈现出以下特点:

(一)法律保护的商业秘密的内容逐步放大,从技术秘密逐渐扩展到经营秘密、管理信息等一系列具有商业价值的秘密信息的范畴

商业秘密在其出现的初期,一般都表现为一种技术上的诀窍或改进手段,即我们通常所说的专有技术(Know-how)。专有技术在内容特点上与专利类似,也是一种产品或方法的发明或革新,但是持有人没有对其进行专利申请要求专利法的保护,而是采取了自我保密的方式来维持对该技术的独占。专有技术作为一种具有改进或创新精神的秘密技术,为持有人独家掌握,它在技术上的新颖性能帮助持有人在生产中增加产量,提高产品质量,增强产品竞争力,吸引更多

---

① 张玉瑞:《商业秘密法学》,中国法制出版社1999年版,第17页。

的购买者,带来更多的经济利益。在社会处于产品不足,需求大于生产的年代,生产的作用在生产—销售的链条中显得更为重要,能否尽可能地降低生产成本,生产出足够多的产品是衡量生产主体竞争力强弱的绝对性标准。技术秘密的最显著的优点就表现在能通过运用革新技术的优势,提高劳动生产率,降低单位产品的成本,提高产品的供给量。因此在自由竞争资本主义时期之前,人们关注的商业秘密一般都只限于专有技术、技术秘密。这在英美的早期判例中表现得就很明显,从前文考察的几个英美19世纪的判例中,我们可以清晰地看出它们无一例外都是涉及技术秘密的案件。

产业革命的影响不断深入,社会积聚的新技术、新方法日益增多,人类的生产能力获得了突飞猛进的提高,社会产品在新技术的推动下逐渐增多。当社会由卖方市场开始向买方市场调转时,市场中的竞争主体发现,生产环节的能力强弱已不是决定竞争成败的唯一决定因素。技术秘密可以帮助提高劳动生产率,提高产品数量,但在激烈的市场竞争中如果缺乏一定的营销策略,出现产品积压,不能回收成本获得利润,也同样会使一个企业在竞争中失败。各个竞争者开始将越来越多的时间和精力投到对消费者的调查了解上,认真分析消费的地域特点,时间变化,不同消费者的不同偏好,收集客户名单建立长期的反馈机制,以求获得稳固的客户来源。同时制订相关的市场开发计划,部署营销网络,以争取更多的消费者。经营信息开始在企业的竞争中扮演越来越重要的角色。在经营信息之外,一个企业的管理方案同样对企业的竞争发挥着重要作用,管理方案作为一个企业内部的组织方式,其高效有序与否往往成为决定企业生产效率高低的重要因素,这从美国产业史上出现的"泰罗制",以及日本松下公司倡导的企业精神的成功经验中可以得到明显的答案。企业的管理方案除了各种组织管理机制外,有时甚至还包括企业向雇员提供的薪金数额。在人才竞争激烈的今天,一些关键部门中的核心人员的报酬多少也是一个敏感的问题,对雇员的薪金进行保密虽不能完全防止竞争对手对自己人才发动的"猎头"攻势,但也能在一定程度上为阻止竞争对手引诱自己的雇员跳槽制造一定的障碍。

众多的客户信息、营销计划、经营策略、管理措施、雇员薪金对于经营者来说作用不可低估,它们甚至成为决定企业能否生存的关键因素,而这些经营信息只有在保持其秘密性时才能最大限度发挥其作用,如果将其公之于众,允许他人随意获取和模仿,开发制定者的优势同样会荡然无存,对这些非技术性的信息的保护与对技术秘密的保护显得同等重要。发生在1993年的非常著名的洛佩兹跳槽事件就是相当典型的例证。① 鉴于经营信息和管理经验在商业竞争中的重要作用,美国在制定《侵权行为法重述》(第一次)时就对商业秘密作了广泛的定义,同时涵盖了技术秘密和非技术性秘密的内容。该《重述》的评论中明确指出,商业秘密可以包括任何配方、图纸、装置、信息的合成……可以是一种化学物质的配方,一种制造、加工或储存材料的工艺,一种机器或其他装置的图纸,或一份客户名单,甚至可以是价格表或目录中决定折扣、回扣的规则或其他让步条件,特殊顾客的名单,会计或企业管理的方法。

法律对商业秘密保护内容的扩大,是对经济现实的客观反映,体现出非技术性信息在经济社会中的重要性。现已对商业秘密进行立法保护的国家,都没有将商业秘密的内容限于专有技术,各国的普遍认识是:只要一项知识、信息、经验运用于商业领域,采取了保密措施,能为持有人带来竞争的优势就能被认定为是具有经济价值的商业秘密。扩大了的商业秘密的内涵加大了对商业秘密保护的力度,更充分地调动了生产者的竞争积极性。

(二)商业秘密的法律保护呈现出从判例法向成文法发展的轨迹

如前文所述,对商业秘密的法律保护最早来源于英美的判例法。以遵循先例、法官造法、自由心证为特征的判例法最显著的优点表现在它没有严格的成文法框架体系的束缚,能够顺应时代的发展,针对社会现实快速地作出法律回应,以达到稳定社会关系的目的。这一特点在运用法律手段保护商业秘密的初始阶段可谓意义重大,商业秘密持有人对商业秘密享有的权利不同于存在于一般的有形财产上的权利,立法者要克服原有的法律观念赋予这种无形的信息和技术以独占的权利,同时还要面对承认商业秘密是否会阻碍信息流通的困惑,权衡再三最终选择对商业秘密进行法律保护,不仅需要裁判的经验,更需要极大的理论勇气。在判例法的法官与成文法的法官之间,判例法的法官进行这种尝试的可能性和获得认可的概率会更大一些,其原因可以归结到两种不同的法律体

---

① 洛佩兹原是美国通用汽车公司采购部负责人,掌握有通用公司大量的汽车零部件和整车的采购信息,1993年7月洛佩兹突然宣布跳槽,离开通用公司转而投奔德国大众汽车公司,一时间引起通用公司高层的急剧震荡和舆论的哗然。据传媒报道,洛佩兹带往大众公司的资料包括上千页的通用公司的数万个零部件的精确价格和供货情况,以及洛佩兹为通用公司制定的降低采购成本的方案等一系列经营信息。为捍卫自己的利益,通用汽车公司同时在美国和德国提起商业秘密侵权诉讼,甚至连美国司法部也兴师动众以商业间谍案为由开始进行调查。最后双方虽以和解结案,但从和解协议来看,通用公司要求保护自己商业秘密的主张获得了全面胜利。大众公司除了不能雇佣洛佩兹外,还要向通用公司支付1亿美元的损害赔偿。

制本身。在严格恪守三权分立的大陆法系国家,立法与司法权截然分离,不允许法官自行造法。明确的成文法条的约束不可能给法官提供宽松的自由裁判的环境,加之逻辑严明,自成体系的理论框架的存在,也很难允许法官在既有的理论学说外作出更多的突破。这都注定了保护商业秘密的法律最初从判例法中兴起。

但我们同时不得不承认的另一个事实是,在商业秘密的法律保护得到广泛认同的情况下,各式各样的判例又把我们引入了一个纷繁复杂的境地,不同的法院,不同的法官总是基于不同的理由作出对商业秘密保护的裁定。甚至还会出现反复,有的时候承认商业秘密,有时又令人奇怪地加以否认。如在美国,原本各州的判例法均认可了在合同中订立保护商业秘密的条款是有效的,但在20世纪60年代中期,最高法院在审理一个商业秘密侵权案时,有法官又认为,对于没有取得专利的技术信息持有人可以自行采取保密措施不予公开,但如果他同别人签订该技术的转让协议,则该合同是违反专利法精神的,除非持有人申请专利权,否则法院不应予以保护。如此反复的判例,给人们认识商业秘密带来了极大的困难,当事人往往陷于商业秘密究竟能否得到保护的不解困惑中。而且判例往往只能对商业秘密保护的某个方面的问题给出答案,某个具体的案例不可能穷尽商业秘密保护的全部,它只能解决针对商业秘密的某个方面的情况,在一个案例中争议的焦点可能是某种信息是否构成商业秘密,在另一个案例中双方又可能围绕获取信息的手段是否构成侵犯商业秘密展开辩论,判例固有的缺乏体系,内容过于庞杂的特点既不利于人们对商业秘密保护作全面的认识,也在一定程度上为商业秘密的侵权诉讼带来了不便。

有鉴于此,英美在积累了相当多的判例经验,对商业秘密的保护逐渐形成了广泛的共识后开始采用制定成文法的形式对商业秘密保护的诸多具体问题进行了归纳。如美国1939年的《侵权行为法重述》(第一次)、1975年的《统一商业秘密法》(1985年修订)、1995年的《反不正当竞争法重述》(第三次)、1996年的《反经济间谍法》中均对商业秘密保护的若干问题进行了成文法规定。与美国相比,英国的步调相对较慢一些,这与英国作为判例法的发源地,思想上固守判例法的传统有一定的关系,但英国政府现在已经逐步开始着手拟定商业秘密保护的成文法草案,在1973年,英国议会法律委员会就力图着手改变单纯依靠普通法保护秘密权利的问题,并于1981年拟定了《法律委员会信任违反法草案》,纳入了对商业秘密保护的内容。

（三）就地域特点看，对商业秘密进行法律保护经历了一个从英美法系国家向大陆法系国家渗透，最终辐射世界的进程

以英国和美国为代表的英美法系国家以其固有的判例法传统开创了对商业秘密进行法律保护的先河，与之相对照，大陆法系国家对商业秘密进行保护经历了一个较为漫长的过程。大陆法系国家由于沿袭罗马法和日耳曼法的传统，在理论上和立法上俨然形成了一套较为完备的体例。以法国、德国、日本、瑞士为例，它们都制定了洋洋洒洒、蔚为壮观的《民法典》。最初的立法者认为，他们制定的法律体系内容是极为广泛的，已经包含了市民社会生活中的所有方面，法官与后来的立法者不能够也不可能在既有的不可动摇的民法体系框架外对其进行变更，不允许法官造法不仅是三权分立的基本要求，也是立法者对自己归纳与推理能力的绝对自信。这一思想在法国《民法典》中表现得相当明显，法国《民法典》第4条规定："法官如果借口法律缺项、法律不明确或不完备而拒绝审理，得按拒绝审判罪予以追究。"此条规定反映出立法者当时的一种基本认识：已有的法典内容是完善的，不可能有超出于法典外的法律无法规范的情况，法官具有充分的断案依据。其第5条又指出："法官对其审理的案件，不得以一般规则的处理方法进行判决。"此条规定则又表明了立法者的另一观点：在既有的完美法律规定下，法官只能循法而动，严格按照三段论进行案件审判，不允许法官自由心证。法典化的好处在于能为现实的客观情况提供判断的标准，同时防止法官在法律条文之外进行司法擅断，徇情枉法。但对于人的认识能力和理性的过于自信，对法典体系和法律条文不可更改的盲目迷信也不可避免地导致了大陆法系内容的封闭和体系的僵化，对于许多在新情况下出现的新变化往往表现得束手无策。体现在商业秘密的保护上，很长一段时间以来，大陆法系国家基于对传统财产权和合同关系的认识不对商业秘密予以认可，自然更谈不上对商业秘密的法律保护。在大陆法系国家，传统的物权观念对财产的认识一直停留在有形财产的领域，对于商业秘密、技术信息这一类无形物是否应将其认定为财产长期以来存在着争议，难以达成共识，商业秘密财产权由此一直不被承认。对于存在于雇员与雇主之间的保密合同关系虽然能较为容易地援引合同理论对商业秘密进行保护，但范围又极其有限，不能对商业秘密的保护提供一个全面的保护理论。僵化的法律理论和一成不变的法律条文，成为大陆法系国家长期以来对商业秘密缺乏充分立法保护的重要原因。

这种情况最终随着反不正当竞争理论的出现得以改变。当资本主义社会从自由竞争阶段进入垄断阶段，以私权神圣和契约自由为核心的个人本位的立法观念逐渐被以社会和公众利益为出发点的社会本位的立法观念所取代。立法者愈来

愈认识到仅依靠物权法与债权法体系已不能对社会的各个方面进行全面的调节,特别是当日益频繁、激烈的竞争不可避免引发的各种违反诚实信用的不正当手段对正常竞争秩序的破坏,已不可能运用已有的物权与债权理论进行规范时,反不正当竞争理论便应运而生。对商业秘密的保护很自然便被纳入了反不正当竞争法的范畴。这一方面既顾及了现实生活中大量商业秘密亟须得到法律保护的要求,另一方面又顾全了原有民法体系的完整性,可谓两全其美。以德国1896年制定的《反不正当竞争法》肇始,日本、瑞士、我国台湾地区相继制定了反不正当竞争法或公平交易法,它们均规定了对商业秘密的保护问题,由此大陆法系国家在经历了一个漫长的过程之后也终于把对商业秘密的保护问题纳入了正式的法律轨道。

当对商业秘密的保护逐渐为世界上的许多国家认可时,各国还面临这样一种现实,随着跨国贸易和国际交往的日趋频繁,跨国侵犯商业秘密的行为开始大量出现,对商业秘密的保护已不能单凭一国的力量所能解决,如果各国对于商业秘密的定性及采取的保护措施各不相同,那么彼此间的法律冲突将不利于对侵犯商业秘密行为的打击,也不利于对权利人的充分保护,在商业秘密的保护问题上加强国际合作的必要性日渐突出。保护商业秘密的国际惯例由此出现。最早在20世纪60年代国际商会草拟的《专有技术保护标准条款草案》中首先把商业秘密视为工业产权进行了规定。1964年,保护知识产权联合国际事务局也在其草拟的《发展中国家发明示范法》中规定了对商业秘密的保护问题。在保护商业秘密的国际性协定中,最重要的则是世界贸易组织中的《TRIPS协定》,该协定对商业秘密保护作出了专门性规定。1996年世界知识产权组织重新制定的《反不正当竞争示范法》再次对 TRIPS 中规定的商业秘密问题进行了重申,并把侵犯商业秘密的行为纳入不正当竞争的五种行为之列。到目前为止,保护商业秘密的世界性协议框架已大致形成。

对商业秘密的保护历经英美、欧陆最终辐射全世界的进程不可谓不艰辛,但不可阻挡的历史潮流表明,对商业秘密进行法律保护已经是一个世界性的话题。

第二节　外国商业秘密保护立法的演变

一、美国商业秘密保护立法的演变

美国是世界上对商业秘密保护理论研究最为深入,立法规定最为完备的国家。作为判例法国家，美国对商业秘密的法律保护，既体现在众多的商业秘密判例中，同时也形成了一系列示范法规定。

（一）美国判例法中对商业秘密之保护

在美国的早期判例中，1837年的Vickey v.Welch案具有先创意义。本案是一桩巧克力技术转让协议纠纷，原被告双方曾约定由被告向原告转让制作巧克力的工厂及生产技术和秘密方法，但被告事后反悔，只同意转让工厂与生产的一般技术，拒绝转让秘密方法。被告的理由是若将生产的秘密方法转让给原告会构成对被告生产的不合理限制。法院最终依据合同双方应信守协议的原则判决原告胜诉，要求被告将秘密方法一同转让给原告。本案是美国判例史上第一起涉及技术秘密的案例，但还不是针对商业秘密侵权与保护的案例。

第一起针对是否对商业秘密进行保护的案例同样与一起商业秘密转让纠纷有关，在1854年的Deming v.Chapman案中，被告曾向原告许诺保守从原告处学得的有关大理石花纹铸铁的技术，但被告事后违约，原告以被告泄密为由提起诉讼，最终被法院驳回。法官认定的事实是，原告的技术同样是从第三人处学来的，该第三人也是泄密者，根据衡平法上的"手脚不干净者不得诉诸衡平"的基本原则，原告的诉请不受保护。与前案相比，该案虽涉及了对商业秘密的保护问题，但对商业秘密中的一系列基本问题，如对商业秘密的认定、保护的法理、救济的途径等诸多问题还未提及，因此也算不上美国历史上经典的商业秘密保护判例。

如前所述的1868年的Peabody v.Norfolk一案一般被视作商业秘密法律保护在美国真正确立的标志。该案的深远意义在于法官确立了对商业秘密保护的第一个重要理论：财产权理论。并且分析了商业秘密保护与专利保护的关系，明确指出对商业秘密的保护不构成对专利法的破坏，相反还是弥补专利法不足的重要的补充手段，在美国商业秘密保护的判例史上意义重大。

（二）美国成文法对商业秘密之保护

1939年美国在制定《侵权行为法重述》（第一次）时设专节对商业秘密的保护进行规定，对商业秘密进行了统一的定义，规定了披露或使用他人商业秘密法律责任的一般原则，对获取商业秘密的不正当手段进行了概括的定义，同时包含了善意取得商业秘密的例外情形。为法院的判决提供了一个统一的认识标准。

随着具体情况的变化，1979年美国又制定了专门的《统一商业秘密法》重新对商业秘密的定义进行了界定，剔除了《重述》中对商业秘密必须持续地用于经营的限制，扩大了商业秘密的范围。同时还对禁令救济、赔偿、时效等一系列问题作出了规定,成为一部内容全面、科学的保护商业秘密的专门法律,成为世界各国普遍效仿的典范。

此外美国还以《反不正当竞争法》、《反经济间谍法》的形式,从不同的角度出发,对商业秘密的保护问题进行了成文性的规定。时至今日,美国已形成了一整套颇为全面的商业秘密保护的成文法体系。以下我们来看一下上述几部成文法的一些重要内容。

1. 商业秘密的定义和构成

对商业秘密的定义首先出现在1939年的《侵权行为法重述》(第一次)(以下简称《侵权法》)中,《侵权法》第757节的评论中对商业秘密的认定是:"商业秘密可以包括任何公式、模式、设计或信息汇编。被运用于经营,因此给该人带来相对于不知或未使用的竞争者的优势。可以是一种化学物质的公式、制造方法、处理或保存材料的公式、机械或其装置的模型或客户的名单。"在1985年修订的《统一商业秘密法》中再次对商业秘密进行了定义:"商业秘密是一种特定信息,包括配方、样式、编辑产品、程序、设计、方法、技术或工艺等。它(1)由于不被他人所公知而且未被他人采取不正当手段获取,因而具有实际或潜在的独立经济价值。同时(2)是在特定情势下已尽合理保密努力的对象。"与上述两种列举式的定义不同,1995年制定的《反不正当竞争法重述》(第三次)(以下简称《反不正当竞争法》)中对商业秘密进行了概括式的定义:"商业秘密是指任何可用于工商经营的信息,其有足够的价值和秘密性,使相对于他人产生现实或潜在经济优势。"尽管定义方式有异,在表述上也不尽相同,三部法律对商业秘密的本质认识是一致的,即商业秘密是一种运用于经营的信息,由于持有者采取了保密措施从而能为其带来竞争上的优势,就其表现形式看,可以以各种程序、方法、设计、工艺等诸如此类的方式存在。

虽然对商业秘密的定义,三部法律没有太多的出入,但在认定商业秘密的构成上却表现出了差异。按照《侵权法》的规定,一项信息要被认定为商业秘密需具备三方面的要素。其一,秘密性。商业秘密的对象必须是秘密不为公众所知晓的信息,对于众所周知的知识或特定行业中的一般知识不能构成商业秘密。其二,在经营企业中运用。其三,该信息应被连续使用。对于秘密性的要求在《统一商业秘密法》和《反不正当竞争法》中得到了重申,但《统一商业秘密法》同时还把商业秘密的秘密性与经济价值挂钩,提出了商业秘密还需具有经济性的观点,认为商业秘密必须是能为持有者带来经济价值的信息。《反不正当竞争法》同样提出了对商业秘密价值性的要求,其评论指出"商业秘密必须在工商经营中具有足够的价值,相对于不具有该信息的其他人,产生现实或者潜在的经济优势。……主张的商业秘密信息的价值性,必须为直接或者间接的证据所证明"。《反不正当竞争法》同时还认为商业秘密的秘密性不一定要求是绝对的秘密,除了商业秘密的所有者以外,有关信息虽然为其他人所知(如雇员),但如果该信息对具有潜在经济价值的人(一般为竞争对手)而言仍然是秘密,就仍可作为商业秘密进行保护。对于商业秘密是否只运用于经营企业的问题,在《反不正当竞争法》中进行了变更,取消了商业秘密只被经营企业运用的限制。《反不正当竞争法》第39节的评论指出:"虽然商业秘密权一般为经营者和其他商业机构所主张,但是非营利机构,如慈善、教育、政府、互济和宗教组织,也可对具有经济价值的信息主张商业秘密权。"在商业秘密必须被连续使用于经营的问题上,《统一商业秘密法》与《反不正当竞争法》都表现出了否定性的观点。《统一商业秘密法》在评论中认为对于商业秘密的保护应延伸至那些尚未有机会或尚未具备手段使用的秘密信息。同时还应包括否定性的信息,例如长时间和耗费巨资的研究结果证明特定工艺不可行的信息,对这类信息进行保密同样会为竞争者带来巨大的价值。《反不正当竞争法》的评论同样认为,将商业秘密法的保护对象限制于"可以连续运用于经营"的信息,排除了有关单一事件或信息的保护,如保密投标方案或即将发布的商业事件或信息,其秘密性将很快为商业利用所破坏。因此不要求把商业秘密限定为是可连续运用于经营的信息。

根据上述三部法律的规定,目前在美国对商业秘密的认定一般认为需满足以下几个方面的要求。其一,具有秘密性。其二,能为持有者带来竞争上的优势。其三,持有人需采取了合理的保守秘密、防止泄露的措施。[①] 当然,由于《统一商业秘密法》只是联邦示范法,不具有强制力,只有经过州议会的批准,才能成为州的法律。对于一些尚未批准《统一商业秘密法》的州,仍有不少法院将秘密信息是否连续运用于经营作为衡量其是否构成商业秘密的因素。

2. 侵犯商业秘密的不正当手段

对于何种手段构成对商业秘密的侵犯在《侵权法》、《统一商业秘密法》、《反不正当竞争法》中均作出了规定。《侵权法》第757节规定,行为人未经授权披露或使用他人商业秘密将承担法律责任,并列举了以下几种情况:(1)行为人以不正当手段获取他人商业秘密;(2)行为人的披露或使用构成违反其接受该秘密时对他人负有的保密义务;(3)行为人从第三人处获得该秘密且注意到这一事实,即该秘密是第三人以不正当手段获取的,或该第三人是违反对他人所负保密义

---

① Robert G.Bone,New Look at Trade Secret Law:Doctrine in Search of Justification, *California Law Review*,March 1998,pp.248～249.

务进行的披露;(4)行为人获得该秘密时注意到这一事实,即取得秘密时,已被告知其为秘密,且其泄露是因错误所致的。《统一商业秘密法》第1条第1款认定的不正当手段包括盗窃、贿赂、误传、违反或诱使违反保密责任,或通过电子或其他手段进行活动。第1条第2款同时对"侵占"进行了定义:(1)经由第三人取得他人之商业秘密,且明知或应知提供商业秘密的人系以不正当方法获知该项秘密的。(2)未获得商业秘密提供人明示或默示同意披露或使用他人商业秘密的,且该商业秘密提供人是:①运用不正当方法取得该商业秘密的知识。②在披露或使用时,明知或应知其商业秘密知识是:A. 源于或得自经由不正当方法取得该项知识的人,或 B. 于负有保密责任或限制使用的状态下,取得该项知识。③源于或得自因司法救济而负有保密义务或限制使用的人。(3)在其地位发生实质改变前,知道或应当知道该项知识为商业秘密,但是由于意外或在失误状态下获得的。《反不正当竞争法》在第43节中也对"不正当手段"进行了列举,包括:盗窃、诈骗、未经许可截取通信、引诱他人泄露秘密或故意参加违反保密义务行为,以及其他违法手段,或在案件特定情况下构成违法的手段。同时还在第42节专门对雇员违反保密义务的问题进行了规定。

从上述三部法律对侵犯商业秘密的规定我们可以看出,《侵权法》是从披露或使用未经持有人许可的商业秘密的角度来对侵犯商业秘密的行为进行界定的,《统一商业秘密法》对侵犯商业秘密行为的定义则相对较宽,着重考察获取商业秘密的手段是否合法,而不一定要求对不正当获得的商业秘密进行了使用或披露,并且更加详细地列举了从第三人处不正当获得商业秘密的情形。《反不正当竞争法》的规定比较概括,正如其评论指出的那样:"全面列出获取商业秘密不正当手段的清单是不可能的。如果获取商业秘密的行为,其本身构成对商业秘密权利人的侵权或犯罪,那么其获取手段一般被认为不正当。"评论同时还指出:"判断得到商业秘密的手段是否正当,应该考虑案件的全部情况,包括获得手段是否符合公共政策的公认原则,以及商业秘密所有人是否对秘密采取了合理的保密措施。在认定商业秘密持有人是否采取合理保密措施时,应该考虑该获取行为的可预见性,并且对照商业秘密的经济价值,考虑有效预防这类行为措施的成本。"

3. 不构成侵犯商业秘密的行为

在规定侵犯商业秘密的行为外,《侵权法》与《统一商业秘密法》同时对一些情况作出了例外规定,对某些特殊行为不认定为对商业秘密的侵犯。《侵权法》第758节规定了在善意取得商业秘密的情况下行为人不承担法律责任。所谓善意取得商业秘密是指行为人从第三人处获得商业秘密,没有注意到该信息属于

第三章　商业秘密保护立法的演变

商业秘密且是第三人违反了对他人的保密义务而披露的,或者行为人因错误获得该项商业秘密,没有注意到秘密性和错误。若在接到权利人告知是商业秘密的通知前进行了披露或使用,不承担法律责任。若在接到通知后仍然进行披露或使用,一般应承担法律责任,但若在此之前已善意支付了商业秘密的对价,或已为利用该项商业秘密进行了投入,如为利用该项信息进行了厂房、设备的投资或改造,为利用该项信息投入了大量的经费进行开发和市场调研,已着手开展了业务等等,都应被认定为善意取得商业秘密,从维护法律公平的角度考虑,不以侵犯商业秘密的行为论处。

《统一商业秘密法》列举了5种不构成侵犯商业秘密的行为。(1)独立发现。商业秘密不同于专利,对于相同的发明创造,一旦有人申请并获得了专利,专利人就享有了垄断的权利,其他同时进行了相同技术开发但没有申请或获得专利的人,就只能在原有范围内继续使用,而不能进行技术转让或许可使用等行为,否则将构成对专利权的侵犯。商业秘密则不相同,由于商业秘密的垄断性是通过持有人保守秘密的方式达到的,因而,一旦别的企业独立地开发研制出了相同的商业秘密将不被认定为是对在先商业秘密的侵犯。这也是商业秘密的保护力度弱于专利保护的重要方面。(2)反向工程(Reverse Engineering)。即从已知的产品出发,回过头来发掘出产品的开发方法。如果是通过正当和诚实的方式获得了产品,并由此反推出产品的制造方法,不被认定为是对商业秘密的侵犯。(3)在接受商业秘密持有人的使用许可中得到该商业秘密。(4)从公开使用或展示的产品中发现他人的商业秘密。(5)从公开的出版物中获得商业秘密。上述手段都被视为取得商业秘密的正当方法。

4. 对侵犯商业秘密的救济

对侵犯商业秘密的救济途径一般包括了三类。其一,发布禁令。所谓禁令就是禁止侵权人继续使用其通过不正当手段得来的商业秘密。其二,经济赔偿。其三,追究刑事责任。

在《统一商业秘密法》规定的禁令救济中包括了如下内容:(1)对商业秘密构成实际的侵犯或足以构成侵犯的威胁时可采用禁令救济。(2)在特殊情况下可以其他条件取代禁令。如在本应禁止使用的期限内,令使用人支付合理的使用费。所谓特殊的情况一般是由法院从公平的角度进行衡量。例如获得商业秘密的人原本不知道自己得到的技术信息是他人的商业秘密,而且已经为使用该技术进行了投入,如果对其采取禁令明显有悖公平,在此情况下就可要求使用人以支付合理使用费的方式来代替禁止其使用。(3)在特定的情况下,法院还可发布命令采取强制措施保护商业秘密。《反不正当竞争法》第44节则对采取禁令的条件、范围和时间进行了规定。采取禁令一般要考虑的因素包括:①所保护的利益的性质;②侵占的性质和程度;③禁令和其他救济对原告的救济程度;④如果下达禁令可能对被告合法利益造成的损害,以及不下达禁令可能对原告合法利益造成的损害;⑤第三人和公众的利益;⑥原告在提起诉讼或主张权利的其他方面,是否有不合理的措施;⑦原告在本案中是否有不当行为;⑧签署和实施禁令的可行性。对于禁令的时间长度,《反不正当竞争法》规定,应限定在保护原告免受侵权损害和消除被告侵权得到的经济优势所必需的时间内。

对于侵犯商定秘密的经济赔偿问题,《统一商业秘密法》的规定是,除非基于公平的考虑,秘密的获取人在得知该信息是他人的商业秘密前已经进行了资金、人力等各方面的投入不应支付赔偿金外,原告有权要求赔偿。赔偿的金额可以是因侵占对权利人造成的实际损失,也可以是被告因侵占获取的不当得利。对于侵占造成的损失还可用侵占者未经许可披露或使用商业秘密应支付的合理使用费加以计算。如果存在故意或恶意侵占行为,法院甚至可以责令被告支付不超过上述赔偿金额两倍的附加赔偿。《反不正当竞争法》的规定是,以侵占行为给权利人造成的损失和给侵权人带来的经济收入中的较大者作为对权利人经济赔偿的依据。《反不正当竞争法》同时还对是否赔偿以及赔偿金额的合理性问题制定了一系列应加以考虑的因素,包括:(1)原告应对侵占给原告造成的经济损失,或给行为人带来的经济收入,进行事实和程度的证明;(2)侵占行为的性质和程度;(3)其他救济对原告是否充分;(4)行为人主观状态和掌握的情况,以及其产生善意依赖的性质和程度;(5)原告起诉或其他主张权利的行为是否有不合理的拖延情况;(6)原告在案件中是否有不当的行为。

对于侵犯商业秘密的刑事责任问题在《统一商业秘密法》中稍有提及,《统一商业秘密法》规定对侵占商业秘密的民事责任的追究不影响对商业秘密的刑事救济。对商业秘密的刑事救济主要表现在1996年通过的《反经济间谍法》中。《反经济间谍法》对侵犯商业秘密的犯罪行为规定了两种罪名:经济间谍罪和侵夺商业秘密罪。前罪较之后罪的不同主要在于,经济间谍罪的目的是为了有益于外国政府、机构或外国代理人而实施的侵犯商业秘密的行为。这是针对商业秘密的跨国侵占而设定的具有政治意味的罪名。《反经济间谍法》在美国的出现具有划时代的意义。首先,它通过追究侵犯商业秘密行为的刑事责任的方式,强化了保护商业秘密的力度。侵占他人的商业秘密不仅将面临经济上的制裁和处罚,还有可能被追究刑事责任,增加了对侵权人的威慑力。其次,经济间谍罪的出现,有力回击了国际经济情报战中跨国窃取他国商业秘密的行为。最后,《反经济间谍法》还是美国历史上第一部针对商业秘密保护的联邦制定法。我们前面提及的《侵权法》、《统一商业秘密法》、《反不正当竞争法》虽也是成文法,但不是由联邦或州政府制定的,而是由学者或学术团体在对判例进行归纳基础上进行的总结,只具有示范法的性质,只有在被各州采纳,予以批准的情况下才具有法律的强制力。《反经济间谍法》的出现开创了美国历史上以联邦制定法保护商业秘密的先河。

二、英国商业秘密保护立法的演变

在英国判例中最早涉及技术秘密问题保护的是1817年的Newbery v. James案,该案被告未经许可擅自使用了原告的治疗痛风的秘密配方,最终由法院判定为侵权行为,责令被告对原告进行赔偿。但在该案中法院没有责成被告停止侵犯原告秘密配方的行为,对商业秘密的保护尚不完全,因此人们一般不将该案看作是典型的保护商业秘密的判例。

一起引起广为关注的案例是发生在1849年的Prince Albert v. Strange案。阿尔伯特亲王(Prince Albert)是维多利亚女王的丈夫,出于自我娱乐的目的,亲王制作了一些版画,但在印刷厂印刷时,有人私自多印了几份,并落入了被告手中。被告为此进行了广告宣传,打算向公众进行收费展出。法院接到亲王的诉讼后,发出了禁令,禁止被告将亲王的版画进行展出。法院在判决中认定,被告获得的版画是他人通过违反信任关系得来的,不应受到法律的保护。在本案中,亲王的版画虽不能认定为商业秘密,但法官的裁判突出显示了信任关系理论在对一切涉及秘密、隐私保护中的重要作用。维护信任关系是英国判例中形成的一种传统,属于衡平法。此后,英国对商业秘密的保护主要是通过运用信任关系理论来实现的。

前文我们曾提到的Morison v. Moat一案就是比较典型的运用信任关系理论对商业秘密进行保护的案例。这起案件中法院没有分析商业秘密是否是一种财产,也没有拘泥于当事人间是否存在直接的合同关系,法官只是指出一旦一方基于信任进行托付,另一方由此享有了利益,后者便应信守接受托付时作出的承诺,不得违背,否则应承担相应的法律责任。

鉴于信任关系理论在保护商业秘密中的日益成熟,以及人们对保护商业秘密重要性认识的加深,英国也开始出现了将信任关系理论成文化的意向,英国国会法律委员会1981年就曾提出过一个《信任违反法草案》(以下简称《草案》),准备将违反保密关系,侵犯他人商业秘密的行为纳入成文法规制的轨道。就英国现有的判例和上述的《草案》看来,英国对商业秘密的保护主要体现在以下方面。

1. 对商业秘密的界定

在英国没有明确的商业秘密定义,商业秘密是被作为秘密信息的一种加以保护的。在 Saltman Engineering v.Campbell Co.案中,Greene 法官指出,秘密信息是一种非公共财产也非公有知识的东西。[①]《草案》认为,只有未处于公共领域的信息才能产生保密义务,处于公共领域的信息包括公众知识或公众可以获得的知识,但可从公众领域中分离的信息,并当这种分离是建立在付出了劳动、技术或资金的基础上时,就不再属于公共信息,也应受到信任关系法的保护。

在对秘密信息的秘密性的认定问题上,Megarry 法官在 Tomas Marshall v. Guinle 一案中提出了衡量信息秘密性的四个要素。(1)信息的内容使信息的持有人认为对此项信息的披露将使他遭受损失或将给他的竞争者或他人带来利益。(2)信息持有人必须相信该信息是保密的或秘密的,并非属于公有领域内的信息。(3)信息持有人对前述两条的认识必须是合理的。(4)对信息的秘密性必须根据相关产业或工业的惯例和做法进行判断。从 Megarry 法官提供的标准的第(1)项、第(2)项看,对信息秘密性的认识主要基于持有人的主观判断,虽然第(3)项、第(4)项对此作了必要的限制,由法官对持有人的这种认识的合理性进行考察,以及援引产业惯例和做法进行判断,避免了对秘密信息内容无限扩大的危险,但仍然无法消除这种判断方法的主观色彩。由于判例法的特点,对秘密信息的秘密性的认识现在并无一个通行的标准,法官对此拥有相当大的自由裁量权。

目前在英国还有一种观点正在形成,部分学者与法官主张将商业秘密从秘密信息的领域内分离出来,在 1986 年的 Faccenda Chicken v.Fowler 一案中,法官认为商业秘密已不同于仅仅是秘密的信息,商业秘密在经济上的价值应当得到体现。[②] 还有一些研究隐私权的学者也认为,应当把商业秘密与个人秘密区别对待。尽管如此,将商业秘密视同为一般秘密信息,运用信任关系进行保护依然是当前英国保护商业秘密的主要手段。

2. 保密义务的产生

按照判例,保密义务既可由明示合同加以规定,也可存在于由法官认定的,当事人间存在着默示合同的场合。在 1963 年的 Saltman Engineering v.Campbell Co.一案中,Greene 法官指出保密义务不限于当事人间存在合同关系的情形,凡是收到秘密信息的人均不得滥用其地位。得到秘密信息的人不得在超出提供信息的人预期的范围内加以使用。负有保密义务的人的地位与受托人相

---

① (1948)65 RPC 203.

② (1986)ALL ER 617.

当,不过他的义务是消极的,承担着不作为的义务。① 在 1967 年的 Duchess of Argyll 案中,Thomas 法官也指出,保密合同或保密义务不必是明示的,也可是默示的,对于违反保密关系的案件可以独立于一切财产权或合同关系外进行审判。

《草案》中规定了四种产生保密义务的情况。(1)行为人作出了对他人信息保密的承诺。(2)在诉讼程序中获得的信息。(3)以不正当方式获取信息的人应履行的保密义务。(4)第三人获得信息的保密义务。除了上述四种保密义务外,《草案》还规定了保密义务的例外。根据《草案》第 7 节的规定,如果信息是在工作中获得,且这种获得是为了增长个人知识、技能、经验以从事其职业时,信息的获得人不负有保密义务。

3. 违反保密义务的诉讼

在 1969 年的 Coco v.Clark 一案中,Megarry 法官提出了对违反保密义务的诉讼应考虑的条件。该案原告 Coco 与被告 Clark 曾协商,由被告为原告制造原告设计的一种机械,但最终未能达成协议。此后被告试图以与原告设计极相似的方案制造自己的机械。原告遂向法院申请禁令救济。Megarry 支持了原告的申请,并由此提出了对违反保密义务之诉应考虑的三个条件。(1)某种技术或信息必须具有保密的必要性。(2)信息必须是在明确具有保密义务的情况下披露的。(3)对信息未经授权的使用损害了持有人的利益。按照以往判例的认识,信息的秘密性和保密关系的存在是提起违反保密义务之诉的基本前提,对违反保密关系是否损害了权利人的利益进行考虑则是本案法官的首创,如果从商业秘密的角度考察,任何对具有竞争优势的秘密信息的侵犯,均会给权利人带来经济上的损失,因而该案的判决更适合于商业秘密案件的审理,由此产生了重大影响,被广泛援引。

在《草案》中,违反保密义务的行为是被作为侵权行为看待的,根据其规定,权利人可以以遭受其他侵权行为侵害相同的方式提起诉讼。《草案》同时规定了被告基于公共利益的免责事由以及基于事先知悉和独立研发的抗辩事由。《草案》一方面向秘密持有人提供诉讼救济的途径,另一方面给予被告以免责事由和抗辩权利,反映出了立法者在对秘密信息保护上的利益平衡的考虑:既要防止信任关系遭到破坏,为权利提供保护,又要避免因对秘密信息的过度保护妨碍到公共利益。兼顾衡平是立法者和法官的共同愿望。

4. 对违反保密义务的救济

按照《草案》的规定,对违反保密义务的救济主要有以下几种形式。(1)下达

---

① (1948)65 RPC 203.

禁令。禁止被告作出任何违反义务的行为。(2)经济赔偿。赔偿的内容不仅包括因被告违反义务使原告遭受的经济损失,还包括原告因被告违反义务所受到的精神和身体方面的损害。同时赔偿的标准还可以是被告违反义务得到的利润。(3)责令被告返还或销毁包含违反义务信息的任何物品。(4)法庭认为适当,还可对被告就违反义务所涉及信息的未来使用作出限制,防止被告以超过一般公众的能力取得开发进入公共领域信息的优势。或者只有在该信息进入公共领域后,被告才能享有超过公众能力的开发优势。这项规定是《草案》特有的,它解决了在对被告采取了禁令后,被告是否还享有对原告的商业秘密独立开发的权利,以及还是否能在原告的秘密信息上进行深入开发的权利。

运用信任关系理论对商业秘密进行保护是英国的一大特色,它通过认定当事人间的保密关系,从而达到了保护秘密信息持有人享有的商业秘密的目的。从判例和《草案》看,尽管对保密关系的确认范围不断扩大,甚至还规定了一些法定的保密关系,但无论如何,信任关系的运用领域毕竟是有限的,不存在保密关系的第三人对商业秘密的侵犯几乎不能被法律制止。即使根据《草案》的规定,对第三人不正当获得商业秘密也仅仅是要求他们履行保密义务,而没有规定能否就他们的侵权行为追究责任。由此可见,信任关系理论的缺陷是明显的,不可能涵盖所有对商业秘密保护的领域,这不能不说是英国法律在对商业秘密保护上的一大漏洞。

三、德国商业秘密保护立法的演变

在德国社会经济生活中,商业秘密历来就具有重要的意义,只不过经营者起初都是自行通过采取一定的措施来保护商业秘密而已。德国著名瓷都迈森(Meissen)的陶瓷制造商们就曾采取过多种保密措施,以保守其制造的技术秘密,但收效甚微。[①] 由于商业秘密对于经营者开展市场竞争乃至其整个生存和发展都具有极端重要性,随着市场竞争的不断加剧,各种形态侵犯商业秘密行为也越来越普遍,行为人为获取他人商业秘密所采取的手段也越来越变化多端,仅仅靠商业秘密持有人自行采取措施已不能满足商业秘密保护的客观需要。有鉴于此,德国1896年的《反不正当竞争法》就将侵犯商业秘密作为一种不正当竞争行为予以禁止。该法第9条和第10条规定企业内部职工不得泄露企业的商业

---

① Baumbach/Hefemehl, Wettbewerbsrecht, 19. Auflage 1996, UWG §§ vor 17~20a, Rdnr.1.

秘密,否则应承担刑事责任。1909年的《反不正当竞争法》基本沿用了这两条规定。①

第一次世界大战后,市场竞争日趋激烈,侵犯他人商业秘密的行为更为普遍。但是,在加害人没有赔偿能力的情况下,传统反不正当竞争法对受害人赔偿请求难以周全保护,德国立法机关遂于1932年3月9日对有关规定进行了修改,一定程度上强化了对商业秘密的刑法保护。但是,此次修改后的法律,仅规定企业内部职工泄露企业商业秘密的行为以及他人使用经泄露的商业秘密的行为是犯罪,而未将第三人非法获取商业秘密的行为规定为犯罪,因而为工业间谍行为大开方便之门,致使侵犯商业秘密的行为在德国"以令人心悸的方式不断攀升"。1986年,德国制定了《第二部反经济犯罪法》,对《反不正当竞争法》作了彻底修改,形成了现行法上的第17条至第20a条的规定。此次修订的重点在于,将工业间谍行为等第三人非法获取商业秘密的行为规定为犯罪,并规定行为未遂也必须承担刑事责任。②

运用反不正当竞争理论对商业秘密进行保护是德国的首创。但德国对商业秘密的保护还体现在民法典、合同法、侵权法与刑法中。下面我们将主要围绕德国的《反不正当竞争法》介绍其是如何对商业秘密进行保护的。

(一)对商业秘密的认定

根据德国的《反不正当竞争法》和学者的学说,构成商业秘密必须具备三方面的条件。其一,秘密性。要求信息未经公开,仅为持有人和负有保密义务的人所知悉。从对秘密性的认识上,德国对商业秘密的秘密性的要求也是相对的。商业秘密要被运用于生产经营的特性决定了商业秘密不仅限于由持有人私自掌握,持有人在一定范围内公布商业秘密不应被看作是对秘密性的放弃,例如雇主将秘密告知其雇员不构成商业秘密性的丧失。其二,持有人需有保密的意愿。对此法院可从两方面加以判断。一方面若持有人作出了明确的保密要求应认定其有保密的意愿,例如雇主与雇员签订保密合同;另一方面如果持有人在客观上采取了保密措施也应认定其有保密的意愿。其三,持有人从保守秘密中能获得利益。即商业秘密能为持有人带来正当的经济利益,有助于企业提高生产率,增强竞争能力。这种经济利益既可以是现实的,也可以是潜在的,未来的经济利益同样也被认可。

---

① 邵建东:《德国反不正当竞争法研究》,中国人民大学出版社2001年版,第296页。
② 邵建东:《德国反不正当竞争法研究》,中国人民大学出版社2001年版,第296~297页。

(二)对侵犯商业秘密行为的认定

在德国被认定为侵犯商业秘密的行为主要有以下几类:

1. 雇员泄密

在《反不正当竞争法》中雇员包括一切从事商事活动的职员、工人或学徒。根据第17条第1款的规定:"身为商事企业的职员、工人或学徒,以竞争为目的,或出于私利或为第三人谋利,或故意加害于商事企业主,在雇佣关系期内擅自将由于雇佣关系而向其透露的或提供的商业秘密或经营秘密告知他人,应对此行为的实施人科以最高为3年的徒刑并处罚金。"对于在雇佣关系结束后,雇员泄露商业秘密的情形又当如何处理,在《反不正当竞争法》中未作规定,但雇主可以根据德国《民法典》第836条和德国《商法典》的规定以雇员违反公序良俗的原则和违反信任关系的原则要求雇员赔偿损失和停止侵害。

2. 第三人的泄密

对于雇员外的第三人泄露商业秘密的规定在《反不正当竞争法》的第17条第2款中:"以竞争为目的,或出于私利,或为第三人谋利,或故意对商事企业主实施下列行为之一者同样受罚。(1)以如下方式之一取得或保证得到商业秘密或经营秘密的:①使用技术手段;②制造再现秘密的物件;③取走体现秘密的物件。(2)行为人通过第1款所称告知,或通过自己或他人所为的本款第1项所述行为取得或擅自取得或保证取得商业秘密或经营秘密,从而擅自加以利用或告知他人。(3)行为未遂也应加以处罚。(4)如果行为人在告知中明知秘密会在国外利用,或其本人就在国外利用,视为情节严重,可处以5年以下的徒刑或罚金。"

3. 交易过程中的泄密

鉴于商业秘密不仅由持有人自行运用,同时也可由持有人将其许可他人使用,由此便产生了在商业交易过程中泄密商业秘密的可能。如果商业秘密的使用许可协议能够达成,交易双方便可通过订立保密合同,规定受让方在许可使用期间和使用期届满后的合理期不将该商业秘密向第三人泄露。但如果使用许可协议不能达成,而商业秘密持有人又向对方提供了一定的技术信息,如何来保护对方不将该信息对外泄露或擅自使用呢?《反不正当竞争法》第18条对此作出了专门规定:"以竞争为目的,或出于私利,擅自将商业交易中向其透露的具有技术性能的资料或规程,尤其是图样、模型、模板、截面图、配方加以利用或告知他人,应对此行为的实施人科以最高为2年的徒刑或罚金。"

4. 引诱泄密问题

除了行为人出于自己的私利,或为了自己竞争的需要,进行的主动的泄密情况外,还存在第三人为获取权利人的商业秘密,引诱知悉商业秘密的人进行的泄密情况。对此《反不正当竞争法》第 20 条第 1 款进行了规定:"行为人以竞争为目的,或出于私利,引诱他人违背第 17 条或第 18 条的规定或使他人自愿违背这些规定,对行为人处以最高为 2 年的徒刑或罚金。"

(三)对遭受侵犯的商业秘密的救济

在德国对遭到侵犯的商业秘密通常以民事和刑事的方式加以救济。民事救济主要包括:(1)停止侵害。如果在权利人提起诉讼时,侵犯商业秘密的情况依旧存在,权利人可请求法院阻止侵权人的侵害行为。但考虑到商业秘密的特殊性,如果商业秘密已被侵权人加以公开,则要求停止侵害就无法适用。(2)赔偿损失。赔偿的损失可以是直接损失也可以是间接损失。计算的标准,可以按照权利人因侵权遭到的损失或预期可获利益的减少进行考虑,也可参照侵权人正当获得商业秘密应支付的使用许可费的额度或侵权人因侵权获得的利益金额的多少进行计算。(3)请求除去。权利人在申请对侵权人的侵权行为加以禁止后,往往还会出现由于某种事实或物体的存在,侵权人有可能再次实施侵权行为,为此权利人可请求法院对该事实或物体予以除去。在民事救济外,给予遭到侵害的商业秘密以刑事救济是德国法的一大特色。在我们提及的《反不正当竞争法》中,涉及商业秘密侵权的行为无一例外都要受到刑事追究。如此全面、严厉的刑事制裁措施在各国的反不正当竞争法中都是不多见的,由此表现出了德国对保护商业秘密问题的重视。

四、日本商业秘密保护立法的演变

日本对商业秘密的保护,最早可追溯到 1911 年,在农商部草拟的不正当竞争防止法草案中就提出了对商业秘密保护的问题。二战之后,随着日本经济的复苏和科学技术的不断进步,对商业秘密进行法律保护的呼声越来越高。1967 年日本的专利协会也曾提出过一个《关于保护专有技术的提案》,主张对不正当竞争防止法进行修改,使之满足对商业秘密保护的需要。1990 年日本通过修订《不正当竞争防止法》正式确立了商业秘密法律保护制度。1993 年日本再次修订的《不正当竞争防止法》对商业秘密的保护问题规定得更为科学,在体例编排上也更为合理。该法对商业秘密的保护主要表现在以下几个方面。

(一)对商业秘密的界定

根据 1993 年修订的《不正当竞争防止法》第 2 条第 3 款的规定,商业秘密是指:"作为秘密管理的生产方法、销售方法以及其他对经营活动有用的技术上或者经营上未被公知的信息。"从定义中我们可以看出日本对商业秘密的定义包含了以下三方面的内容。

1. 商业秘密首先应具有秘密性。即该信息被作为秘密加以管理,持有人对信息的保密采取了合理的措施和努力。根据日本学者的认识,所谓合理的努力可以从以下几个方面加以判断。其一,持有人是否已采取了措施限制接触该秘密的人数;其二,是否规定了接触秘密的人必须履行一定的手续;其三,是否与接触秘密的人员约定,未经授权不得使用、披露该信息;其四,是否使该接触到商业秘密的人员认识到该信息是商业秘密。[1] 在司法实践中法官则主要从以下几个方面来推定秘密持有人是否采取了保密措施。比如雇主是否与雇员签订有保密协议,对于秘密档案资料是否进行了特殊保管,对于一些涉及秘密的生产车间、厂房是否采取了限制一般人员进入的措施等等。

2. 该信息必须对经营活动有用。所谓经营活动不仅仅限于营利性的经营,还包括公益法人进行的提高收益的活动。而有用性是指商业秘密具有实用价值,它能够帮助持有人降低成本、增进产量、提高劳动生产率,能为持有人带来经济上的收益,赢得竞争中的优势地位。它既可以是现实的经济价值,也可以是潜在的回报。对商业秘密经济性的要求,排除了一些涉及企业内部、人员的不具有经济内容的信息、隐私。

3. 该信息未被公开。除持有人知悉外,该信息尚未进入公众信息领域,第三人若非采取不正当的手段就无法获得。日本学者认为:"这种'未被公知'的要件,在提出禁止请示的时间点上必须存在。如果存在侵害,但在其后情报马上'公开化',那时对不正当行为就不能请示停止和预防。……另外对于'未被公知'的举证,虽然存在应由原告方面承担主要举证责任的看法,但在实际诉讼中,如果原告方面能大致举出有关秘密用正当手段不能获得的证据,那么就可能促成被告必须进行有关情报已经公知的反证。"[2]

除了《不正当竞争防止法》提出的商业秘密的三个构成要件外,有的学者还将"正当利益"作为商业秘密的构成要件之一,他们认为持有人对商业秘密享有的利益必须是正当的,合乎公序良俗的,如果该信息的内容破坏了社会公德就不应受到法律的保护,该信息也不应被称作商业秘密。按照学者的观点,商业秘密

---

[1] [日]新企业法务研究会编,张玉瑞译:《详解商业秘密管理》,金城出版社1997年版,第16页。

[2] [日]新企业法务研究会编,张玉瑞译:《详解商业秘密管理》,金城出版社1997年版,第17页。

自身必须值得保护,与秘密的持有人对商业秘密的保护具有正当利益是密不可分的。但是这一意见没有被立法者采纳。立法者认为,法律保护的利益必然是正当的利益,这是不言自明的,是蕴涵在法律价值中的,没有必要再行赘述。

(二)对侵犯商业秘密行为的认定

日本的《不正当竞争防止法》第2条第1款归纳了六种侵犯商业秘密的行为。

1. 以盗窃、欺诈、胁迫和其他不正当手段获取商业秘密的行为(以下称为"不正当获取行为"),以及对获取的商业秘密的使用行为、披露行为。

2. 知道或者因重大过失未能知道有关商业秘密已经存在不正当的获取行为,但是仍然获取该商业秘密的行为,以及对该商业秘密的使用或者披露行为。

3. 在取得有关商业秘密之后,知道或者因重大过失未能知道该商业秘密已经存在不正当获取行为,而使用或者披露该商业秘密的行为。

4. 对保有商业秘密的经营者所示的商业秘密,出于谋求不正当竞业或谋求其他不正当利益的目的,或者出于对保有者加以损害的目的,予以使用的行为或者披露的行为。

5. 知道或者因重大过失未能知道对方是不正当地披露商业秘密(包括前项规定的披露行为,以及违反法律上的保密义务而披露商业秘密的行为),或者其商业秘密已经存在不正当的披露,而获取该商业秘密的行为,以及对该商业秘密的使用或者披露行为。

6. 在取得商业秘密之后,知道或者因重大过失未能知道对方是不正当地披露商业秘密,或者其商业秘密已经存在不正当的披露,而使用该商业秘密的行为或者披露该商业秘密的行为。

(三)法律救济

在《不正当竞争防止法》中共规定了禁止请求权、废弃除去请求权、损害赔偿请求权、恢复信用请求权4大类对遭受侵害的商业秘密的救济方法。而在1990年对《不正当竞争防止法》进行修订前,权利人对侵犯商业秘密的行为只能依据侵权法的规定要求赔偿损失,甚至没有停止侵害行为的请求权。《不正当竞争防止法》修订后增加了其他3项救济方法。其中,废弃除去请求权是效仿日本专利法第100条第2项、著作权法第112条第2项对无体财产权的保护而采取的救济手段。恢复信用请求权在于对权利人因行为人的侵权行为遭受的信誉、商誉损失进行弥补。这两项新规定增加了对商业秘密进行法律救济上的手段,更有力地维护了权利人的利益。

在日本的《不正当竞争防止法》中除了民事救济手段外并没有规定刑事救济

方法，在日本的刑法中原本也没有专门针对商业秘密犯罪的条款，但长久以来鉴于侵犯商业秘密的行为层出不穷，在司法实践中就已出现了依据刑法的其他条款对侵犯商业秘密的行为进行制裁的案例。近年来日本对《刑法典》进行了修订，增加了对侵犯商业秘密行为进行制裁的内容。新修订的《刑法典》第35章专门规定了侵犯秘密罪。其第317条规定："从事医疗业务、法律业务、会计业务或者其他基于与委托人的依赖关系而知悉他人秘密的业务的人或者其辅助者，或者曾经处于这种地位的人，无正当理由，泄露就其业务所知悉的他人的秘密的，处一年以下惩役、禁锢或者二十万元以下罚金。从事宗教职业的人或者曾经从事宗教职业的人，无正当理由，泄露就其业务所知悉的他人秘密的，与前项同。"其第318条又规定："企事业的职员或者其从业人员，无正当理由，向第三者泄露有关其企业的生产方法或者其他技术的秘密的，处三年以下惩役或者五十万元以下罚金。曾经处于这种地位的人，违反应当保守有关其企业的生产方法或者其他技术的秘密的法律上的义务，向第三者泄露该秘密的，亦同。"从上述规定可以看出，侵犯秘密罪的对象可以是个人秘密也可以是企业秘密，该罪的主体通常是与秘密持有人间建立了依赖关系或保密合同关系的人。同时根据该法第319条的规定，对侵犯商业秘密罪只有受害人告诉的，才予以处理。

第三节　国际组织商业秘密保护立法的演变

　　对商业秘密进行法律保护已经成为了世界性的话题。自20世纪60年代国际商会第一次把商业秘密中的一部分——专有技术（Know-how）的保护问题纳入其草拟的《专有技术保护标准条款草案》开始，对商业秘密的保护便进入了国际立法的轨道。1964年，对商业秘密的保护问题又出现在保护知识产权联合国国际事务局草拟的《发展中国家发明示范法》第53条的规定中，该条规定："除受专利权保护或者有本条第2项规定的情形外，有关使用或应用工业技术的制造方法或知识，应为公共所有。但这类制造方法及知识，如果未经出版物刊载或未对大众公开，并且发现这类制造方法或知识的人已经采取必要方法，保护其秘密的，这类制造方法及知识应受到保护，以避免受第三人非法使用、泄露或传播。"在商业秘密保护的国际立法中，最具权威性和影响力，为众多国家所接纳的当数《TRIPS协定》，以及以之为蓝本由世界知识产权组织（WIPO）于1996年制定的《关于反不正当竞争保护的示范规定》，下面我们将主要针对后两部规定的内容进行介绍。

　　在《TRIPS协定》中对商业秘密的保护规定在第7节中，但并没有使用商业

第三章　商业秘密保护立法的演变

秘密(Trade Secret)这个名词,而是使用了未披露的信息(Undisclosed Information)的概念,事实上两个术语间并无差别。该节规定的内容主要如下:

1. 在确保《巴黎公约》1967 年文本第 10 条第 2 款的规定为反不正当竞争提供有效保护前提下,各缔约国应根据下述第 2 款的规定保护未披露的信息,根据下述第 3 款的规定保护向政府或政府性机构提供的数据。

2. 自然人或法人应有可能对处于其控制之下的,符合下述条件的信息禁止他人未经允许以违背诚实商业行为的方式披露、获取或者使用:

(1)在如下的意义上是保密的,即其作为一个整体或其组成部分的确切构造或组合,未被通常从事该类信息工作的领域内的人们普遍知悉或者容易获得。

(2)由于是保密的,因而具有商业价值。

(3)合法控制该信息的人根据具体情况采取了合理的保密措施。

3. 如果缔约国要求以提交未公开的实验数据或其他数据作为批准使用一种采用新化学成分的药品或农业化学产品上市的条件时,如果该数据的原创活动包含了相当的努力,则该缔约国应禁止这种不正当商业性使用。此外,除非有保护公众的必要,或者已经采取措施保证防止对该信息的不正当商业性使用,否则缔约国应禁止公开这样的数据。

从《TRIPS 协定》的规定中看,有两个问题值得注意。其一,虽然保护工业产权《巴黎公约》中并未作出对商业秘密保护的规定,但为了确定对商业秘密保护的共同基础,该公约成为了制定本协议的前提。其二,在对商业秘密的构成的认识上,《TRIPS 协定》采用了国际通行的标准,即秘密性、商业价值性及权利人采取了合理保密措施。

在《TRIPS 协定》后,1996 年国际知识产权组织制定了《关于反不正当竞争保护的示范规定》,将侵犯商业秘密的行为纳入了 5 种不正当竞争行为之列。在对商业秘密的保护问题上既继承了《TRIPS 协定》的规定,又作了一些完善。根据其第 6 条第 1 款的规定:"凡在工商业活动中他人未经合法控制秘密信息人员(以下简称'合法持有人')许可并以违背诚实商业做法的方式泄露、获得或使用该信息的行为或做法,应构成不正当竞争的行为。"在这里商业秘密又被称作秘密信息。根据 WIPO 的解释,第 6 条中使用了"秘密信息"的说法,而未用《TRIPS 协定》"未泄露信息"的说法并不是暗示任何实质性的改变,在意义和范围上都是一样的。该规定与《TRIPS 协定》相比最大的不同表现在详细列举了侵犯商业秘密的多种情况。根据第 6 条第 2 款的规定,侵犯商业秘密的行为包括:(i)工业或间谍行为;(ii)违约;(iii)泄密;(iv)诱使他人从事本款第(i)目至第(iii)目提及的任何行为;(v)由在获得信息时已知,或主要因疏忽而不知涉及了本条第(i)目至第(iv)目提及的行为的第三方获得秘密信息。WIPO对此的解释如下：(1)就第(i)目而言，典型的工业或商业间谍行为指蓄意窃取他人秘密信息的行为。间谍行为可通过与权利持有人建立某种关系企图诈骗后者透露秘密信息而得以实现，例如可通过受聘或通过将合伙人安插在权利持有人身边做雇员等手段，也可通过采用窃听器、获得进入工厂的途径从而发现秘密信息并拍下照片，以及其他手段来实现，还可通过远距离非法地进入计算机文件和数据库来实现。间谍行为通常为刑事犯罪，但这一点并不意味着这一行为不能同时被视为不正当竞争行为而不受民事救济的约束。(2)就第(ii)目而言，与秘密信息有关的契约性义务可在口头或书面合同中明确，典型的是在雇主与雇员之间的合同中明确，或者如果没有明确的合同，可由雇佣关系来推断。此种义务可同样存在于商业伙伴之间或雇主与承包人之间。(3)就第(iii)目而言，涉及没有保护秘密信息合同的情况以及秘密取决于个人之间信任关系的情况。此种关系可存在于合作伙伴之间；亦可产生于雇主与其雇员之间的联系。如果前雇员在其建立了与前雇主行业相同的自己的公司之后可以被认为是其前雇主的竞争对手，该前雇员泄密应被视为不正当竞争的行为。(4)就第(iv)目而言，泄露、获得或使用秘密信息明显可对能得到该信息以外的人员有利。尤其是，竞争对手可能很愿意诱使权利持有人的雇员或前雇员以例如违反向权利持有人所承诺的契约性义务的方式泄露该信息。此种诱使行为常常伴有不合理地煽动雇员离开，这也可被视为不正当竞争的行为。(5)就第(v)目而言，涉及由并未直接参与第(i)目至第(iv)目所列行为的第三方获得秘密信息的情形。正如在第(iv)目所规定的诱使行为的情形当中，比方说，如果第三方系权利持有人的竞争对手，他可能对该信息有特别的兴趣。只有当竞争者不知道获得信息时已涉及第(i)目至第(iv)目提及的行为时，其行为方可不被视为不正当竞争行为。

第四节　我国商业秘密保护立法的演变

一、大陆对商业秘密保护立法的演变

(一)大陆商业秘密法律保护概况

1.《反不正当竞争法》出台前的国内立法

1985年国务院颁布了《技术引进合同管理条例》，率先对技术秘密的保护进

第三章 商业秘密保护立法的演变

行了规定,该条例第 7 条指出:"受方就应按照双方商定的范围和期限,对供方提供的技术中尚未公开的秘密部分,承担保密义务。"

1986 年颁布的《中华人民共和国民法通则》第 118 条规定:"公民、法人的著作权(版权)、专利权、商标专用权、发现权、发明权和其他科技成果权受到剽窃、篡改、假冒等侵害的,有权要求停止侵害,消除影响,赔偿损失。"此项规定虽然没有直接提到商业秘密保护的问题,但"其他科技成果权"事实上已包含了商业秘密中的专有技术问题,在司法实践中,也出现过以此法条为依据对专有技术进行保护的实例。

而 1987 年公布的《中华人民共和国技术合同法》则是我国第一部由全国人民代表大会制定,直接涉及商业秘密保护问题的法律,其第 15 条就把对技术情报和资料的保密内容规定成为了技术合同的必备条款。在 1989 年国务院发布施行的《技术合同法实施条例》进一步对侵害技术秘密应进行赔偿的问题进行了规定。《实施条例》第 23 条指出:"当当事人一方侵害另一方非专利技术使用权和转让权,或者违反保密义务的,除承担违反合同的责任外,应当停止侵害,采取补救措施并赔偿损失。赔偿额应当相当于侵权人侵权期间的非法所得或者被侵权人被侵权期间的实际损失。"第 33 条则规定:"技术合同终止时,当事人可以约定,一方或双方在一定期限内对有关技术情报和资料负有保密义务。违反保密义务的,应当赔偿另一方因此所受到的损失。"第 76 条规定:"转让方违反合同约定的保密义务,泄露技术秘密,使受让方遭受损失的,应当支付违约金或者赔偿损失。"

除了在《民法通则》和相关合同法中有对技术秘密的保护规定外,我国还出台过一些针对科技人员流动中应保守技术秘密的规定。在 1986 年由国务院发布的《关于促进科技人员合理流动的通知》第 8 条就有规定:"科技人员调离原单位不得私自带走原单位的科技成果、技术资料和设备器材等,不得泄露国家机密或侵犯原单位技术权益,如有违反,必须严肃处理。"1988 年,由科委制定,国务院批准的《关于科技人员业余兼职若干问题的意见》还作出了防止因科技人员兼职导致的技术秘密泄露的规定。其第 4 条规定:"科技人员在业余兼职活动中应当维护本单位的技术权益,未经本单位同意,不得将通过工作关系从本单位获得的下列技术成果提供或者转让给兼职单位:(1)本单位准备或者已经申请专利的发明创造;(2)本单位准备或者已经申报发明奖、自然科学奖、科学技术进步奖的科技成果;(3)本单位准备转让或者已经转让的技术;(4)本单位在研究开发工作中取得的阶段性技术成果;(5)本单位职工或者本人执行本单位的任务,或者主要利用本单位的技术条件所完成的职务技术成果;(6)本单位明确规定不向外单位提供或者转让的未公开的关键性技术。"该意见提到的准备而未申请专利的发明创造、科技成果,以及阶段性技术成果也就是我们今天所说的商业秘密。该意见第8条还规定:"科技人员业余兼职……侵害本单位技术权益的,单位有权要求其赔偿损失。必要时,可以责令其停止兼职活动,直至给予行政处分。"

商业秘密第一次作为正式法律用语出现在1991年4月9日施行的《中华人民共和国民事诉讼法》中,该法第66条规定:"证据应当在法庭上出示,并由当事人相互质证。对涉及国家机密、商业秘密和个人隐私的证据应当保密,需要在法庭出示的,不得在公开开庭时出示。"第120条第2款规定:"……涉及商业秘密的案件,当事人申请不公开审理的,可以不公开审理。"

2.《反不正当竞争法》出台后的国内立法

随着人们对商业秘密观念的日益接受,对商业秘密立法保护的要求也日益迫切,1993我国《反不正当竞争法》的出台,标志着商业秘密保护制度在我国的正式确立。从《反不正当竞争法》第10条的规定看,我国对商业秘密的保护主要有以下几个特点:(1)对商业秘密进行了概括式的定义。所谓商业秘密是指"不为公众所知悉,能为权利人带来经济利益、具有实用性并经权利人采取保密措施的技术信息和经营信息"。该定义采取了国际通行的对商业秘密的定义方式,将秘密性、经济价值性以及权利人采取了保密措施作为商业秘密得以成立的条件。同时克服了我国过去仅对技术秘密进行保护的局限,将经营信息纳入应受保护的商业秘密的范畴。(2)列举了侵犯商业秘密的几种不正当方式。包括:①以盗窃、利诱,或者其他不正当手段获取权利人的商业秘密;②披露、使用或者允许他人使用以前项手段获取的权利人的商业秘密;③违反约定或者违反权利人有关保守商业秘密的要求,披露、使用或者允许他人使用其所掌握的商业秘密。同时还规定,第三人明知或者应知前款所列违法行为,获取、使用或者披露他人的商业秘密,视为侵犯商业秘密。以《反不正当竞争法》为核心,我国对于商业秘密保护的制度逐渐形成。

1995年11月国家工商行政管理局发布了《关于禁止侵犯商业秘密行为的若干规定》,同时大部分的省、自治区、直辖市都以地方性条例、实施办法的方式对《反不正当竞争法》中的商业秘密保护问题进行了细化规定。

1994年的《劳动法》则对劳动关系中的商业秘密保护问题进行了原则规定,其第22条规定:"劳动合同当事人可以在劳动合同中约定保守用人单位商业秘密的有关事项。"

此后,在劳动部1996年的《关于企业职工流动若干问题的通知》以及国家科委1997年的《关于加强科技人员流动中技术秘密管理的若干意见》中对人才流动中的商业秘密保护问题进行了专门的规定。

国家经贸委办公厅于1997年发布了《关于加强国有企业商业秘密保护工作的通知》，对商业秘密的定义、范围进行了界定，并强调了国有企业保护商业秘密的重要性和应采取的措施与手段。

对侵犯商业秘密行为进行刑事制裁则是在1997年的《刑法》修订中，通过这次修订第一次规定了侵犯商业秘密罪。

1999年全国人大颁布了《合同法》，改变以往涉外经济合同法、技术合同法与经济合同法三法分立的局面。《合同法》的条文中吸收了对商业秘密保护的相关规定。如《合同法》第60条和第92条规定的附随义务以及第18章技术合同都规定了合同当事人的保密义务。并且在第43条中明确规定："当事人在订立合同过程中知悉的商业秘密，无论合同是否成立，不得泄露或者不正当地使用。泄露或者不正当地使用该商业秘密给对方造成损失的，应当承担损害赔偿责任。"

2000年1月1日开始施行的《个人独资企业法》规定，禁止投资人委托或者聘用的管理个人独资企业事务的人员泄露本企业的商业秘密。

2000年之后，为明确相关国家工作人员和中介机构人员保守商业秘密的义务，在相继出台的《海关法》、《进出口商品检验法》、《证券投资基金法》、《商业银行法》、《人民银行法》、《银行业监督管理法》、《对外贸易法》、《可再生能源法》、《治安管理处罚法》、《证券法》、《反洗钱法》、《反垄断法》、《邮政法》、《统计法》、《会计法》、《审计法》、《律师法》、《公证法》等一系列法律中，均对依职权之便或依业务之便知悉他人商业秘密的行为主体设定了保守商业秘密的义务。

2008年1月1日开始施行的《劳动合同法》不仅重申了1994年《劳动法》有关"用人单位与劳动者可以在劳动合同中约定保守用人单位的商业秘密"的规定，而且进一步明确了以竞业限制条款方式保护用人单位商业秘密的合法性，并细化了相关操作要求。

除了全国人大及其常委会有关商业秘密保护的立法不断健全之外，尤其值得一提的是，为了指导商业秘密纠纷案件的审判实践，最高人民法院出台了《关于审理不正当竞争民事案件应用法律若干问题的解释》，并于2007年2月1日开始施行。在该司法解释中，对于《反不正当竞争法》中界定的"不为公众所知悉"、"能为权利人带来经济利益、具有实用性"、是否采取了"保密措施"等概念设定了具体的司法判断标准。并以司法解释的方式首次明确了通过自行开发研制或者反向工程等方式获得的商业秘密，不认定为侵犯商业秘密的行为。

到目前为止，我国对商业秘密的国内立法保护已逐步建立。

3. 商业秘密保护的国际协议

在加强对商业秘密保护的国内立法的同时,我国还与一些国家就商业秘密的保护问题缔结了一系列双边协议,并签署了一些国际协定。这主要有:1991年4月我国与美国政府就延长和修改两国政府科学技术合作协定达成的协议。其附件一第3章规定:"在本协定下提供或者产生的信息被及时确认为商业秘密的情况下,各方及其参加者应当根据所适用的法律、法规和行政惯例对其进行保护。符合以下条件的信息应当确认为商业秘密:拥有该信息的人可以从中获得经济利益或者据此取得对非拥有者的竞争优势;该信息是非公知的或者不能从其他公开渠道获得;该信息的拥有者未曾在没有保密义务安排的情况下将其提供给他人。"此后中美两国还在1992年1月签署的关于保护知识产权的谅解备忘录中规定了对商业秘密保护的问题。其第4条规定如下:"(1)为确保根据保护工业产权《巴黎公约》第10条之2的规定有效地防止不正当竞争,中国政府将制止他人未经商业秘密所有人同意以违反诚实商业惯例的方式披露、获得或使用其商业秘密,包括第三方知道或理应知道其获得这种信息的过程中有此种行为的情况下获得、使用或披露商业秘密;(2)只要符合保护条件,商业秘密的保护应持续下去;(3)中国政府的主管部门将于1993年7月1日前向立法机关提交提供本规定保护水平的议案,并将尽最大努力于1994年1月1日前使该方案通过并实施。"同时值得一提的是1994年4月15日关贸总协定乌拉圭回合谈判通过了《马拉喀什宣言》,我国亦在此文件中签字,承诺了对其中包括的《TRIPS协定》的规定。对此宣言的承认也表明我国将在对商业秘密的保护方面承担国际义务。

(二)对制定专门的《商业秘密保护法》的探讨

我国现有的对商业秘密保护法律保护体系呈现出以《反不正当竞争法》为龙头,相关法律法规为补充的,多部门法共同管理的局面。为此有学者提出我国还应制定一部专门的《商业秘密保护法》以确保对商业秘密全面、系统的保护。但同时也有人认为,制定一部专门的商业秘密保护法的时机并不成熟。首先,世界上绝大多数国家尚未对知识产权的保护进行专门立法,从我国市场经济的发育程度及对对外开放的实际利益看,我国在这方面的立法不宜过于超前。其次,对商业秘密的保护问题,我国《反不正当竞争法》已作了专门规定,而且已达到国际水平,对于目前商业秘密法律保护中存在的问题,可通过颁布单行决定或通过完善有关立法的方式解决,无须通过专门的立法解决。[①] 我们认为根据我国经济发展的现状和现有对商业秘密的法律保护体制的不足有必要制定一部单行的

---

① 商业秘密法制丛书编辑委员会:《商业秘密法制现状分析及案例》,中国法制出版社1995年版,第46～47页。

第三章 商业秘密保护立法的演变

《商业秘密保护法》,主要原因如下:

1. 市场经济的发展和市场竞争的加剧有必要加强对商业秘密的保护

自从党的十四大确立了建立社会市场经济体制的目标以来,我国的经济生活呈现出前所未有的蓬勃生机和发展活力。经济主体的自主意识得到增强,经济效益观念明显提高,竞争积极性在市场经济的刺激下空前高涨,竞争机制一方面极大地促进了国民经济的发展,同时随着经济体制的逐渐转轨,社会资源的重新配置,人才流动趋于频繁,技术竞争日益激烈,各种不正当的竞争行为也不可避免地出现,侵犯商业秘密的情况显得尤为突出,且日渐呈上升趋势。例如企业员工"跳槽"现象屡见不鲜,员工自行带走企业商业秘密;在贸易往来和技术转让中,交易对方违反保密协议对外披露或擅自使用秘密持有人的商业秘密;更有竞争对手为削弱秘密持有人的竞争优势,不惜采取盗窃、欺诈、引诱对方员工泄密等一系列方式获取持有人的商业秘密或恶意披露对手的商业秘密。由于商业秘密作为一种无形财产权在经济竞争中的作用越来越大,对商业秘密的侵害便产生了诸多的严重后果。首先,它直接导致对权利人的损害,许多企业由于商业秘密泄露,丧失了竞争优势,生产经营陷于停滞,有的甚至濒临破产的境地,其中又以国有企业为甚。国有企业在长期计划经济体制下积累起来的商业秘密,由于人员"跳槽"以及其他方式遭到侵害的情况时有发生,引发了国有资源大量流失。其次,大量侵害商业秘密情况的发生破坏了正常的市场竞争秩序,恶化了交易环境。再次,侵犯商业秘密的情况得不到及时有效的制止,助长了不法侵害者的违法气焰和侵权的投机性。最后,当侵犯商业秘密的现象成为一种普遍的社会风气时,人们诚实交易、勤劳致富的观念将面临崩溃的危险,缺乏信任和诚实的社会氛围成为阻碍社会主义市场经济体制建立的最大障碍。目前在我国加强对商业秘密的保护已刻不容缓,这不仅涉及各个经营者的切身利益,而且也与国家的整体经济建设密切相关。

2. 制定专门的《商业秘密保护法》有助于解决我国现有保护商业秘密的法律体系中存在的缺陷,建立全面、系统的保护商业秘密的体系

在我国现有的保护商业秘密法律体系中存在着一系列的不足和缺陷。首先,有关商业秘密保护的规定过于原则,缺乏可操作性。其次,散见于各部门法中的保护商业秘密的规定支离破碎,基于不同的立法背景和不同的立法目的,在用语上各不相同,对商业秘密的理解各异,造成认识和适用的困难。最后,《反不正当竞争法》虽正式规定了对商业秘密的保护问题,但仍在许多方面存在缺陷。(1)适用范围过于狭窄。由于反不正当竞争的特殊性,涉及的规范对象只针对"经营者与经营者"之间的关系,远远没有达到完全覆盖所有可能侵害商业秘密

的情况。例如企业雇员泄露商业秘密的情形;经营者之外的第三人侵害权利人商业秘密的情形;基于职务或业务知悉他人的商业秘密而加以泄露或擅自使用的情形,如公证机关、仲裁机关、各种评估、鉴定机构由于职务或接受当事人的委托而获知商业秘密却又加以侵犯的行为等等,《反不正当竞争法》均无从规制。(2)没有对商业秘密保护的积极措施,缺乏对商业秘密权属的确认问题,对于实践中出现的众多商业秘密归属之争无法解决。(3)对于侵犯商业秘密的法律责任问题存在严重欠缺。根据《反不正当竞争法》第25条的规定,侵犯商业秘密的,由监督检查部门责令停止违法行为,并可根据情节处以1万元以上20万元以下的罚款。此规定仅仅是一种行政处罚措施,没有给权利人提供要求停止侵权行为和赔偿损失的民事救济途径,明显不符合市场经济保护权利人合法权益的宗旨。同时,在《反不正当竞争法》中也没有规定对侵害商业秘密行为的刑事制裁措施,因而削弱了对不法侵权行为的打击力度。虽然,在新刑法中增加了侵犯商业秘密罪的条文,但作为对侵犯商业秘密行为的法律责任的规定,应将行政、民事、刑事融于一体才能体现出其严谨性,各部门法分别加以规定,显得过于分散,不利于适用。鉴于我国现有保护商业秘密法律体制的不足,制定一部单行的《商业秘密保护法》对有关商业秘密保护方面的问题进行全面、统一的规定,能够解决现有对商业秘密概念、权属及保护措施、法律责任方面存在的争议和不足。同时将有关商业秘密保护的内容纳入一部专门的《商业秘密保护法》中,有利于人们对商业秘密保护问题的全面了解,有利于法官在审理商业秘密案件中对法律的适用。而这些都不是简单地通过另行颁布一些相关的法规,进行一般的修修补补所能解决的。事实上我国早就将制定单行《商业秘密法》的问题提上了议事日程,国家经济贸易委员会早在1996年就提交了一份《中华人民共和国商业秘密保护法(送审稿)》,对商业秘密保护法的立法宗旨、商业秘密的定义、权益归属、保护方式、侵犯商业秘密的行为认定以及法律责任等问题进行了规定,但至今尚未提交全国人民代表大会审议。应该说无论是客观现实需要,还是现已进行的立法工作都催生着一部专门的《商业秘密保护法》在我国的出现。

二、台湾地区对商业秘密的法律保护

在我国台湾,商业秘密通常被称作营业秘密,对商业秘密的立法保护最早体现在1991年制定公布的"公平交易法"中,"公平交易法"第19条规定:"有下列各款行为之一,而有妨害公平竞争之虞者,事业不得为之……"其中就包括了"以胁迫、利诱或其他不正当方法,获取他事业之产销机密,交易相对人资料或其他有关技术秘密之行为"。应该说在"公平交易法"中对商业秘密的保护还是比较简单的,在许多方面还存在欠缺,主要表现在以下几个方面。其一,没有对商业秘密进行统一的定义。其二,涉及的商业秘密的客体仅仅针对产销机密、交易相对人资料以及其他技术秘密,也就是我们所说的专有技术,对于其他具有经济价值的经营信息、管理信息是否应给予保护没有明确。其三,法律予以禁止的侵犯商业秘密的手段只针对胁迫、利诱以及其他不正当方法。对于不正当方法应作何理解没有指明,特别是雇员违反保密协议规定,进行的泄露行为是否应纳入"公平交易法"的规制之列,还存在着争议。其四,根据"公平交易法"第2条的规定,"公平交易法"规范的主体仅限于公司、独资或合伙之工商行号、同业公会以及其他提供商品或服务从事交易之人或团体。对于这些主体之外的侵犯商业秘密的行为是否也应加以法律禁止,以及如何禁止都缺乏明文规定。

鉴于"公平交易法"在保护商业秘密问题上的上述不足,1995年台湾"经济部"起草了"营业秘密法"草案,并交由台湾"立法院"进行审查,1996年1月17日台湾地区正式公布了"营业秘密法"。该法共16条,其主要内容如下:

1. 规定了立法宗旨,是为保障营业秘密,维护产业伦理与竞争秩序及调和社会公共利益。

2. 对商业秘密进行了定义,系指方法、技术、制程、配方、程式、设计或其他可用于生产、销售或经营之信息,同时还必须满足下列条件:(1)非一般涉及该类信息之人所知者;(2)因其秘密性而具有实际或潜在之经济价值者;(3)所有人已采取适当之保密措施者。

3. 规定了商业秘密的权属,许可商业秘密转让、共有、授权使用但不得作为质权标的,同时还规定了保密义务。其具体规定有:(1)受雇人及雇佣人间基于职务上研究开发营业秘密归雇佣人,非职务上研究或开发之营业秘密则归受雇人。(2)出资聘请非受聘人研究或开发营业秘密以契约约定其归属,契约未约定者,归受聘人所有。但出资人得于业务上使用其营业秘密。(3)数人共同研究或开发之营业秘密其各人应有部分依契约约定,无契约推定为均等。(4)营业秘密得全部或部分让与他人或共有,营业秘密为共有时,对营业秘密之使用或处分,如契约未有约定者,应得共有人之全体同意。但各共有人无正当理由,不得拒绝同意。各共有人非经其他共有人之同意,不得将其应有部分让与他人。但契约另有约定者,从其约定。(5)营业秘密所有人得授权他人使用营业秘密,授权事项依当事人约定,非经所有权人(共有权人)同意不得再转授权。(6)营业秘密不得为质权及强制执行的标的。(7)公务员、当事人、代理人、辩护人、鉴定人、证人及仲裁人等相关人员因承办公务或侦审或处理仲裁事务而知悉或持有他人之营业秘密者不得使用或无故泄露。

4. 规定了侵害商业秘密的行为种类,包括:(1)以不正当方法取得者;(2)知悉或重大过失不知而取得、使用或泄露者;(3)取得营业秘密后因知悉或重大过失不知而使用或泄露者;(4)因法律行为取得而以不正当方法使用或泄露者;(5)依法令有保密义务而使用或泄露者。其中不正当的方法又包括:盗窃、欺诈、胁迫、贿赂、擅自重制、违反保密义务、引诱他人违反保密义务或类似的方法。

5. 对遭受侵害的商业秘密的救济及侵权人的法律责任。营业秘密被侵害或面临侵害之虞时,被害人得请求排除侵害或请求防止侵害。因故意或过失不法侵害他人营业秘密者,负损害赔偿责任,损害赔偿范围或由受害人根据台湾地区"民法典"第216条的规定请求侵害人因侵害行为所得利益,且对故意的侵害行为得酌定3倍以下损害作为赔偿。

6. 规定法院在审理营业秘密案件时采取不公开的原则,同时对外国人营业秘密的保护采取对等原则。

此外,在台湾地区的"刑法典"中也规定了对侵害营业秘密的刑事处罚。其第28章妨害秘密罪中有以下规定:(1)第315条规定了妨害秘密罪、图利为妨害秘密罪。凡是无故利用工具或设备窥视、窃听或以录音、照相、录影或电磁纪录窃录他人非公开的活动、言论、谈话的,以及为谋取利益从事上述活动的得被处以徒刑、拘役或罚金。基于上述行为取得的物品予以没收。(2)第316条规定了泄露业务上知悉他人秘密罪。"医师、药师、药商、助产士、心理师、宗教师、律师、辩护人、公证人、会计师或其业务上佐理人,或曾任此等职务之人,无故泄露因业务知悉或持有之他人秘密者,处一年以下有期徒刑、拘役或五万元以下罚金。"(3)第317条规定了泄露业务上知悉工商秘密罪。"依法令或契约有守因业务知悉或持有工商秘密之义务,而无故泄露之者,处一年以下有期徒刑、拘役或一千元以下罚金。"(4)第318条规定了泄露职务上工商秘密罪。"公务员或曾任公务员之人,无故泄露因职务知悉或持有他人之工商秘密者,处二年以下有期徒刑、拘役或二千元以下罚金。"面对高新技术的发展和侵犯商业秘密手段的技术化,在1997年10月8日的修订案中还增设了第318条,对利用电脑及其他相关先进设备侵犯他人秘密的给予加重处罚。

第四章 商业秘密权

第一节 商业秘密权的界定

一、商业秘密权的定义

商业秘密是其原始持有者通过投入一定的人力、物力、财力而产生的劳动成果,能够为其持有者带来经济利益。在当今社会,人们普遍认识到了商业秘密的重要性,随着世界贸易组织《TRIPS协定》的签订,更是将商业秘密权提升到了一个前所未有的高度,其与著作权、专利权和商标权一起构成了现代社会知识产权的四大支柱。在今天,商业秘密的价值犹如工厂之于企业的价值一样。盗窃商业秘密所造成的损害甚至要比纵火者将工厂付之一炬的损害还要大。① 如果不对之加以法律保护,势必影响创造者的积极性,有碍于科学技术的进步,不利于市场经济条件下的竞争秩序,也违背民法确立的诚实信用这一帝王原则。基于此,世界上很多国家确立了商业秘密保护制度,其基础在于其持有人对之能够享有一定的权利,这就是商业秘密权。顾名思义,商业秘密权就是商业秘密的持有人对能为其带来利益的商业秘密所享有的权利。具体而言,它是指商业秘密持有人依法享有的控制、使用、收益、处分商业秘密并排除他人非法侵犯的权利。

虽然我国在法律中并未直接使用"商业秘密权"的称呼,但我国《刑法》、《反不正当竞争法》等法律明确将商业秘密的持有人和被许可合法使用商业秘密的

---

① 参见孔祥俊:《商业秘密保护法原理》,中国法制出版社1999年版题记。

人通称为"权利人",这充分说明商业秘密权是被我国立法认可的。商业秘密权具有其他财产权的所有属性,不仅可以享有排除他人通过不正当手段获取商业秘密的权利,从而获得一定程度的垄断使用权并获得经济利益,而且可以像其他财产权和财产性知识产权一样可以依法许可他人使用、转让、投资和质押担保。

二、商业秘密权的特征

商业秘密权是知识产权的组成部分,商业秘密权具有知识产权的一般特征,但也有不同于其他知识产权的特点。

(一)客体的非物质性

客体的非物质性体现了知识产权的本质属性,它也是商业秘密权的基本特征。商业秘密权的其他法律特征都是由它衍生出来的。商业秘密权的客体是一定的信息,即商业秘密本身,它包括技术信息和经营信息,是人类通过智力创造活动或者投入一定的物化劳动而产生的成果。虽然这些信息往往通过设计图纸、操作指南、实验报告、经营策略、配方、公式、方案、计划书等形式表现,即它们往往通过有形载体将之表达出来并为人们所感知,但商业秘密有别于动产、不动产等有体物,本身不具有物质形态,不占据空间,不能发生有形控制的占有,在作为其表现形式的物化载体上,权利人享有的权利并非商业秘密权。物化载体所体现出来的内容本身才是商业秘密权的客体。基于其非物质性,商业秘密的使用并不会如有体物那样会发生有形的损耗,如果无权使用人利用了他人的商业秘密,也无法适用恢复原状的民事责任。基于其非物质性,商业秘密权的消灭也与一些有体物权的消灭不同。对于有体物权,物的灭失会使权利人丧失其权利,而商业秘密权针对的是信息,信息一般是不会灭失的,商业秘密权会由于商业秘密的公开而消灭,但公开之后,原权利人仍然会知晓该信息。同样,基于商业秘密权客体的非物质性,给商业秘密权保护、商业秘密权的侵权认定和商业秘密权的利用带来比有体物权在相同情况下复杂得多的问题,同时也决定了商业秘密权保护方法的特殊性。

(二)专有性

作为知识产权的组成部分,商业秘密权具有一定的专有性,商业秘密本身的非物质性决定了人们可以同时掌握、利用它,对商业秘密权的保护就体现在国家法律赋予商业秘密权人以某种程度的独占性,否则,权利人就无法实现其权利,对其进行保护也就因之而成为一句空话。有些学者认为,商业秘密是其持有人

第四章 商业秘密权

在事实上独占的技术信息和经营信息,他人可根据其独立的智力创造劳动所取得,甚至可基于反向工程等合法行为所拥有,这样,商业秘密权的专有性便成为无本之木,也就是说,与传统知识产权不同,商业秘密权不具有专有性。这种说法值得商榷。首先我们对传统知识产权即著作权和商标权作一番考察,商标的注册适用"一个商标一份申请"和"一份申请一类商品(服务)"的原则,著作权则针对于作者的思想表达形式,由此可见,商标权和著作权的专有性明显是相对的,因为一般情况下,同一商标还可用于其他种类的商品和服务。对于同一思想或题材,还可能存在多种表达方式与之相对应,即使是相同的表达,只要是各自分别独立创作,也可能分别获得著作权。基于上述原因,既然传统知识产权在一定地域范围内可由多人所有,商业秘密权便不能因此而被认为与传统知识产权不同不具有专有性的特征。实际上,国家法律对商业秘密权的保护,禁止他人非法侵犯也体现了承认商业秘密权具有专有性特点的精神。当然,由于商业秘密固有的特点,商业秘密权的专有性与其他知识产权的专有性也有所不同,专有性相对较弱。

(三)地域性

保护商业秘密权已成为国际立法趋势,特别是《TRIPS协定》签订后,保护商业秘密权成为加入世界贸易组织的前提,保护商业秘密权的国家也日益增多。另外,由于商业秘密权的取得是自动取得的,而非法律事先授予,对之的保护也只能是消极的,即只有在侵权之后,法院才给予事后保护。向各国法院要求保护商业秘密权也不以行政机关的审查为先决条件。基于这些原因,有人认为商业秘密权没有地域性的特征。这种看法有失偏颇,这是由于对知识产权的地域性认识有偏差所导致的。知识产权的地域性是指按照一个国家或地区法律得到保护的知识产权,只在该法律发生效力的地域内有效,在该国家或地区以外不发生法律效力,一个国家或地区是否保护知识产权,由其自己决定。知识产权的地域性是相对于有形财产权而言的,所有权人将有形财产由一国转移到另一国,该财产所有权不会因之而发生改变,一般不会由于法律的差异而使该财产所有权失去法律效力。商业秘密权的保护也有地域性特点,如在我国没有颁布《技术合同法》《反不正当竞争法》之前,商业秘密权虽在有些国家得到保护,但在我国地域内却得不到法律保护。另外,由于各国法律的差异,在外国得到法律保护的商业秘密权并不必然受到我国法律的当然认可,反之亦然。这些都说明,商业秘密权与传统知识产权一样都具有地域性的特点。即便是商业秘密权的国际保护也没能突破或改变其地域性特征,作为知识产权的组成部分,商业秘密权当然也不可能具有域外效力,任何国家对外国智力成果的保护,都是依据本国法律,而不是外国智力成果所有人所属国的法律。正因为知识产权的地域性特征,才产生了国际保护的国民待遇原则和互惠原则,把它们作为地域性特点的重要补充。在我国有经常居所或营业所的外国人、外国企业或其他组织同我国公民一样享有商业秘密权;在我国没有经常居所或营业所的外国人、外国企业或其他组织是否能享有商业秘密权依其所属国同我国签订的协议或共同参加的国际公约办理;在我国没有经常居所或营业所,其所属国既非我国参加的涉及保护商业秘密的国际公约成员国,又未与我国签订有关商业秘密保护的协议的外国人、外国企业或其他组织是否能在我国享有商业秘密权,依互惠原则处理。由于我国参加或签订的国际条约是我国法律的渊源,在我国境内当然具有法律效力,我国法院依此决定外国人、外国企业或其他外国组织能否享有商业秘密权并未动摇商业秘密权的地域性。

三、与其他知识产权的联系与区别

(一)商业秘密权与专利权

1. 商业秘密权与专利权的关系

商业秘密权与专利权同属于知识产权的组成部分,二者有很多的共性,特别是商业秘密权中的技术秘密权。首先,二者的保护对象都是智力成果中的技术信息。在我国,专利权的保护对象是发明创造,包括发明、实用新型和外观设计;技术秘密权的保护对象是技术秘密。它们都是其原始持有人通过智力劳动所创造出来的。其次,二者都具有一定的专有性特征,都是对世权和支配权,权利人可根据法律排除他人的不法侵害,只是其表现方式和内容不尽相同而已。再次,二者都具有分地域取得和分地域行使的法律特征,都是通过本国法律对之加以确认和保护。[①]

商业秘密权与专利权也有很多区别,主要表现在下列方面:

(1)权利产生方式不同。商业秘密权的原始取得方式是自动取得,商业秘密一旦出现,商业秘密权即告产生,不需要履行任何手续,也不需要经过国家任何部门的审批,这一点与著作权的取得方式相同;而专利权具有国家授予性特征,发明创造者不能仅凭其智力活动的事实即当然享有专利权,必须经过申请,报专利主管机关审查批准,并由国家发给专利证书才能予以确认。

---

① 参见张玉敏主编:《知识产权法学》,法律出版社2002年版,第20~25页。

(2)权利取得的前提不同。商业秘密权取得的前提之一是作为其保护对象的技术信息和经营信息具有秘密性。不具有秘密性的技术信息和经营信息不能成为商业秘密权的保护对象。即使其曾经存在过秘密性,但是其一旦公开(不论以何种方式公开,也不论由谁公开和是否属于非法公开),商业秘密权即归于消灭,这是由商业秘密的本质特征所决定的。而专利权的取得的前提条件是申请人向社会公开其发明创造,专利权的获得是以公开其发明创造作为对价,有西方学者认为这是一种契约关系,即专利权人与国家达成一个契约,其内容是专利权人向社会公开其发明创造,国家则赋予其在一定时期内对该发明创造享有专有权。所以,申请人要想获得专利权,必须运用专利申请文件公开自己的发明创造,其公开的范围和程度只有达到了专利法规定的要求,即所属技术领域的普通技术人员能够按照申请人的说明书予以实施才能被授予专利权,这与国家授予专利权的目的有关,即鼓励人们尽可能向社会公开其发明创造,及时准确地传递和交流所取得的科技成果,促进科技成果转化成现实生产力,避免重复开发所导致的人力、物力、财力的浪费。

(3)专有程度不同。商业秘密权的专有性具有极其明显的相对性特点。根据我国《反不正当竞争法》第10条规定:"商业秘密权人只有权禁止行为人采用盗窃、利诱、胁迫或其他不正当手段获取其商业秘密;披露、使用或者允许他人使用以前项手段获得的商业秘密;违反约定或者违反权利人有关保守商业秘密的要求,披露、使用或者允许他人使用其所掌握的商业秘密。但商业秘密权人无权禁止其竞争者或其他无任何利害关系的人通过独立发现,甚至是通过商业秘密权人产品的反向工程和利用商业秘密权人的意外披露而获得商业秘密,并可对之进行随意、免费的使用。"由此可见,商业秘密权人无权禁止他人通过正当手段获取或者自行研制出具有相同内容的技术信息和经营信息,也就是说,一项商业秘密权可以由不同的多个主体分别拥有,他们对同一项技术信息和经营信息所取得的专有权的效力完全一样。而专利权的专有性体现得至为明显,相同内容的发明创造只能授予一次专利,即使两个以上的人在同一时期或不同时期各自独立完成了相同的发明创造,专利权也只能授予最先申请的人。发明创造一旦被授予了专利权,除法律另有规定外,专利权人以外的其他任何单位和个人均不得以营利为目的擅自实施该专利,否则就会构成对专利权的侵犯,权利人既可以在一定地域和期限内阻止他人随意利用该发明创造,也可以阻止其他在先或同时完成该发明创造的人对之进行转让或随意扩大使用范围。据此可知,相对而言,法律对商业秘密权给予的保护是一种弱保护,而对专利权给予的保护则是一种强保护。相对于对专利权的强保护,国家对商业秘密权给予弱保护的一个重要原因是由于商业秘密权的保护对象不能为公众所知悉,社会公众从中获得的益处要少于从专利权的保护对象中获得的益处,如基于其秘密性,公众无法对其进行改进,也会因为重复研发造成隐性的科研浪费等等。

(4)保护期限不同。对商业秘密权,法律并未规定其保护期限,其受保护的期限取决于保密的时间,只要不泄密,商业秘密权就可以存在,由此可知,商业秘密权并无固定时间限制。而专利权则有固定时间限制,专利权只在专利有效期内存在,在此期限内,专利权人享有垄断权,期限届满,专利权即因丧失法律效力而归于消灭,与此相对应,该项发明创造便成为社会公共财富,任何单位和个人都可以随意无偿地使用。我国《专利法》规定,发明专利权有效期为20年,实用新型和外观设计专利权有效期为10年,自申请日起计算,这些期限都是固定的,不能续展。由商业秘密权和专利权此项区别来看,商业秘密权的持续时间主要取决于权利人的意愿和保密措施的完善程度。而专利权的持续时间基本不受权利人主观意愿所左右,除非其在法定的保护期限之内自愿放弃其拥有的专利权,也就是说他只能在法律规定的固定期限内根据自己的意志来缩短保护期限,提前将其发明创造推进到公共领域之中,而不能延长法律保护的时间。

(5)构成要件不同。商业秘密权的保护对象必须要具备秘密性、价值性和管理性;而授予专利权的发明和实用新型必须具备新颖性、创造性和实用性,授予专利权的外观设计应当具备美观性和实用性。根据我国《反不正当竞争法》第10条第3款的内容,"不为公众所知悉"指的就是秘密性,《最高人民法院关于审理不正当竞争民事案件应用法律若干问题的解释》中将"不为公众所知悉"定义为有关信息不为其所属领域的相关人员普遍知悉和容易获得。而根据我国《专利法》第22条第2款规定,授予专利权的发明和实用新型应具备的新颖性是指该发明或者实用新型不属于现有技术;也没有任何单位或者个人就同样的发明或者实用新型在申请日以前向国务院专利行政部门提出过申请,并记载在申请日以后公布的专利申请文件或者公告的专利文件中。《专利法》第23条规定:"授予专利权的外观设计,应当不属于现有设计;也没有任何单位或者个人就同样的外观设计在申请日以前向国务院专利行政部门提出过申请,并记载在申请日以后公告的专利文件中。"由此可见,商业秘密权构成要件中的秘密性显然远远没有达到专利权构成要件中新颖性的要求程度,他人知悉该信息并不当然排斥商业秘密的形成,只要"他人"没有达到"普遍"程度即可。同样,在一地成为众所周知的信息当然不能在该地成为商业秘密,但这也并不妨碍该信息在并不为公众所周知的地区成为商业秘密。另外,作为知识产权组成部分的商业秘密权中的技术秘密权,其保护对象当然也是人们通过智力创造活动所取得的,但它的

第四章　商业秘密权

创造性要求较低。而我国《专利法》规定,授予专利权的发明和实用新型也应当具备的创造性是指与现有技术相比,该发明有突出的实质性特点和显著的进步,该实用新型有实质性特点和进步。显然,二者的创造性要求有天壤之别。

(6)客体范围不同。商业秘密权的客体包括技术信息和经营信息;专利权的客体是发明、实用新型和外观设计,而这些仅属于技术信息的范畴。即使是在技术信息领域,能成为专利权客体的范围也比能成为商业秘密权客体的范围要小,如动植物新品种目前在我国就不能被授予专利权,而它却可能被当作商业秘密获得保护。另外,专利权的客体只能是完整的技术方案,而商业秘密权的客体除了完整的技术方案以外,未完成的技术方案如果符合商业秘密的构成要件也可以成为商业秘密权的客体。与此相对应,一个商业秘密权中可包含有多项技术,它们构成一个整体。而专利的申请则实行一发明一申请原则,要求一件专利申请仅限于一项发明创造,我国《专利法》第 31 条即是如此规定的:"一件发明或者实用新型专利申请应当限于一项发明或者实用新型","一件外观设计专利申请应当限于一种产品所使用的一项外观设计"。此项规定也有例外,同条规定:"属于一个总的发明构思的两项以上的发明或者实用新型,可以作为一件申请提出","用于同一类别并且成套出售或者使用的产品的两项以上的外观设计,可以作为一件申请提出"。它被称为合案申请,很显然,合案申请的限制是非常严格的。

(7)举证责任不同。我国《专利法》第 59 条第 1 款规定:"发明或者实用新型专利权的保护范围以其权利要求的内容为准,说明书及附图可以用于解释权利要求。"同条第 2 款规定:"外观设计专利权的保护范围以表示在图书或者照片中的该外观设计专利产品为准。"由此可见,专利权的保护范围是确定的,只要专利权人能够举出他人的行为侵犯了其专利权的证据即可要求有关部门制止、处罚该侵权行为。在特殊情况下,法律还规定了举证责任的倒置,《专利法》第 61 条规定:"专利侵权纠纷涉及新产品制造方法的发明专利的,制造同样产品的单位或者个人应当提供其产品制造方法不同于专利方法的证明。"而商业秘密权的原始取得方式是自动取得,单凭持有人的行为而无须有关机关的事先认定,所以,就其保护范围而言是事先所无法确定的。据此,商业秘密权人在请求有关部门救济过程中首先要举出证据证明行为人侵犯的客体具有价值性、秘密性和管理性,亦即该客体属于其所拥有的商业秘密,在此基础上再证明侵权行为的存在。有关部门通过对请求人提出的该客体的价值性、秘密性和管理性进行先行判断后,来确认其是否构成商业秘密,是否对之予以保护,再对行为人的行为进行判断才能作出是否侵权的认定。侵犯商业秘密案件一般应当适用谁主张谁举证的举证责任分配原则。原告主张他人侵犯其商业秘密的,应当对自己持有一项合乎法定条件的商业秘密、被告采取了违法手段以及被告获得、使用、披露或者允许他人使用的信息与自己所持有的商业秘密相同或者实质相同负举证责任。原告在举证证明其持有一项合乎法定条件的商业秘密时,应当提供记载有该项商业秘密的载体、商业秘密的具体内容、该项商业秘密的来源、商业价值(必要时包括提供产生该项商业秘密的开支情况)、对于该项商业秘密所采取的保密措施,即可以认为原告初步完成了其持有一项合乎法定条件的商业秘密的举证责任。当原告完成了上述举证责任之后,被告仍否认原告商业秘密的具体构成要件的,由被告负相应的举证责任。原告举证证明被告接触了原告所掌握的商业秘密以及被告使用的商业秘密又与原告的商业秘密相同或者实质相同,根据案件的具体情况或者经验法则,能够判断被告具有违法获取商业秘密的较大可能性,可以推定被告以违法手段获取了商业秘密,但被告对其商业秘密的合法来源举证属实的除外。

(8)权利内容不同。商业秘密权人有权禁止行为人采用盗窃、利诱、胁迫或其他不正当手段获取其商业秘密;有权禁止披露、使用或者允许他人使用以前项手段获得的商业秘密;有权禁止违反约定或者违反权利人有关保守商业秘密的要求,披露、使用或者允许他人使用其所掌握的商业秘密。而除了《专利法》另有规定之外,发明和实用新型专利权人有权禁止任何人未经其许可为生产经营目的制造、使用、许诺销售、销售、进口其专利产品或者使用其专利方法以及使用、许诺销售、销售、进口依照该专利方法直接获得的产品;外观设计专利权人有权禁止任何人未经其许可为生产经营目的制造、许诺销售、销售、进口其外观设计专利产品。

2. 商业秘密权与专利权保护的利弊分析

从上述商业秘密权与专利权的区别可知,二者在法律保护上对权利人各有利弊。

对一项既能采用商业秘密权保护又能获得专利权保护的信息而言,通过商业秘密权保护优于通过专利权保护之处主要表现在以下方面:

其一,基于商业秘密权的自动取得,其获得国内和国外的保护不需像专利权那样要经过复杂的申请和获权程序,也不需要缴纳权利维持费,这样使其获得保护和维持权利的成本较低。

其二,基于商业秘密权保护对象的秘密性和权利人采取了保密措施,他人侵权的可能性相对而言较低;而专利权获得的前提是技术内容的充分公开,这样会给其竞争对手或他人的侵权行为提供便利,使侵权的可能性增大。另外,专利权人的竞争对手通过其已公开的技术内容,可以对该技术加以创新从而提高其市

第四章 商业秘密权

场竞争力,这样在某种程度上对专利权人也是不利的。

其三,商业秘密权的客体范围要宽于专利权的客体范围,对于那些得不到专利法保护的信息,权利人可采取商业秘密保护来实现自己的利益。

其四,商业秘密权的保护对象更为灵活,不完整的技术方案和综合的技术方案均可获得保护,而作为专利权客体的技术方案一般而言只能是完整的和单一的。

其五,商业秘密权获得条件的标准低于专利权,对于那些达不到专利法要求的作为获得专利权条件的新颖性、创造性的技术信息而言,可能符合获得商业秘密权的条件而受到商业秘密权的保护。

其六,商业秘密权的保护期限无任何限制,完全取决于该信息的秘密性和权利人的保密程度,而专利权的保护期限是固定的,不允许权利人加以续展。

其七,商业秘密权除了受到反向工程的限制外,基本不受其他方面的限制,而专利权则要受到先用权原则、合理利用原则、临时过境权原则、专利权用尽原则、强制许可原则等的限制。

其八,在某些情况下,对于一项技术信息而言,其所有人意欲用专利权保护存在一定的风险。因为获得专利权的前提条件是要将该信息公开,如果该技术信息本身不符合授予专利权的条件或者信息的所有人在进行专利申请时由于某方面的失误而未能达到专利法规定的程序要求,会导致该信息既不能获得专利权的保护也不能获得商业秘密权的保护,其所有人的利益诉求会落空。

当然,商业秘密权较之于专利权在保护上也存在诸多弱点。主要表现在以下方面:

其一,根据上文可知,商业秘密权的专有程度不如专利权高,一项商业秘密上可能存在多个权利主体,商业秘密权人无权禁止他人通过独立发现、反向工程及自己意外泄露而掌握和利用该商业秘密,其垄断利益时刻受到威胁;而专利权人的权利则具有很强的垄断性。

其二,基于商业秘密权客体的秘密性,其使用许可及转让也受到限制。为了尽量避免风险,商业秘密权人在使用许可或转让的商谈过程中势必不会全盘托出该信息的内容,而相对方可能基于未充分了解而不敢接受,为此,使用许可和转让谈判的成功概率大打折扣;而专利权的取得是以完全公开作为代价的,关于使用许可和转让的谈判一般不会因为相对人对该技术的不了解而失败。

其三,商业秘密权的保护期限没有限制是一把双刃剑,这也可能给商业秘密权人带来不利的后果,例如商业秘密权人未采取保密措施或保密措施不当使商业秘密公开,则会因为丧失秘密性而失去权利;而专利权的保护期限是固定的,不会因为这些偶然因素而缩短。

其四,商业秘密权的维持虽然与商业秘密权人的行为特别是保密措施休戚相关,但仅此一点却不能保证其效力,也就是说,商业秘密权与他人的行为关系也非常紧密,如合法获得了该商业秘密的人将之公开同样会使权利人丧失权利,即使是非法获得商业秘密权的人将之恶意公开,使之扩散,也会产生同样的后果,因为其一旦为公众所知悉就不可能回复到原来的秘密状态,甚至他人从其他掌握同样商业秘密的权利人手中非法获取了该商业秘密并将之非法披露也会殃及池鱼。而专利权的维持则基本上不会因为他人的行为而受到影响。

其五,遭受侵权行为侵害时,商业秘密权的司法救济和行政救济成本较专利权为高。在司法实践中,侵犯商业秘密案件一般应当适用谁主张谁举证的举证责任分配原则,原告主张他人侵犯其商业秘密的,应当对自己持有一项合乎法定条件的商业秘密,被告采取了违法手段以及被告获得、使用、披露或者允许他人使用的信息与自己所持有的商业秘密相同或者实质相同负举证责任。也就是说,商业秘密权人不仅要向法院或有关行政机关证明侵权行为的发生,还要对商业秘密权的存在承担举证责任;而因为专利权范围的确定性,专利被侵犯后,专利权人只对行为人的侵权事实提出合法有效的证据即可。为了维护市场秩序,工商行政管理部门基于自己的行政管理职能可以直接对一些专利侵权行为作出处罚,这变相地保护了专利权人的权利;而基于商业秘密权的非确定性,国家行政部门显然不可能直接介入商业秘密权的保护。相比之下,商业秘密权的内容较之于专利权的内容为少。

3. 商业秘密权与专利权保护的模式选择

有学者认为,商业秘密是专利授权的常用替代制度。[①] 而根据上文可知,商业秘密权保护与专利权保护各有利弊,从总体上看,并无孰优孰劣之分,二者在社会经济生活当中,对于权利人、义务人、社会公众及经济秩序而言都起着同等的重要作用。但对于一项具体的技术信息而言,选择专利权保护还是商业秘密权保护的后果对于信息所有人而言仍是有差距的,这就需要由信息所有人综合考量各种因素来加以衡量,选择一个对其更为有利的保护方式。

技术信息的创造者或持有者在进行选择时应根据具体情况综合考虑:

其一,如果该技术信息很容易被独立的创造性活动或反向工程所获取,则采用商业秘密权的保护方式显然是不合适的。这时,专利权的保护方式当然是首选。如果采用商业秘密权保护,他人合法获取了该技术信息后,该技术信息的创

---

① [美]理查德·A.波斯纳著,蒋兆康译:《法律的经济分析》,中国大百科全书出版社1997年版,第49页。

第四章 商业秘密权

造者或持有者便不能获得原来的垄断利益,其收益便会大幅度减少。更为严重的是,如果他人获取了该信息后向国家申请了专利,对其造成的损失则会更大,其所能享有的利益仅仅是先用权。而如果该技术信息在专利权保护期限内不可能被独立的创造性活动或反向工程所获取,那么,采取商业秘密权的保护方式对技术信息的创造者或持有者则可能更为有利。

其二,技术信息的创造者或持有者要对该技术信息是否易于保密和自己采取的保密措施能取得何种效果进行客观的评价。如果该技术信息需要在市场上公开和大量地使用,则应该对该技术信息采取专利权的保护方式,因为不管其创造者或持有人采取何种保密措施都可能是徒劳无益的。如果技术信息的创造者或持有者所能采取的保密措施不可能取得良好的效果或采取保密措施的成本过高,则采取专利权保护方式对其更为有利。

其三,该技术信息的生命力也是有重要参考价值的因素。如果生命力很强,采用商业秘密权的保护方式较之于专利权的保护方式为优,它能避免专利权获取的申请、审查和登记程序。如果该技术信息的生命力过长且采取一定的保密措施又能获得良好效果的情况下,选择商业秘密权的保护方式则能避免专利权保护期限固定的缺陷。如此,还能避免专利获权的不确定性所带来的风险,节约成本。而如果采用专利权保护方式,在专利权保护期限已过的情况下,该技术信息则进入公共领域,任何人的使用均是合法的,这样,该技术信息的创造者或持有者的利益便不能得到充分的实现。

其四,如果技术信息创造者或持有者对该技术信息的创造性和新颖性是否能够达到专利权获得的标准不能有充分的把握时,采取商业秘密权的保护方式未尝不是一个较佳的选择。因为这样能够避免可能不必要的申请,更为重要的是,也能避免早期公开所导致的秘密性丧失。否则,可能出现既不能取得专利权也不能享有商业秘密权的情况。

其五,对一项技术信息,创造者或持有者对之既可享有专利权,也可享有商业秘密权,二者并存。专利授权的前提之一是该发明创造的充分公开,即在说明书中对之作出清楚、完整的说明,以所属技术领域内的技术人员能够实现为准,即本技术领域的任何一个普通技术人员在阅读说明书后,就能实施该项发明创造,而不需自己的创造性劳动,这就要求对必要的技术信息进行披露,但可以对附加的技术信息进行保密。只要所属技术领域的技术人员能够根据所披露的必要技术信息实施,即可达到充分公开的要求。未披露的附加技术信息只能对实施的效果有影响,该未披露的信息即可构成商业秘密。在这种情况下,对一项完整的技术信息而言,就可以有两个不同的权利并存。

(二)商业秘密权与著作权

商业秘密权与著作权也有一定的相同点和区别。二者的相同点体现在：其一,在权利取得的方式上,著作权与商业秘密权都是采用自动取得制度,只要符合法律规定的条件即为已足,不需要再履行其他手续,不需要经过任何机构的审批。其二,权利取得的时间相同。当作品创作完成时,作者即可取得著作权,作品的全部完成,当然属于"创作完成",即使是完成的部分还仅仅是作者全部构思的一个组成部分,甚至是非主要组成部分,只要这一部分构思已经以某种形式完整地表达出来,即属于该部分作品的完成,对这一部分作者也享有著作权。根据上文可知,全部完成的技术方案和部分完成的技术方案只要符合商业秘密的构成条件,都可获得商业秘密权的保护。在这点上,著作权与商业秘密权显然有一致之处。其三,权利的专有程度相同,即皆不具有强烈的排他性。作为著作权客体的作品必须具备独创性条件,只要是作者独立创作即可,并不具有排他性特征,也就是说,如果多位作者同时或先后完成一件相同或类似的作品,只要它们都具有创造性,便都会受到保护,[①]各个作者均能获得著作权。商业秘密权同样也是如此,对一项商业秘密权可能存在多个权利主体,各权利人的权利是平行的,谁也不侵犯谁的权利。[②] 依据自己的行为合法取得商业秘密的人都能成为权利人。在这一点上,商业秘密权和著作权均与专利权有着同样的区别。

商业秘密权与著作权主要的区别表现在以下几个方面：

1. 客体不同。商业秘密权的客体包括技术信息和经营信息,而著作权的客体是文学、艺术和科学领域内的智力创作成果,即作品。作为著作权客体的电影和以类似摄制电影的方法创作的作品、工程设计图、产品设计图、地图、示意图等图形作品、计算机软件在未被公众知晓之前是可以作为商业秘密权的客体的,而文字作品,口述作品,音乐、戏剧、曲艺、舞蹈、杂技艺术作品,美术作品,摄影作品在未被公知之前能否作为商业秘密保护,要看其是否与竞争有关并维系经济利益。[③] 另外,商业秘密权的客体是信息,但信息并不一定是以作品的形式表现出来,而著作权的客体只能是作品,也就是说,商业秘密权的客体在类别上要比著作权的客体宽,如配方、客户名单等能受到商业秘密权的保护,而不一定受到著作权的保护。还有,作为商业秘密权客体的信息必须具有秘密性,一旦为公众所知晓,就不能受到商业秘密权保护。著作权基于自动取得制度,只要作品创作完

---

① 韦之：《著作权法原理》,北京大学出版社 1998 年版,第 18 页。
② 张玉瑞：《商业秘密法学》,中国法制出版社 1999 年版,第 77 页。
③ 张玉瑞：《商业秘密法学》,中国法制出版社 1999 年版,第 86 页。

成即产生著作权,不以是否公之于众为条件,即只要符合作品的构成要件,其处于公开状态或秘密状态并不影响著作权的产生。由上述内容可知,未发表的作品如果符合商业秘密的构成条件,会产生商业秘密权和著作权的竞合,选取何种保护方式由权利人自行决定。

2. 构成要件不同。商业秘密权的客体要具备价值性特点,即能够根据该商业秘密获得直接利益,使权利人在竞争中获得优势地位;商业秘密权的客体还应具有秘密性和管理性的特点,即该信息不为公众所知悉,获取该信息有一定难度,并且权利人采取了一定的保密措施。而这些都不是作品所需要具备的条件。

3. 保护对象不同。著作权仅仅是保护作品不受侵犯,而这种保护的实质在于保护作品的表达,如禁止剽窃、抄袭他人作品,或者禁止未经著作权人同意,发表、复制、出售作品。但著作权法并不保护作者在作品中阐述的思想或观点。亦即著作权法无法禁止他人利用作品中的思想、观点。而保护商业秘密,其实质就是要保护存在于技术经济资料等作品中的思想内容。①

4. 原始取得途径不同。商业秘密权的原始取得除了创造之外,还可通过反向工程来取得,即对他人已制造出来的产品进行分析,从而获取其技术秘密。而著作权的原始取得仅仅是通过创作,利用他人的作品而得出的与原作品基本相同或相似的作品属于抄袭或剽窃,不能取得著作权,这是由作品的独创性特征决定的。

5. 保护期限不同。商业秘密权没有时间上的限制,只要权利人对该信息保持秘密性,权利就不会丧失。而著作权有保护期限:我国《著作权法》第 21 条规定,公民的作品,其发表权和财产权利的保护期为作者终生及其死亡后 50 年,截止于作者死亡后第 50 年的 12 月 31 日;如果是合作作品,截止于最后死亡的作者死亡后第 50 年的 12 月 31 日。法人或者其他组织的作品、著作权(署名权除外)由法人或者其他组织享有的职务作品,其发表权和财产权利的保护期为 50 年,截止于作品首次发表后第 50 年的 12 月 31 日,但作品自创作完成后 50 年内未发表的,本法不再保护。电影作品和以类似摄制电影的方法创作的作品、摄影作品,其发表权和财产权利的保护期为 50 年,截止于作品首次发表后第 50 年的 12 月 31 日,但作品自创作完成后 50 年内未发表的,本法不再保护。

6. 权利内容不同。从本质上讲,商业秘密权属于财产权,其具体权利皆体现了财产性特点。而著作权包括人身权利和财产权利,也就是说,著作权属于综合性权利,而且人身权与财产权的重要性不分伯仲,财产权的实现甚至要以人身

---

① 韩天森总编:《走向二十一世纪的中国知识产权法》,中国工人出版社 1999 年版,第 534 页。

权为基础。

在作品没有被公之于众时,即作品没有被发表时,在特定情况下,商业秘密的属性与作品的属性可能相互有共通之处,主要体现为商业秘密以作品的形式出现,这时该信息既可成为商业秘密权的客体又可成为著作权的客体,如果发生了侵权,权利人可以选择有利于自己的保护途径,来主张自己的权利。因为商业秘密权与著作权针对的对象不同,即商业秘密权保护的是信息的思想内容,而著作权保护的是信息的表达,所以对二者的救济在大多数情况下并不相同,这时权利人可同时要求商业秘密权和著作权的法律救济。

四、商业秘密权的法律属性

要界定商业秘密权的法律性质,我们首先应从权利的含义入手,一般而言,主体所享有的并能获得法律保护的权益皆可称为权利。商业秘密能成为权利的客体毋庸置疑。进一步而言,商业秘密权的本质属性是民事权利。

在国际上,建立商业秘密法律保护制度的国家大多数将之纳入知识产权法律体系,这也是《TRIPS协定》中所确定的,即将"未披露的信息"(商业秘密)列入知识产权的保护范围,这点在理论上也基本得到共识。与商业秘密权法律属性相关的是关于知识产权法地位的争论和知识产权的法律属性。知识产权法的地位,是指它在整个法律体系中所处的地位,即它是否能成为一个独立的法律部门或归于某个法律部门之中。从世界范围来看,知识产权法基本上采用单行立法的模式,我国也是如此,知识产权法的地位并未明确。有学者认为知识产权法是一个综合性的法律部门,其中包括民法规范、行政法规范、经济法规范、刑法规范,也有学者认为知识产权的法律制度已形成一个相对独立的法律体系,故而应是一个独立的法律部门;也有人认为知识产权法属于经济法范畴等。我们认为,知识产权法的调整对象是平等主体因创造或使用智力成果和商业标记而产生的财产关系和人身关系,其调整手段和适用原则主要是民法的手段和方法,至于行政法规范、经济法规范、刑法规范在知识产权法中占有的比例并不足以影响该法的性质,在我国现行的法律体系中,知识产权法属于民法的范畴。作为我国民事基本法的《民法通则》就是将知识产权法与物权、债权和人身权并列作为民事主体的基本权利。我国立法之所以确定知识产权为民事权利,是由于它所反映和调整的社会关系,是平等主体的公民、法人之间的财产关系和人身关系,因而具备了民事权利的最本质特征。知识产权的产生、行使和保护制度,几乎可以适用全部民事规范,如民事主体、客体、内容、民事法律行为、法律关系、代理、时效、违约、侵权、民事责任等等。如果抽掉民事规范和制度,知识产权制度就会面目全非,无法存在。① 当然,知识产权具有与其他民事权利不同的特点,如地域性、时间性等,但这些区别只是与其他民事权利的区别,并不影响其作为民事权利的根本属性,虽然我国商业秘密保护制度是在《反不正当竞争法》中规定的,而该法特别强调了行政干预、行政监督管理和行政处罚,但由于商业秘密权属于知识产权范畴,行政规范的突出并不能影响商业秘密权的本质属性,它仍然属于私权性质的民事权利范围。

就民事权利的分类来看,大体可分为财产权和人身权。财产权是指法律赋予民事主体所享有的能够体现经济利益的权利;人身权是指法律赋予民事主体所享有的、与其人身不可分离而无直接财产内容的民事权利。在传统民法当中,民事主体的一项具体权利的类别是很清晰的,它要么是人身权,要么是财产权。而知识产权成为私权后,这一局面有所改观,如著作权中既包含财产权,也包含有人身权。但商业秘密权主体却只享有财产权,这点从商业秘密的价值性特征中也能体现出来。在关于商业秘密的著述中,对于商业秘密权是否属于财产权的争论有一些介绍,但我们认为这些争论在理论上是没有任何意义的,产生这些争论的原因在于对"财产"有不同的认识,这里有必要对财产加以界定。财产是在人与人相互关系中体现主体物质利益的事物,在广义民法当中有不同用法:我国《民法通则》第五章第一节所称"财产所有权和与财产所有权有关的财产"和英美法系国家的财产法中的财产专指人所能支配的各种物,包括有体物(固体和液体)和无体物;除此之外,还包括人赖以获得或付出物质财富的非物质事物,如智力成果、债权等。② 民事主体对于这些客体所享有的能体现其物质利益的权利当然都是财产权,商业秘密权完全符合这一定义,当属财产权无疑。

很多人对商业秘密权性质的界定摇移在物权中的所有权和债权之间,随之发现商业秘密权归于其中任何一个都不尽合理,当然更多的人认为商业秘密权更接近于物权中的所有权。实际上,这种归类方法本身就值得研究。从广义上讲,财产权包括物权、债权和知识产权(不包括其中的人身权),作为新兴的权利,知识产权本身就与传统财产权——物权和债权有着不可调适的区别,硬性地将作为知识产权的商业秘密权归于所有权或债权之中,不免有削足适履之嫌。

为了充分理解商业秘密权的法律性质,简要介绍一下所有权说和债权说。

---

① 刘春田:《简论知识产权》,载郑成思主编:《知识产权研究》第 1 卷,中国方正出版社 1996 年版,第 45 页。

② 李开国:《民法基本问题研究》,法律出版社 1997 年版,第 4 页。

所有权说认为商业秘密的原始主体对其享有所有权,在商业秘密受到侵犯时,所有人得基于其所有权的排他性请求行为人排除妨害、禁止行为人继续使用商业秘密,并可要求损害赔偿,不以当事人之间存在合同关系为条件。而反对者认为,商业秘密权不属于所有权的原因在于它不是绝对权(对世权),由于商业秘密处于秘密状态,不特定的他人不可能完全知晓其真实状态,因而很难对其承担义务。从法理上说,财产所有权是直接对物行使的,而商业秘密是具有发明性的思想活动的产物,很难想象发明的思想可以作为物权的标的物。① 而这两种说法都有不足之处。所有权说虽然对商业秘密权的保护加大了力度,但它毕竟与所有权有所区别,将商业秘密作为所有权的客体有不合理之处。物权只能以物为客体,如允许物权以无形的财产权利及精神产品、劳动力、劳务等为客体,那么所有的财产权利最终都会成为财产所有权,这就搞乱了民法既成的财产权体系。② 而商业秘密权实际上也并不像债权那样具有相对性,其义务主体仍是不特定的人,不能因为商业秘密处于秘密状态就否定这一点,除法律另有规定之外,任何人都有尊重他人的商业秘密权,不为侵犯和干涉、妨碍之义务,而不以当事人之间是否具有债的关系为要件,这点与物权的绝对性基本一致。债权说认为商业秘密权产生于特定的合同之中,是一种对人权,而非对世权,是相对权而非绝对权,只能向特定的合同当事人而不能向不特定的其他人主张权利。也就是说,合同当事人以外的人没有保护他人商业秘密的义务,保密义务只根据保密合同而产生,该保密合同可为明示,也可为默示,如雇主与雇员之间,公司与客户之间,代理人与被代理人之间等等。这种学说的弊端在于:对于那些不存在于一定法律关系中的商业秘密或当事人之间的不能被认定为有明示或默示的保密合同时,该商业秘密就无从得到保护。在当今商业秘密在经济生活中的地位和作用愈来愈重要的时代里,该学说显然具有很大的局限性。商业秘密权一旦产生,权利人就当然获得禁止他人通过不正当手段获得该商业秘密的权利,而这就需要把商业秘密权作为一项独立的财产权利来看待。

据上文可知,把商业秘密权定性为独立于物权和债权的知识产权在理论上显然具有优势,但我们也应当认识到,因为商业秘密是一种无形财产,根据民法原理和有关法律法规,商业秘密权与所有权在权能上是相同的。我国《刑法》第219条第4款甚至将商业秘密权人表述为"商业秘密的所有人和经商业秘密所

---

① 商业秘密法制丛书编辑委员会:《商业秘密法制现状分析及案例》,中国法制出版社1995年版,第50页。

② 李开国:《民法基本问题研究》,法律出版社1997年版,第271页。

第四章　商业秘密权

有人许可的商业秘密使用人",国家工商行政管理局发布的《关于禁止侵犯商业秘密行为的若干规定》第 2 条第 6 款也规定:"本规定所称权利人,是指依法对商业秘密享有所有权或者使用权的公民、法人或者其他组织。"由此即可见一斑。我国《反不正当竞争法》第 10 条列举的侵犯商业秘密的行为有:以盗窃、利诱、胁迫或者其他不正当手段获取权利人的商业秘密;披露、使用或者允许他人使用以前项手段获取的权利人的商业秘密;违反约定或者违反权利人有关保守商业秘密的要求,披露、使用或者允许他人使用其所掌握的商业秘密;第三人明知或应知前款所列违法行为,获取、使用或者披露他人的商业秘密,视为侵犯商业秘密。由此可见,商业秘密权的义务主体是不特定的,这实际上肯定了商业秘密权是一种绝对权,这一点与所有权也基本相似。

第二节　商业秘密权的主体、客体和内容

一、商业秘密权的主体

(一)商业秘密权的权利主体

商业秘密权的权利主体即商业秘密权人,指独立研究开发,通过反向工程或其他正当手段获得商业秘密的自然人、法人或者其他组织。根据获取商业秘密手段的不同,商业秘密权的权利主体可分为原始主体和继受主体。原始主体是指通过自身研究开发或者反向工程而获得商业秘密权的人;继受主体是指通过受让、继承、赠与或其他法律方式而依法取得商业秘密权的人。

目前,商业秘密法律关系受《民法通则》、《合同法》、《反不正当竞争法》等法律的调整,而这些法律对商业秘密权的权利主体从不同角度加以了规定。

我国《反不正当竞争法》是以禁止不正当竞争行为、维护市场竞争秩序为立法目的的,主要是以规制违法行为的角度来保护权利人的利益,不是以正面来对权利人及其权利加以规定的。在商业秘密主体方面,该法界定了义务主体的类型,《反不正当竞争法》第 10 条规定:"经营者不得采用下列手段侵犯商业秘密……"既然经营者可以成为商业秘密权的义务主体,当然也可以成为商业秘密权的权利主体,当然,除经营者之外,商业秘密权的权利主体也还包括其他类型。该法第 2 条第 3 款规定:"本法所称的经营者,是指从事商品经营或者营利性质服务的法人、其他经济组织和个人。"

如何理解经营者,目前主要有两种针锋相对的看法。一种观点认为,经营者必须是在法律上具有主体资格的人,即必须有相应的权利能力,也就是说,只有被工商行政管理机关核准登记从而有权从事商品经营或者营利性质服务的法人、其他经济组织和个人才能成为经营者;另一种观点认为,只要在实际上从事了商品经营或者营利性质的服务,不论其是否经工商登记注册都应认定为属于《反不正当竞争法》中所称的经营者。我们认为后一种看法具有合理性,首先,这样解释更符合《反不正当竞争法》的立法宗旨。《反不正当竞争法》的立法目的是维护公平自由的市场经济秩序,经工商登记注册的经营者在从事经营活动过程中损害了竞争秩序固然需要制止,而那些不具备相应主体资格的其他民事主体从事不正当竞争行为所造成经济环境的损害往往更为严重,不将其作为义务主体对待,显然有悖《反不正当竞争法》的初衷。对其行为固然可采用其他法律制裁渠道来进行补正,但若对其不正当竞争行为不给予《反不正当竞争法》上的制裁,显然是对其行为的放纵,对权利人的合法利益不能予以合理的补救,从而使《反不正当竞争法》的适用范围大大受限。另外,从权利能力角度来界定经营者有悖于民法的平等与公平原则。同是从事一类经营行为的不同人实施了同一种经营行为并违反了同一部法律而受到不同的待遇显然不合适。不具备主体资格的人实施了其无权实施的行为,据相关法律对其制裁固无疑问,其行为同时也危害了经济秩序,损害了其他人的合法权益,也应受到相应的处理。这是两个不同的问题,应区别对待。从行为角度来界定经营者的范围也并不违反我国《反不正当竞争法》关于经营者所下的定义。根据《反不正当竞争法》第2条第3款的规定,只要是从事商品经营或者营利性服务的主体,不论是法人、其他经济组织或者个人都属经营者的范围,这显然是从主体的行为角度对经营者来加以界定的,并未从权利能力角度进行限制。

综上所述,我们认为,从事商品经营或者营利性服务的主体是经营者,只要其行为的目的是为了营利,其行为的内容是提供商品或服务即为已足。从这个意义上看,经营者可分为具备合法经营资格的经营者和非法从事经营活动的经营者两种,这二者都可成为商业秘密权的权利主体。

我国《民法通则》将民事权利分为财产权、债权、知识产权和人身权四类。该法第118条规定:"公民、法人的著作权(版权)、专利权、商标专用权、发现权、发明权和其他科技成果权受到剽窃、篡改、假冒等侵害的,有权要求停止侵害,消除影响,赔偿损失。"它实际上规定的是侵犯知识产权的民事责任,而商业秘密权作为知识产权的组成部分,其主体当然包括公民和法人。

我国《合同法》第342条规定了技术秘密转让合同作为技术转让合同的一

种,而技术秘密又是商业秘密重要的组成部分,技术秘密转让合同的主体当然可以成为商业秘密权的权利主体。而《合同法》并未对技术秘密转让合同的主体进行任何有别于其他合同的限制,合同主体皆可成为商业秘密权的权利主体应无疑问。根据《合同法》第2条第1款:"本法所称合同是平等主体的自然人、法人、其他组织之间设立、变更、终止民事权利义务关系的协议。"所以,自然人、法人和其他组织都可以成为商业秘密权的权利主体。这与国家工商行政管理局1995年11月23日颁布的《关于禁止侵犯商业秘密行为的若干规定》中所确认的主体类型是一致的,该规定第2条第6款规定:"本规定所称权利人,是指依法对商业秘密享有所有权或者使用权的公民、法人或者其他组织。"

综上所述,任何民事主体都可成为商业秘密权的权利主体。就一项特定的商业秘密来看,其权利人的构成也存在不同的情况。当某一商业秘密仅为一个民事主体所持有时,则其为该商业秘密单一主体。如果这单一主体为社会组织形式,该商业秘密可能同时被其内部的若干自然人所掌握或若干自然人分别掌握其各个组成部分,但需要注意的是,这些内部人员并非商业秘密权人。在两个或两个以上的独立民事主体共同开发商业秘密或者对商业秘密进行许可使用等的情况下,商业秘密可根据当事人之间的协议由两个或两个以上的民事主体共同享有,这样就会形成商业秘密的共有关系和商业秘密权的共有权利主体。另外,基于商业秘密权的相对专有性特征,权利人无权阻止他人通过合法正当的方式获取相同的商业秘密,因此,对同一项商业秘密,可能会出现相互间无权利义务的多个主体同时或先后成为权利人的情况。这时,这些主体分别独立地对该商业秘密享有权利,使该商业秘密权的权利主体呈现出复合性特点。在这种情况下,各权利人对该商业秘密所拥有的权利,一方面取决于自己的保密,另一方面也取决于其他权利人的保密,只要其中一个权利人将秘密公开,所有权利人的商业秘密也归于消灭。

(二)商业秘密权的义务主体

商业秘密权的义务主体是指对特定的商业秘密负有保密及不得为擅自使用、许可他人使用或转让等行为的义务的自然人、法人或者其他组织。根据商业秘密权的专有性特征,从某种意义上讲,它是一种对世权,任何人均不得以盗窃、利诱、胁迫或者其他不正当手段获取权利人的商业秘密,也不得披露、使用或者允许他人使用以这些手段获取的权利人的商业秘密,明知或应知上述违法行为的第三人也不得获取、使用或者披露权利人的商业秘密。他们均负有尊重他人的商业秘密权,不为侵犯和干涉、妨碍之义务。但由于商业秘密本身所具有的秘密性特征,一般而言,与权利人无任何法律关系之他人获悉权利人商业秘密的情况较为少见,所以,通常情况下,商业秘密权的义务主体是确定的。但这并不是说商业秘密权是相对权,否则,就会犯以偏概全之错误。一般情况下,商业秘密权的义务主体依合同、信任或者法律直接规定而产生。

1. 依合同产生的对商业秘密的义务

在买卖、租赁、承揽、委托、行纪、居间等等合同中,当事人一方为了达到其目的,都可能要向对方透露若干自己的商业秘密,为了使自己的商业秘密不被对方当事人向其他人泄露而损害自己的利益,双方当事人可在合同中订立有关保护该商业秘密的条款。基于此,一方当事人就负有对该商业秘密的一定义务。如我国《合同法》第266条就规定:"承揽人应当按照定作人的要求保守秘密,未经定作人许可,不得留存复制品或者技术资料。"

在技术合同中关于商业秘密的保护条款对于当事人而言显得更为重要,因为很多技术合同就直接涉及技术秘密。商业秘密权人为了确保其对商业秘密的垄断利益,往往也需要在合同中确立一方的保密义务,如《合同法》第350条规定:"技术转让合同的受让人应当按照合同约定的范围和期限,对让与人提供的技术中尚未公开的秘密部分,承担保密义务。"另外,根据该法第351条的规定,"让与人使用技术秘密超越约定的范围的,违反约定擅自许可第三人使用该技术秘密的,应当停止违约行为,承担违约责任;违反约定的保密义务的,应当承担违约责任"。

在劳动关系或雇佣关系存续期间或解除、终止后,雇员或劳动者泄露商业秘密的情况更为常见和严重,我国《劳动法》第22条规定:"劳动合同当事人可以在劳动合同中约定保守用人单位商业秘密的有关事项。"如果劳动合同中约定了保守商业秘密的相关事项,劳动者依据劳动合同就负有该项义务。国家科委《关于加强科技人员流动中技术秘密管理的若干意见》第6条也规定:企事业单位可以按照有关法律规定,与本单位的科技人员、行政管理人员以及因业务上可能知悉技术秘密的人员或业务相关人员,签订技术保密协议。该保密协议可以与劳动聘用合同订为一个合同,也可以与有关知识产权权利归属协议合订为一个合同,也可以单独签订。签订技术保密协议,应当遵循公平、合理的原则,其内容包括:保密的内容和范围、双方的权利和义务、保密期限、违约责任等。技术保密协议可以在相关人员调入本企业时签订,也可以与在本单位工作的人员协商后签订。拒不签订保密协议的,单位有权不调入,或者不予聘用。但是,有关技术保密协议不得违反法律、法规规定,或者非法限制科技人员的流动,协议条款所确定的双方权利义务不得显失公平。劳动者在与用人单位劳动关系存续期间,在合同约定范围内,应严格遵守保守用人单位商业秘密的义务当无疑问,这也是劳动者的忠实义务所决定的。在劳动关系解除或者终止时是否还有保守用人单位的商业秘密之义务呢？根据《深圳经济特区技术秘密保护规定》的有关条文，当事人一方具有此项义务的前提是合同中有此明文规定，并且企业还需向该员工支付保密费。我们认为，这样规定有不妥之处。从理论上讲，用人单位与劳动者是否签订保守其商业秘密的协议与劳动者应保守用人单位的商业秘密的义务并无因果关系，也就是说，即使未签订保守商业秘密的协议，知悉该用人单位商业秘密的劳动者仍是商业秘密权的义务主体，属于后合同义务。我国《合同法》第60条第2款规定："当事人应当遵循诚实信用原则，根据合同的性质、目的和交易习惯履行通知、协助、保密等义务。"在传统民法中，这些基于诚实信用原则而在合同履行过程中发展起来的义务被称为附随义务。此类义务并非自始确定，而是随着合同的发展，于具体情况下要求当事人一方有所为或有所不为，以维护相对人的利益，于任何合同都可发生，而不受合同类型的限制，于劳动合同中当然应有所适用。这些义务并非仅产生于合同履行过程中，在合同履行完毕后，也可能存在这些义务，这在理论上称为后合同义务。保守商业秘密协议的签订能够使泄露该商业秘密的行为更容易确定，认定违法行为一般情况下比侵权行为的认定更为简单，也便于举证，更能有效地保障商业秘密权人的合法权益。如果双方未约定在劳动关系终止或解除后劳动者仍须负此项义务，就认定为其无此项义务显然不合理。这与商业秘密的性质相悖，如按上述的观点处理，在双方劳动关系终止或解除后，商业秘密随时都可能会公开，那么商业秘密权人也就丧失了该项权利，商业秘密也就不可能成为一种依靠权利人的保密措施维持秘密性的财产。同时，这也违反了《反不正当竞争法》的立法意旨，该法第10条第1款第3项规定，违反约定或者违反权利人有关保守商业秘密的要求，披露、使用或者允许他人使用其所掌握的商业秘密的构成侵权行为，该款表明，如果有约定或权利人有单方要求，相对人就应负有保密义务，只要该商业秘密还存在，也就是说，相对人的保密义务与商业秘密一同存在。

与用人单位与劳动者的保密协议相对应，用人单位还可与知悉其商业秘密的劳动者签订竞业禁止协议，通过限制劳动者从事某一职业或生产某种产品等来保护其商业秘密，减少侵犯其商业秘密的机会。

为了保护自己的商业秘密权，商业秘密权人可以与通过合法途径知悉其商业秘密的人签订商业秘密保护合同，防止相对人泄露该商业秘密而使自己的商业秘密权归于消灭。

2. 依信任产生的对商业秘密的义务

当人们之间有了一些交往建立了一定的信任关系后，基于这种信任关系，就可能互相向对方公开一些不为他人所知的秘密，这在缔约过程中尤为明显。出于信任、获得对方的信任和缔约的需要,彼此可能会将一些商业秘密向对方公开。当一方向另一方公开自己的商业秘密时,其心中就必定会有对方不会将该商业秘密向第三人公开的预期。从有利于善良风俗的形成、正当交易关系的正常进行和公平竞争秩序的维系出发,法律上应该对当事人这种正当和善良的心理预期予以保护。我国《合同法》就确立了基于信任也可能产生商业秘密义务的制度,该法第13条规定:"当事人在订立合同过程中知悉的商业秘密,无论合同是否成立,不得泄露或者不正当地使用。泄露或者不正当地使用该商业秘密给对方造成损失的,应当承担损害赔偿责任。"该条规定的是缔约过失责任的一种特殊情况,根据诚实信用原则,当事人的订立合同的过程中,在合同成立之前,产生一种先合同义务。这种义务要求当事人在订立合同的过程中,互相保护、通知、保密、协作等。由于我国目前在订立合同过程中关于商业秘密泄露的情况较为严重,《合同法》就此作了上述规定。当事人在订立合同的过程中知悉了对方当事人的商业秘密,该当事人应当对此商业秘密负有保密的义务,即不得对该商业秘密有所泄露或者不正当地使用。如果该当事人违反了保密的义务,则应当就此给对方造成的损失承担赔偿责任。

3. 依法律直接规定产生的对商业秘密的义务

我国的很多法律直接规定了商业秘密权的义务主体。我国《公司法》第149条规定:董事、高级管理人员不得披露公司秘密。董事、高级管理人员的保密义务是一种法定的保密义务,属于董事、高级管理人员对公司所负的忠实义务范畴。公司秘密显然主要有指公司的商业秘密。

根据我国《保守国家秘密法》及其实施办法的规定,凡被列为国家秘密的信息,任何人均负有保密义务。因此,当某项商业秘密同时被列为国家秘密时,包括商业秘密权的权利主体在内的任何人都是该商业秘密的义务主体。这时,该商业秘密权的义务主体为不特定的任何人。

另外,根据《律师法》第33条的规定,律师应当保守在执业活动中知悉的当事人的商业秘密。

二、商业秘密权的客体

商业秘密权的客体,是指商业秘密权利、义务所共同指向的对象,即商业秘密本身,包括技术信息和经营信息。[①] 这些信息根据其产生的不同,可以分为职

---

① 参见本书第一章第三节。

务商业秘密和非职务商业秘密。

（一）职务商业秘密

随着社会经济和科技水平的发展、生产的社会化程度的提高，技术创造的难度不断加大，获取垄断的技术信息和经营信息也越来越难，单凭个人的力量很难获得较为复杂的商业秘密，往往需要多人的协作努力方能完成。另外，作为商业秘密的信息特别是技术信息所涉及的领域日渐增多，有时一个方案涉及多个领域和学科，需要不同行业的专家相互配合才能完成。还有，作为商业秘密的信息的复杂性决定了其开发周期往往较长、耗资巨大、成本较高，仅凭一个或几个人的经济实力无法承受。因此，商业秘密的形成往往依赖有经济实力的法人或其他经济组织组织或参与共同开发；而现代企业为了在市场竞争中占据优势，一般都较为注重商业秘密的开发，所以在实践中以单位为核心完成的商业秘密占据多数。确定这些商业秘密权利的归属就显得尤为重要。我国《反不正当竞争法》对职务商业秘密的认定及其权利归属未作出明文规定。我国《合同法》第326条规定："职务技术成果的使用权、转让权属于法人或者其他组织的，法人或者其他组织可以就该项职务技术成果订立技术合同。法人或者其他组织应当从使用和转让该项职务技术成果所取得的收益中提取一定比例，对完成该项职务技术成果的个人给予奖励或者报酬。法人或者其他组织订立技术合同转让职务技术成果时，职务技术成果的完成人享有同等条件优先受让的权利。职务技术成果是执行法人或者其他组织的工作任务，或者主要是利用法人或者其他组织的物质技术条件所完成的技术成果。"2005年1月1日起施行的《最高人民法院关于审理技术合同纠纷案件适用法律若干问题的解释》第1条规定："技术成果，是指利用科学技术知识、信息和经验作出的涉及产品、工艺、材料及其改进等的技术方案，包括专利、专利申请、技术秘密、计算机软件、集成电路布图设计、植物新品种等。"显然，商业秘密中的技术秘密属于《合同法》意义上"技术成果"的组成部分，因而《合同法》中职务技术成果的法律规定完全适用于职务商业秘密中职务技术秘密的认定。

根据《最高人民法院关于审理技术合同纠纷案件适用法律若干问题的解释》的规定，"执行法人或者其他组织的工作任务"，包括：（1）履行法人或者其他组织的岗位职责或者承担其交付的其他技术开发任务；（2）离职后一年内继续从事与其原所在法人或者其他组织的岗位职责或者交付的任务有关的技术开发工作，但法律、行政法规另有规定的除外。法人或者其他组织与其职工就职工在职期间或者离职以后所完成的技术成果的权益有约定的，人民法院应当依约定确认。《合同法》第326条第2款所称"物质技术条件"，包括资金、设备、器材、原材料、未公开的技术信息和资料等。《合同法》第 326 条第 2 款所称"主要利用法人或者其他组织的物质技术条件",包括职工在技术成果的研究开发过程中,全部或者大部分利用了法人或者其他组织的资金、设备、器材或者原材料等物质条件,并且这些物质条件对形成该技术成果具有实质性的影响;还包括该技术成果实质性内容是在法人或者其他组织尚未公开的技术成果、阶段性技术成果基础上完成的情形。但下列情况除外:(1)对利用法人或者其他组织提供的物质技术条件,约定返还资金或者交纳使用费的;(2)在技术成果完成后利用法人或者其他组织的物质技术条件对技术方案进行验证、测试的。

职务经营信息的认定和权利归属,我国目前没有法律作出规定,原则上可以参照适用职务技术秘密的相关法律规定和司法解释进行处理。但是,部分案件中,职务经营信息的认定和权利归属又不能完全简单套用职务技术秘密的相关法律规定和司法解释。《最高人民法院关于审理不正当竞争民事案件应用法律若干问题的解释》规定:"客户基于对职工个人的信赖而与职工所在单位进行市场交易,该职工离职后,能够证明客户自愿选择与自己或者其新单位进行市场交易的,应当认定没有采用不正当手段,但职工与原单位另有约定的除外。"在我国目前法律服务市场就具有这样的特点,很多当事人聘请律师更多的是基于对律师本人的信任而非对律师事务所的信任,特定律师离开原律师事务所后,原来特别信赖该律师的部分客户通常会选择与该律师执业的新单位订立合同,这种情况一般不能认定为侵犯原单位的商业秘密。

个人完成的技术成果,属于执行原所在法人或者其他组织的工作任务,又主要利用了现所在法人或者其他组织的物质技术条件的,应当按照该自然人原所在和现所在法人或者其他组织达成的协议确认权益。不能达成协议的,根据对完成该项技术成果的贡献大小由双方合理分享。完成技术成果的"个人",包括对技术成果单独或者共同作出创造性贡献的人,也即技术成果的发明人或者设计人。人民法院在对创造性贡献进行认定时,应当分解所涉及技术成果的实质性技术构成。提出实质性技术构成并由此实现技术方案的人,是作出创造性贡献的人。提供资金、设备、材料、试验条件,进行组织管理,协助绘制图纸、整理资料、翻译文献等人员,不属于完成技术成果的个人。

(二)非职务商业秘密

非职务商业秘密是相对职务商业秘密而言的,其权利归属较为简单,非职务商业秘密权的权利主体是研究开发者,从我国知识产权的立法中皆能推导出这一论断。《商业秘密保护法(送审稿)》也是如此规定的,其第 6 条规定,职工非执行本单位任务或者未主要利用本单位的物质技术条件研究开发的商业秘密,职工为商业秘密权利人。毋庸置疑,不具备职工身份的公民个人以自己的行为研究开发的商业秘密,当然该公民个人为商业秘密权利人。

三、商业秘密权的内容

(一)控制权

商业秘密占有权是指商业秘密权人对该商业秘密进行事实上的管领和支配的权利。基于控制权,权利人可采取一定的保密措施来防止他人通过不正当手段获取、泄露、使用商业秘密。

(二)使用权

商业秘密使用权是指商业秘密权人在商业活动中使用其商业秘密的权利。只要这种使用不损害国家、集体或者第三人利益,不损害社会公共利益,不违反公序良俗和法律的强制性规定,其他任何人均不得干涉。

(三)收益权

商业秘密的收益权是指商业秘密权人收取基于商业秘密而产生出来的新增经济价值的权利。收益权是商业秘密权中最重要、最基本的权利,一般而言,商业秘密权人所关注的是自己财产的增值和如何实现增值,至于该商业秘密是由自己占有、使用,还是交由他人占有、使用并不重要,只要能使权利人财产增值和实现其价值的最大化,他们便可以让与该商业秘密的占有权、使用权甚至处分权,而最终把握收益权。具体而言,商业秘密权人可以自己使用或者许可他人使用来获取经济利益,也可以转让商业秘密权,从受让人处获取经济利益,还可以以该商业秘密投资入股来获取经济利益等。

(四)处分权

商业秘密处分权是指商业秘密权人依法对商业秘密进行处置,从而决定商业秘密命运的权利。基于处分权,商业秘密权人可以放弃对商业秘密的占有和使用,将该商业秘密公之于众,使其不具有秘密性而将之推入到公有领域,任何人均可自由使用;许可他人使用该项商业秘密;转让该项商业秘密;赠与他人或者用遗嘱的方式处分其身后的商业秘密等。处分权包括以下内容:

1. 转让权

转让权是指商业秘密权人享有的将自己的商业秘密权转让给他人的权利。商业秘密权是财产权利,依其性质可以进行转让。商业秘密权转让后发生了权利主体的变更,原商业秘密权人丧失了商业秘密权和权利人资格,受让人则获得了商业秘密权,成为商业秘密权人。商业秘密权转让后,转让人相应转变为商业秘密权的义务主体。签订转让合同进行转让,是商业秘密权转让的基本方式。在我国,商业秘密权转让合同属于技术合同的类型之一,是指商业秘密权人作为转让方将其商业秘密权移交给受让方,由受让方支付约定价款的协议。

2. 投资权

投资权是指商业秘密权人享有的将商业秘密作为出资方式进行投资的权利。商业秘密权是一项财产权利,商业秘密具有使用价值和交换价值,权利人可以将其作为出资方式进行投资。投资权也是一种特殊形式的转让权。

《中外合资经营企业法》第25条、《外资企业法实施细则》第28条分别规定合资者、外国投资者可以用专有技术作价出资;《中外合作经营企业法》第8条规定中外合作者的投资或者提供的合作条件可以是非专利技术,《公司法》第27条规定股东可以用非专利技术作价出资;《合伙企业法》第11条规定合伙人可以用知识产权出资。上述的专有技术、非专利技术应包括技术秘密在内,而知识产权显然包括商业秘密权。

3. 设质权

设质权是指商业秘密权人享有的将其商业秘密权质押给债权人,以作为债权担保的权利。

由于商业秘密在时间性和专有性上的不确定性以及它所具有的不公开性,使它的价值很难评估;另外,商业秘密可能基于权利人或其他人的公开而丧失价值。将其作为质押的标的可能会使质权人的担保权难以得到保障,故有些国家或地区禁止将商业秘密权作为质押的标的,如我国台湾"营业秘密法"第8条规定营业秘密不得为质权的标的。

我国《担保法》第75条只明确规定了知识产权中依法可以转让的商标专用权、专利权、著作权中的财产权可以质押,未提及商业秘密权,但该条采用的是不完全列举的方式;该条第4款规定,依法可以质押的其他权利也可以质押。我们认为,商业秘密权作为可以流通的财产权利,既然我国法律并无限制或禁止的规定,在解释上宜认为可以设定质权。只要商业秘密权人对设定质押的商业秘密权具有处分权即可。质押合同是要式合同,应当采用书面形式订立,合同订立后,商业秘密权人应将该商业秘密告知质权人,为了保护双方当事人的利益,双方均负有保密义务,违反此义务给对方当事人造成了损失,应承担赔偿责任。为了保护债权人的利益,商业秘密权出质后,出质人不得将该商业秘密许可他人使用或者向他人转让,但经出质人和质权人协商同意的可以许可他人使用或转让,这时出质人所得的转让费、许可使用费应当向质权人提前清偿所担保的债务,或者向与质权人约定的第三人提存。当债务人到期不履行债务时,债权人有权将该商业秘密权予以处分并优先受偿。处分的方式通常有:质权人与出质人协商将作为质押标的的商业秘密权折价转归质权人所有;由质权人变卖、拍卖商业秘密权或者许可他人使用商业秘密并用所得费用优先受偿。

4. 许可使用权

许可使用权是指商业秘密权人享有的许可他人使用其商业秘密的权利。商业秘密权人有权自己使用商业秘密,也可以许可他人使用其商业秘密。与商业秘密权转让不同,商业秘密被许可使用后,并不发生商业秘密权权利主体的变更。商业秘密权人行使许可使用权的方式是签订商业秘密使用许可合同。根据合同内容的不同,商业秘密许可使用可分为独占许可使用、排他许可使用和普通许可使用。商业秘密独占许可使用是指被许可方在合同约定的范围内,独占拥有许可方商业秘密使用权,许可方不得将其商业秘密再许可他人使用,自己也不得使用该商业秘密的许可使用。商业秘密排他许可使用是指许可方允许被许可人在约定的范围内使用其商业秘密,而不再许可任何第三方在该范围内使用该商业秘密,但许可方仍保留自己在该范围内使用该商业秘密的权利的许可使用。商业秘密普通许可使用是指许可人允许被许可人在约定的范围内使用商业秘密,同时保留自己在该范围内使用该商业秘密以及许可被许可人以外的他人使用该商业秘密的权利的许可使用。

5. 专利申请权

专利申请权是指商业秘密权人享有的将自己的商业秘密申请专利的权利。根据可授予专利权的发明创造的性质,能申请专利的商业秘密仅限于技术秘密。对一项技术的专利保护和商业秘密保护各有利弊,如果权利人研究开发的技术信息不易保密、容易被他人运用反向工程获得,权利人又希望获得较强的垄断权,而该技术信息还符合专利权授予条件的,采用专利保护可能更有利于权利人,那么权利人可以根据自己的意志申请专利。因为专利权的获得是以公开其发明创造为对价,商业秘密权人申请专利后,一旦经过专利局初步审查认为该发明创造符合《专利法》要求的,自申请日(有优先权的自优先权日)起满 18 个月,即被公开。这时商业秘密权即行消灭。但在公开之前,申请人撤回专利申请的,如该技术信息的秘密性尚存,不影响其商业秘密权。

(五)排除妨害权

排除妨害权是指商业秘密权人享有的对侵犯其商业秘密权的行为依法对抗的权利。基于商业秘密权的一定专有性,商业秘密权人对于违反合同约定或法律规定通过不正当手段获取、披露、使用、许可他人使用或转让其商业秘密的行为，可根据情况向侵权行为人直接提出或通过仲裁机关、法院向其提出停止侵害、消除影响、赔礼道歉、赔偿损失的要求。如果存在商业秘密侵权行为将给权利人造成不可挽回损失的紧急情势的，商业秘密权人可向工商行政管理机关请求查封、扣押商业秘密附着物，也可在起诉前或起诉后向人民法院提出申请。

第五章 商业秘密合同

第一节 商业秘密合同概述

一、商业秘密合同的定义

商业秘密合同是当事人就商业秘密开发、转让、许可使用或者保护订立的确立相互之间权利义务的合同。

商业秘密权是一项财产权利,商业秘密具有实际或潜在的商业价值,能够为持有人带来一定的经济利益,根据其性质,可以作为合同的标的。只要以商业秘密为标的的合同都属于商业秘密合同的范围,这类合同根据当事人的意思自治对双方的权利义务进行约定,使双方的利益得到最大限度的实现。希望获得某一商业秘密的人如果根据自身的人力、物力、财力等条件无法研究开发、无法独立研究开发或研究开发的成本过高,就需要与有条件的人订立商业秘密开发合同,以用最小的代价来获得最大的收益。当商业秘密权人自己实施该商业秘密所取得的收益不如转让商业秘密所带来的利益大时,或者商业秘密权人急于盘活资产、急需流动资金时,与他人签订商业秘密转让合同转让其商业秘密可能更符合其利益。同样,商业秘密权人也可以将自己的商业秘密许可他人使用,通过签订商业秘密使用许可合同以获得使用费。另外,由于商业秘密极易被知晓该商业秘密的人公开而使商业秘密权人丧失其权利,从而给权利人带来无可挽回的损失,虽然可用侵权损害赔偿来予以补救,但权利人却因此而失去了在市场中的垄断优势,在侵权行为人无力偿付其损失时,可能会造成血本无归的局面。有鉴于此,商业秘密权人可与知晓该商业秘密之他人签订商业秘密保护合同,以减少商业秘密被其泄露的可能性;在发生泄露情况时,商业秘密权人可据此要求对方承担违约责任或损害赔偿责任,以减轻侵权举证责任过重的压力。

在实践中,要注意商业秘密合同与其他合同的区别和法律适用,除单一的商业秘密合同之外,商业秘密合同往往与联营合同、承揽合同、保管合同、仓储合同、委托合同、劳动合同等混合在一起,判断合同的性质和法律适用比较复杂。对于这种混合性合同,应当根据当事人争议的焦点确定纠纷的性质和适用的法律。如果当事人争议的权利义务符合商业秘密合同的特征,具备商业秘密合同的主要内容,就应认定是商业秘密合同,适用商业秘密合同的有关规定。

二、商业秘密合同的特征

商业秘密合同主要包括商业秘密开发合同、商业秘密转让合同、商业秘密使用许可合同与商业秘密保护合同四种,每种商业秘密合同都有自己特殊的地方。但总的来说,商业秘密合同具有以下法律特征:

(一)商业秘密合同的标的是商业秘密

商业秘密合同的标的——商业秘密不是一般的商品或劳务,而是一种特殊的商品,是凝聚着人类智慧的精神劳动成果。它具有无形性的特点,其价值不是表现在商业秘密的载体这种有形财产上,而是表现在其无形价值上。商业秘密开发合同、商业秘密转让合同、商业秘密使用许可合同、商业秘密保护合同指向的都是相关的商业秘密。

(二)商业秘密合同由多重法律调整

商业秘密合同由于其标的是特殊的商品,所以在法律调整上不仅要遵守作为民事基本法的《民法通则》和《合同法》的统一规则,同时还应当适用有关商业秘密法律的规定。另外,由于商业秘密合同经常在具有特定劳动法律关系的当事人之间订立,因此,这时还需适用《劳动法》的有关规定。

(三)商业秘密合同一般是双务合同、有偿合同

双务合同是指当事人相互承担义务的合同。其特点是:第一,当事人的义务与权利具有关联性,当事人的义务与其所享有的权利是相互联系、互为条件的;第二,当事人双方的权利义务是对应的,当事人一方负有的义务,即是对方所享有的权利。商业秘密开发合同、商业秘密转让合同、商业秘密使用许可合同、商业秘密保护合同中的竞业禁止合同等一般都是双务、有偿合同。如商业秘密转

让合同中,转让方有义务将商业秘密权交付给受让人所有,并有权要求受让人给付约定的价金;而受让人则有权要求转让人交付商业秘密权,并有义务给付与转让人约定的价金。而单位与职工签订的职工在任职期间保守单位商业秘密的合同,一般应是单务无偿合同,合同成立后,单位享有要求职工保守商业秘密的权利,职工承担保守商业秘密的义务,在此类保密合同中,职工一方只负担义务不享有相对应的权利,单位方只享有权利无相对应的义务,职工方在履行义务后一般也无权要求报酬。

(四)商业秘密合同一般是要式合同

当事人在订立要式合同时必须采取法律规定的特定形式,否则,除法律另有规定外,不能产生相应的法律效力。由于商业秘密具有无形性的特点,当事人对以口头形式订立的合同发生纠纷时,很难确认双方的权利义务,也给举证加大了难度,故商业秘密合同原则上应采取书面形式。根据我国《合同法》第11条的规定:"合同的书面形式是指合同书、信件和数据电文(包括电报、电传、传真、电子数据交换和电子邮件)等可以有形地表现所载内容的形式。"一般而言,对于应采用书面形式的要式商业秘密合同,双方未按此要求订立的,原则上不能产生相应的法律效力,但我国《合同法》也作出了变通性规定。该法第36条规定:"法律、行政法规规定或者当事人约定采用书面形式订立合同,而当事人未采用书面形式的,如果一方当事人已经履行了主要合同义务,且对方当事人也接受履行的,该合同也依法成立。"第37条规定:"当事人采用合同书形式订立合同,在签字或者盖章之前,当事人一方已经履行主要义务,而且对方接受的,即使尚未签字或者盖章的,该合同也成立。"在这两种情况中,虽然合同在形式要件上有所欠缺,但根据一方当事人实际履行主要义务并且为对方接受的事实,充分表明双方当事人之间订立合同的真实意思表示已构成合意,其订约目的已经实践,故不必因形式要件欠缺而影响合同的成立。

三、无效的商业秘密合同

无效的商业秘密合同,是指因欠缺法律规定的生效要件,在法律上确定的当然完全不发生法律效力的商业秘密合同。无效的商业秘密合同完全不发生法律效力,虽然该合同因具备全部成立要件已经成立,但因欠缺生效要件而在法律上不能发生合同当事人期望的后果的效力。另外,无效的商业秘密合同自始完全不发生法律效力,因其不具备生效要件,自该合同成立之时即为无效,即自始不曾发生法律效力。还有,无效的商业秘密合同当然完全不发生法律效力,其无效属于当然无效而不论当事人意思如何,既不需要当事人主张其无效,也不须经过任何程序。需要注意的是,无效商业秘密合同是当然无效,不待法院或仲裁机构之裁判,但当事人对于其是否无效有争议时,可以提起无效确认之诉,请求法院予以确认。最后,无效的商业秘密合同确定地完全不发生法律效力,它不仅于其成立时不发生法律效力,此后也绝无发生法律效力之可能,即其不生效力已属确定。以无效原因是存在于商业秘密合同内容之全部或一部,可分为全部无效和部分无效。如系全部无效,则该商业秘密合同当然全部不发生法律效力。如属于部分无效,根据《民法通则》和《合同法》的有关规定,其部分无效不影响其他部分的效力的,其他部分仍然有效。无效部分除去后,将影响其他部分效力的,该合同应全部归于无效;无效部分除去后,不影响其他部分效力的,则其他部分仍然有效。

基于商业秘密合同的性质,确认其无效应按照作为民事基本法的《民法通则》与《合同法》所规定的民事行为无效制度及合同无效制度予以处理。《民法通则》第58条规定,下列民事行为系无效民事行为,从行为开始起就没有法律效力:"无民事行为能力人实施的;限制民事行为能力人依法不能独立实施的;一方以欺诈、胁迫的手段或者乘人之危,使对方在违背真实意思的情况下所为的;恶意串通,损害国家、集体或者第三人利益的;违反法律或者社会公共利益的;经济合同违反国家指令性计划的;以合法形式掩盖非法目的的。"我国《合同法》针对合同这种民事行为的特点,根据《民法通则》关于民事行为无效制度的有关规定,具体规定了合同无效制度。《合同法》第52条规定:"有下列情形的,合同无效:(一)一方以欺诈、胁迫的手段订立合同,损害国家利益;(二)恶意串通,损害国家、集体或者第三人利益的;(三)以合法形式掩盖非法目的;(四)损害社会公共利益;(五)违反法律、行政法规的强制性规定。"另外,针对技术合同,《合同法》第329条还规定:"非法垄断技术、妨碍技术进步或者侵害他人技术成果的技术合同无效。"较之《民法通则》,《合同法》对合同无效的事由在范围上有所缩小,如将主体不合格的人订立的合同规定为效力待定合同,只将一方以欺诈、胁迫手段订立的损害国家利益的合同确认为无效等。《合同法》与《民法通则》是特别法和普通法的关系,依照特别法优于普通法的原则,在合同无效的认定方面应运用《合同法》的规定。

根据《合同法》的有关规定,商业秘密合同无效的事由有:

(一)一方以欺诈、胁迫手段订立的商业秘密合同损害国家利益的

欺诈,是指一方当事人故意告知对方虚假情况,或者隐瞒真实情况,诱使对方作出错误意思表示的行为。欺诈的构成要件有:其一,欺诈方具有欺诈的故

第五章　商业秘密合同

意,如明知自己告知对方的情况是虚假的且会使对方陷入错误认识而希望或放任这种结果的发生。其二,欺诈方实施了欺诈行为。欺诈行为包括积极的行为,即故意告知虚假情况,如将自己落后的技术说成是先进的技术等。欺诈行为也包括消极的不作为,即故意隐瞒真实情况,如转让方未告知受让方其已将作为转让标的的商业秘密许可他人使用等。其三,相对人因欺诈而陷入错误认识。即相对人陷于错误认识与欺诈行为之间具有因果关系。如果相对人虽受欺诈,但没有陷于错误认识;或者虽陷入错误认识,但非欺诈行为所致,则不构成合同欺诈。至于受欺诈人陷于错误认识与其本身过失是否有关无关紧要。其四,受欺诈人因错误认识而作出意思表示。即受欺诈人须作出意思表示,并且该意思表示与其受欺诈而陷入的错误认识有因果关系。受欺诈人在因欺诈发生了错误认识后,基于错误的认识作出了意思表示并订立了合同。如商业秘密转让合同中的受让人相信转让人关于其商业秘密的陈述而与之订立合同并支付了定金,而转让人根本无此商业秘密的情况。需要注意的是,根据《国际商事合同条例》第3.3条第1款的规定:"合同订立时不可能履行所承担义务的事实本身不影响合同的效力。"在司法实践中,不宜把合同当事人无实际履行能力的行为一概视为欺诈。只有那些无履约能力,也根本不打算履行合同,签订合同的目的只是为了骗取转让费、使用费、报酬、定金、预付款的行为可认定为欺诈行为。

胁迫是指以给公民及其亲友的生命健康、荣誉、名誉、财产等造成损害或者以给法人的荣誉、名誉、财产等造成损害为要挟,迫使对方作出违背真实的意思表示的行为。胁迫的构成要件有:其一,须有胁迫行为。胁迫行为是不法施加压力的行为,当这种压力达到一定程度时,使相对人心理陷入恐惧状态,不得已而与之订立商业秘密合同。其二,须有胁迫的故意。胁迫的故意是行为人的心理状态,其有两个构成要素:一是有使相对人陷入心理恐惧的故意,二是有使相对人基于心理恐惧而作出意思表示的故意。一般而言,胁迫的故意与行为人希望通过胁迫行为使自己获取某种利益并无联系,牟利只是行为动机而已。其三,胁迫行为必须是非法的。胁迫行为违法包括两个方面的含义:一是目的违法或不当,如以揭发相对人不名誉事实为要挟,使之订立对其不利的商业秘密合同;二是手段违法或不当,如使用暴力迫使相对人订立合同。其四,须相对人因胁迫而产生心理恐惧,即相对人的心理恐惧与行为人的胁迫行为有因果关系。如虽受胁迫但不为所惧或虽有恐惧但非胁迫所致则不构成受胁迫。其五,须相对人因恐惧订立了合同。即相对人订立合同的意思表示与其心理恐惧有联系,相对人的意思表示是由胁迫行为所引起的,订立的合同是否对相对人不利在所不问。实践中,常见的胁迫手段有:直接实施或声称将要实施非法扣押、损害相对方财产的行为;以揭发对方的某些违法行为相要挟;披露对方合同经办人或法定代表人的隐私;直接对相对人及其亲属施加暴力等等。

胁迫与欺诈行为都违反了合同的意思自治原则,行为人主观上均具有故意或恶意,相对方与行为人订立合同都基于其不真实的意思表示。但胁迫与欺诈仍有着明显的区别:其一,受欺诈者表面上是自愿地订立合同;而受胁迫者则是出于恐惧被迫订立合同。其二,受欺诈的内容可构成合同条款;而受胁迫的内容则不能反映在合同中。其三,欺诈可以是以积极的作为和消极的不作为形式予以表现;而胁迫只能是以积极的作为形式来表现。其四,合同欺诈须是当事人的行为;而胁迫还可以是当事人以外的第三人行为。

《民法通则》规定一方以欺诈、胁迫的手段使对方在违背真实意思的情况下所为的民事行为一律无效。而《合同法》只规定了以欺诈、胁迫手段订立合同并且损害了国家利益的情况下,该合同方无效。据此,以欺诈、胁迫手段使相对人在违背真实意思的情况下订立的损害国家利益的商业秘密合同是无效合同,未损害国家利益的,不能认定为无效合同。

(二)恶意串通,损害国家、集体或者第三人利益的

恶意串通是指当事人、代理人在订立合同中串通合谋、弄虚作假,损害国家、集体或者第三人利益的行为。恶意串通构成的要件有:其一,行为人的意思表示欠缺效果意思,即表示行为与其内心真实意思不一致。其二,非真意表示系与相对人通谋实施。即相对人了解表意人的真实意思,并配合实施虚假表示。互相串通要求行为人之间有共同的意思联络,有共同的目的指向,都希望实施损害国家、集体或者他人利益的行为。共同的意思联络既可以表现为行为人事先达成一致的协议,也可以是一方意思表示,而相对方明知该行为违法而仍与之订立合同。其三,行为人有主观上的恶意。即明知或者应知其行为会造成国家、集体或者第三人利益的损害而故意为之。需要注意的是,恶意串通行为不以行为人已经或者必然获得非法利益为必要,只要有通谋实施危及他人利益的故意即足以认定。我国《反不正当竞争法》第15条规定:"投标者不得串通投标,抬高标价或者压低标价。投标者和招标者不得相互勾结,以排挤竞争对手的公平竞争。"该规定就是对恶意串通行为的规制。在商业秘密开发合同的招标中,如投标者之间合谋压低标价而订立合同的,该合同无效。在实践中,恶意串通还经常以合同中的行贿表现,即一方当事人为达到与相对人订立合同的目的,通过给付财物、回扣、手续费等方式,与相对人的合同经办人、代理人恶意串通损害相对人的合法权益。《反不正当竞争法》第8条规定,经营者不得采用财物或者其他手段进行贿赂以销售或者购买商品。在账外暗中给予对方单位或者个人回扣的,以行

贿论处;对方单位或者个人在账外暗中收受回扣的以受贿论处。商业秘密是一种特殊的商品,商业秘密合同中的行贿也是恶意串通的一种表现。转让方为抬高转让费,给受让方有关人员一定比例的回扣、手续费、红包、酬谢费等而订立的商业秘密转让合同属恶意串通的无效合同。

（三）以合法形式掩盖非法目的的

以合法形式掩盖非法目的的行为,是一种内容违法的虚假行为。在实施这种行为时,行为人故意表现出来的形式或故意实施的行为并非其真正要达到的目的,而只是借助合法的合同外表达到非法的目的。这种行为既可以是单方的虚假行为,也可以是双方通谋的虚假行为。在后一种情况下,可能与恶意串通行为发生竞合,如以合法的商业秘密转让合同来达到逃避债务的目的等。双方通谋的虚假行为也可能只构成以合法形式掩盖非法目的,如以商业秘密开发合同为名,用获取的开发经费和报酬偿还欠对方的赌债,而实际上双方并无意研究开发商业秘密。以合法形式掩盖非法目的的行为实质是为了逃避法律,因而应认定其不发生法律效力。

（四）损害社会公共利益的

社会公共利益是一个较为抽象的概念,包括社会生活的基础、条件、环境、秩序、道德准则及良好的风俗习惯。其在法律上的地位和作用相当于大陆法系国家所谓的公共秩序和善良风俗。损害社会公共利益的合同在合同目的或效果上有损于社会公共秩序、公共道德和社会整体利益,应认定为无效。

（五）违反法律、行政法规的强制性规定

这里所谓的法律指的是狭义的法律,是指由国家最高权力机关全国人民代表大会及其常委会制定、颁布的规范性文件的统称;行政法规是指国家最高行政机关,即国务院制定和颁布的各种规范性文件。它们适用于我国的一切领域,包括领土、领海、领空以及按国际法视为我国领域的我国驻外使领馆、我国停泊或航行于国境外的船舶、飞机等。按法律基本原理,法律可分为强行性规定与任意性规定。关系到国家利益、社会秩序、市场交易安全及第三人利益的事项,法律一般设强行性规定,以排斥当事人意思自由;关系到当事人自己利益的事项,法律一般设任意性规定,旨在补充当事人的约定或作为解释当事人意思的标准。法律的强制性规定是当事人订立合同时所必须遵守的规范,如有违法应认定合同无效。需要注意的是,虽然违反法律的强行性规定,但法律对其效力已有具体规定的,不属于此类合同无效的原因,而应属于法律具体规定的原因(如欺诈、胁迫、恶意串通等)。据此,影响合同效力的违法主要是指合同的内容违法和合同的目的违法。违反法律规定导致合同无效有两个必备条件,其一是违反法律和行政法规;其二是违反这两类法律的强行性规定,二者缺一不可。基于此,违反行政规章、地方性法规、规章等规范性文件的强行性规定并不当然导致合同无效;同样,违反法律、行政法规的任意性规定也不会导致合同无效。

目前,理论界和实务界对于这里所说的"强制性规定"有不同的看法。有学者认为,只要违反了义务性规则,即要求人们必须履行一定行为或者不得从事某种行为的规定,合同都应当认定为无效。① 也有学者认为,违反法律强制性规定的合同不一定无效。我国台湾学者林诚二先生认为法律规定的"应当"、"不得"可以包括五种类型:(1)训示规定,若不具备并无效,仅有提示作用者;(2)效力规定,若未按规定之则无效;(3)证据规则;(4)取缔规定,违反之所签合同依然有效;(5)转换规定,本应为无效,但法律另有转换成某一效果之规定。② 史尚宽先生认为,如果法律行为违反强制性规定或者禁止规定,但是并不导致无效的为取缔规定。③ 我国大陆也有学者主张,只有违反了法律、行政法规中民事法律规范的强制性规定中的效力规定的合同才能认定为无效。即在认定合同效力时,如果法律既规定"应当……"、"必须……",同时又明确规定了违反此规定的合同为无效的,则应认定该合同无效。否则,不能认定合同无效,而只能按该法律规定的违反此"应当……"、"必须……"条文规定的相应的法律后果(如行政处罚)对合同当事人进行处罚。④

(六)非法垄断技术、妨碍技术进步的

这是《合同法》第十八章技术合同第 329 条所确定的技术合同无效事由。《合同法》第 323 条规定:"订立技术合同,应当有利于科学技术的进步,加速科学技术成果的转化、应用和推广。"由人类智慧凝成的各项包括技术秘密在内的科技成果,在知识经济时代里,已成为经济发展的主要动力,在科学技术日新月异的现代经济生活中,掌握科技新成果常常是市场竞争中占据有利地位的条件。要从根本上推动科学技术的进步,发挥科学技术"第一生产力"的作用,就必须实现科学技术与经济建设的结合,以加速科研成果的转化过程,使之广泛运用于生产实践,转化为直接的生产力。但我国目前一方面科研部门许多具有潜在经济

---

① 江平主编:《中华人民共和国合同法精解》,中国政法大学出版社 1999 年版,第 43 页;孔祥俊:《合同法教程》,中国人民公安大学出版社 1999 年版,第 249 页。
② 林诚二:《民法总则讲义》(下),台湾东南书局 1985 年版,第 15 页。
③ 史尚宽:《民法总论》,台湾荣泰印书馆 1978 年版,第 329~330 页。
④ 武钦殿:《合同效力的研究与认定》,吉林人民出版社 2001 年版,第 120~121 页。

第五章 商业秘密合同

效益的科研成果得不到迅速推广和应用,另一方面许多地区和企业,特别是基础薄弱、技术落后的地区和企业又迫切需要科技力量来推进技术改造。基于此,我国《合同法》将有利于科学技术进步、加速科技成果的应用和推广作为一项原则来加以规定,其目的就在于鼓励和引导当事人正确运用技术合同这一法律形式,在科研和生产之间架起一座互通的桥梁。所以,《合同法》规定非法垄断技术、妨碍技术进步的技术合同无效。根据《最高人民法院关于审理技术合同纠纷案件适用法律若干问题的解释》第10条规定,下列情形,属于《合同法》第329条所称的非法垄断技术、妨碍技术进步:

1. 限制当事人一方在合同标的技术基础上进行新的研究开发或者限制其使用所改进的技术,或者双方交换改进技术的条件不对等,包括要求一方将其自行改进的技术无偿提供给对方、非互惠性转让给对方、无偿独占或者共享该改进技术的知识产权;

2. 限制当事人一方从其他来源获得与技术提供方类似技术或者与其竞争的技术;

3. 阻碍当事人一方根据市场需求,按照合理方式充分实施合同标的技术,包括明显不合理地限制技术接受方实施合同标的技术生产产品或者提供服务的数量、品种、价格、销售渠道和出口市场;

4. 要求技术接受方接受并非实施技术必不可少的附带条件,包括购买非必需的技术、原材料、产品、设备、服务以及接收非必需的人员等;

5. 不合理地限制技术接受方购买原材料、零部件、产品或者设备等的渠道或者来源;

6. 禁止技术接受方对合同标的技术知识产权的有效性提出异议或者对提出异议附加条件。

(七)侵害他人技术成果的

任何权利都不是毫无限制的,权利人在行使自己的权利的时候不得侵害他人的权利,任何人均不得以侵害他人的合法权利为前提取得权益。《合同法》第329条规定的侵害他人技术成果的技术合同无效即体现了这一原则。当事人签订的商业秘密合同侵害他人技术成果包括多种情形,主要有:商业秘密转让合同或使用许可合同的转让人或许可人不是真正的权利人,其行为属于无效处分行为;商业秘密转让合同或许可使用合同的转让人或许可人虽是权利人,但其转让或许可侵害他人权利,如商业秘密权人将已许可他人独占使用的商业秘密转让给第三人或许可第三人使用;商业秘密合同的订立和履行会导致侵害第三人的专利权、专利申请权、专利实施权、技术秘密使用权、许可使用权、转让权和专利申请权以及科技成果权等。这样的商业秘密合同都因侵害他人的技术成果而导致无效。有观点认为这里的"他人"包括了合同另一方当事人和第三人，①这种观点值得商榷，笔者认为应仅指第三人。首先，从习惯用语上来说，在合同中当事人之外的人才是"他人"，"另一方"作为合同当事人之一，当然不属于"他人"之列。其次，如果合同一方当事人侵犯另一方当事人的利益，要么是另一方当事人自愿承受这种不利益，在这种情况下合同真实合法有效，要么是另一方当事人因为受欺诈、胁迫等原因而意思表示不真实。对于当事人自愿承受这种不利益，只要没有涉及社会公共利益，法律没有干涉的必要。如果当事人意思表示不真实，根据《合同法》的规定，应当是可撤销合同。②

除上述导致商业秘密合同无效的事由以外，《合同法》第53条还规定，造成对方人身伤害的和因故意或重大过失造成对方财产损失的，合同中的免责条款无效。据此，如果商业秘密合同中签订了此类免责条款，该条款无效。之所以如此规定，是因为这两种免责条款直接违背了我国民法中的平等原则和公平原则，使一方当事人处于不利的地位，破坏了社会经济秩序的正常状态。从《合同法》的规定来看，造成对方人身伤害的行为，无论行为人有无过错，均不能免责。如商业秘密权人许可他人使用的技术秘密存在设计缺陷或商业秘密权人未向被许可人提供适当的警示与说明，被许可人使用该商业秘密时造成了其生命或健康损害，而双方在商业秘密许可使用合同中又签订了人身损害的免责条款的，该条款无效，许可方仍要承担赔偿责任。如果造成对方财产损失的，行为人属故意或重大过失时，即使双方签订了免责条款，也不能免除责任。故意与过失均为过错的形式，故意是指行为人预见到自己行为的后果，仍然希望或放任结果的发生的心理状态；过失是指行为人对自己行为的结果应当预见或者能够预见而没有预见，或者虽然预见到却轻信能够避免的心理状态。重大过失是轻微过失的对称，行为人是否有重大过失，依法律对行为人的主观认识程度与产生的客观结果衡量。法律对行为人只有一般要求，而行为人欠缺一般人应注意的程度而产生损害后果时，视为重大过失；法律对特定职业的人有特定要求，而行为人欠缺特定职业人特别的注意程度造成严重损害后果时，也属重大过失。在商业秘密合同中，如果当事人约定了因故意或者重大过失造成对方财产损失的免责条款，该条款无效。如在商业秘密转让合同中约定的转让方因故意或者重大过失使该商业

---

① 参见江平主编：《中华人民共和国合同法精解》，中国政法大学出版社1999年版，第270页；段瑞春：《技术合同》，法律出版社1999年版，第105页。
② 张耕：《知识产权民事诉讼研究》，法律出版社2004年版，第262、263页。

秘密泄露的免责条款即是如此。需要注意的是,对于行为人轻微过失或无过错造成对方财产损失的免责条款不能据此认定为无效。

四、可变更和可撤销的商业秘密合同

可变更和可撤销的合同是民法中可变更和可撤销的民事行为的一种。我国《民法通则》第59条规定:"行为人对行为内容有重大误解的和显失公平的民事行为,一方当事人有权请求人民法院或者仲裁机关予以变更或者撤销。"我国《合同法》对可变更和可撤销的合同作了较之《民法通则》扩大的规定,商业秘密合同的变更和撤销应依《合同法》的规定予以处理。

根据《合同法》第54条的规定,商业秘密合同变更和撤销的法定事由有:

(一)因重大误解订立的

根据最高人民法院《关于贯彻执行〈中华人民共和国民法通则〉若干问题的意见(试行)》第71条的规定:"行为人因对行为的性质、对方当事人、标的物的品种、质量、规格和数量等的错误认识,使行为的后果与自己的意思相悖,并造成较大损失的,可以认定是重大误解。"重大误解的构成要件是:其一,表意人因误解作出了意思表示;其二,误解是当事人因自己认识错误导致由意思表示所产生的效果与行为的目的不一致;其三,表意人无主观上的故意;其四,误解是重大的。商业秘密合同中重大误解的情形主要有:对合同的性质产生误解,如误将商业秘密使用许可合同当作商业秘密转让合同;对当事人身份产生误解,如误将无研究开发能力的某甲当作有研究开发能力的某乙而与之订立了商业秘密开发合同;对标的性质产生误解,如误将解决某一问题的技术秘密当作解决另一问题的技术秘密而与之订立商业秘密转让或使用许可合同;对标的的先进性产生误解,如误将落后的技术秘密当作先进的技术秘密而与权利人订立商业秘密转让或许可使用合同等。

(二)在订立合同时显失公平的

根据最高人民法院《关于贯彻执行〈中华人民共和国民法通则〉若干问题的意见(试行)》第72条的规定:"一方当事人利用优势或者利用对方没有经验,致使双方的权利义务明显违反公平、等价有偿原则的,可以认定为显失公平。"在实践中,一方当事人慑于另一方所处之较强地位(如小企业之于大企业)违心地提出或者接受对方提出的重大不利条件而与之签订商业秘密合同或一方利用对方轻率、无经验,提出或接受对方提出的重大不公平条件(如将价值较低的商业秘密当作价值很高的商业秘密转让给对方或许可对方使用等)而与之签订商业秘密合同即是如此。

(三)一方以欺诈、胁迫的手段或者乘人之危,使对方在违背真实意思的情况下所订立的

欺诈与胁迫手段在上文已有所阐述,此不赘言。根据最高人民法院《关于贯彻执行〈中华人民共和国民法通则〉若干问题的意见(试行)》第70条的规定:"一方当事人乘对方处于危难之机,为谋取不正当利益,迫使对方作出不真实的意思表示,严重损害对方利益的,可以认定为乘人之危。"乘人之危的构成要件有:其一,行为人具有乘人之危的故意。行为人的故意是指行为人明知相对人陷入危难,有所急需,故意利用这一条件向相对人施加压力,迫使其作违心的意思表示,以牟取不法利益。其二,表意人客观上陷入危难紧迫状态。表意人的危难紧迫状态必须是现实的和重大的,其产生的压力足以使表意人违背其意志作出不真实的意思表示。其三,表意人陷入危难紧迫状态系因行为人之外的其他原因所造成的。在乘人之危的情况下,表意人的危难紧迫状态并非由行为人直接造成,否则,则构成胁迫而非乘人之危。其四,表意人的意思表示与行为人的乘人之危行为之间,应具有因果关系。在实践中,一方当事人利用对方因故急需资金,要求以极低的价格受让商业秘密权而订立的商业秘密转让合同即属乘人之危。

根据《合同法》第54条的规定,因重大误解订立的合同和在订立时显失公平的合同,当事人一方基于法定的变更权和撤销权有权请求人民法院或者仲裁机构予以变更或者撤销;对一方以欺诈、胁迫或者乘人之危,使对方在违背真实意思的情况下订立的合同,受损害方有权请求人民法院或者仲裁机构变更或者撤销。合同当事人对可变更或者可撤销合同的请求权,可以按照自己的意愿选择性地行使。当事人请求变更的,人民法院或者制裁机构不得撤销。

根据《合同法》第55条的规定,对可撤销合同而言,具有撤销权的当事人自知道或者应当知道撤销事由之日一年内没有行使撤销权以及具有撤销权的当事人知道撤销事由后明确表示或者以自己的行为放弃撤销权的,撤销权消灭。撤销权人行使撤销权的除斥期间是一年,撤销权在性质上属于形成权,一方当事人无权依自己的意思直接通知对方当事人而达到撤销合同的目的,只能请求人民法院或者仲裁机构予以撤销,当事人在知道或者应当知道撤销事由之日起一年内,未行使撤销权的,则发生撤销权消灭的法律后果。该一年预定期间为不变期间,不因任何事由而延长,当事人也不能以协议的形式予以改变。撤销权消灭的另一项事由是具有撤销权的当事人放弃撤销权。权利人放弃撤销权的形式有两

种:其一是明确表示放弃,即权利人以书面或口头形式明确向相对人表示放弃撤销权;其二是以自己的行为放弃,即权利人虽未明确向相对人表示放弃撤销权,但从其实施的行为来看,其实际上已放弃了撤销权。如权利人在知道撤销事由后既未行使撤销权,也未明确放弃撤销权,而是着手履行合同,或者为履行合同积极作准备。另外,如果权利人与相对人达成了合同变更的协议,也表明其放弃了撤销权。

除无效合同和可变更、可撤销合同之外,我国《合同法》还规定了效力未定的合同,效力未定的合同是指效力是否发生尚未确定,有待于其他行为使其确定的合同。《合同法》中所规定的效力未定的合同的规定同样适用于商业秘密合同。《合同法》第47条规定,限制民事行为能力人订立的合同经法定代理人追认后,该合同有效,但纯获利益的合同或者与其年龄、智力、精神健康状况相适应而订立的合同,不必经法定代理人追认。相对人可以催告法定代理人在一个月内予以追认。法定代理人未作表示的,视为拒绝追认。合同被追认之前,善意相对人有撤销的权利。撤销应当以通知的方式作出。该法第48条规定,行为人没有代理权、超越代理权或者代理权终止后以被代理人名义订立的合同,未经被代理人追认,对被代理人不发生效力,由行为人承担责任。相对人可以催告被代理人在一个月内予以追认。被代理人未作表示的,视为拒绝追认。合同被追认之前,善意相对人有撤销的权利。撤销应当以通知的方式作出。《合同法》第51条规定,无处分权的人处分他人财产,经权利人追认或者无处分权的人订立合同后取得处分权的,该合同有效。

五、商业秘密合同无效和被撤销的法律后果

根据我国《合同法》的相关规定,商业秘密合同无效和被撤销引起的法律后果有以下几个方面:

(一)商业秘密合同无效和被撤销的溯及力

《合同法》第56条规定:"无效的合同或者被撤销的合同自始没有法律约束力。"根据该规定,无效的商业秘密合同和被撤销的商业秘密合同,其没有法律效力的后果一直回溯到合同订立之时,即其在时间上具有溯及既往的效力。

(二)商业秘密合同部分无效的后果

民事行为部分无效,不影响其他部分效力的,其他部分仍然有效,这是我国《民法通则》第60条所确定的民事行为制度的基本规则之一。根据这一规

则,我国《合同法》第 56 条也作了相应规定,即"合同部分无效,不影响其他部分效力的,其他部分仍然有效"。"不影响其他部分效力"是指合同的某部分条款与其他条款相比,具有相对独立性,该部分内容与合同整体具有可分性。这样,在确认合同部分无效时,还能保持其余部分的效力。而如果某些合同条款与整个合同具有不可分性,或者当事人约定某项合同条款为合同生效的必要条款,那么若否认这部分条款的效力,也就等于否认整个合同的效力,将导致整个合同无效。

(三)有关解决争议方法的条款的效力

《合同法》第 57 条规定,合同无效、被撤销或者终止的,不影响合同中独立存在的有关解决争议方法的条款的效力。合同约定的争议解决方法的条款,具有独立存在的特性。所谓"独立存在",是指解决争议条款作为合同条款的一部分,不仅不会因合同无效、被撤销或者终止而失去效力,反而因此而得以实施。

(四)商业秘密合同无效和被撤销后的财产责任

技术合同无效或者被撤销后,技术开发合同研究开发人、技术转让合同让与人、技术咨询合同和技术服务合同的受托人已经履行或者部分履行了约定的义务,并且造成合同无效或者被撤销的过错在对方的,对其已履行部分应当收取的研究开发经费、技术使用费、提供咨询服务的报酬,人民法院可以认定为因对方原因导致合同无效或者被撤销给其造成的损失。技术合同无效或者被撤销后,因履行合同所完成新的技术成果或者在他人技术成果基础上完成后续改进技术成果的权利归属和利益分享,当事人不能重新协议确定的,人民法院可以判决由完成技术成果的一方享有。

侵害他人技术秘密的技术合同被确认无效后,除法律、行政法规另有规定的以外,善意取得该技术秘密的一方当事人可以在其取得时的范围内继续使用该技术秘密,但应当向权利人支付合理的使用费并承担保密义务。当事人双方恶意串通或者一方知道或者应当知道另一方侵权仍与其订立或者履行合同的,属于共同侵权,人民法院应当判令侵权人承担连带赔偿责任和保密义务,因此取得技术秘密的当事人不得继续使用该技术秘密。可以继续使用技术秘密的人与权利人就使用费支付发生纠纷的,当事人任何一方都可以请求人民法院予以处理。继续使用技术秘密但又拒不支付使用费的,人民法院可以根据权利人的请求判令使用人停止使用。

人民法院在确定使用费时,可以根据权利人通常对外许可该技术秘密的使用费或者使用人取得该技术秘密所支付的使用费,并考虑该技术秘密的研究开发成本、成果转化和应用程度以及使用人的使用规模、经济效益等因素合理确定。不论使用人是否继续使用技术秘密,人民法院均应当判令其向权利人支付已使用期间的使用费。使用人已向无效合同的让与人支付的使用费应当由让与人负责返还。

第二节 技术秘密开发合同

一、技术秘密开发合同的定义和种类

技术秘密开发合同属于商业秘密开发合同的一种,除此之外,还有经营秘密开发合同,如当事人对营销计划、经营决策等的开发研究所订立的协议。在实践中,经营秘密开发合同较为少见,所以我们仅就技术秘密开发合同进行阐述。

技术秘密开发合同是指当事人之间就新的制作方法、技术、工艺、配方、数据、程序等技术秘密的研究开发所订立的合同。这里的"新"是相对于当事人在订立合同时已经掌握的技术状况而言的。他人未知晓的技术信息固然是新的,即使是他人已获知的技术秘密只要当事人不知道或无法获得,也可谓"新"。在技术秘密开发合同中,当事人可以根据社会发展和经济建设的需要并结合自己的实际情况来确定研究开发的课题。研究开发的课题是否被他人知晓、是否在国内外领先、是否给当事人带来其预期的利益都不影响合同的效力。需要注意的是,技术秘密开发合同的标的不应为他人已获得专利权的技术成果,因为这些成果都是公开的,不需再进行研究开发,它也不属于技术秘密。另外,即使研究开发成功,基于专利权的专有性,根据合同取得该项技术成果的人也不能予以实施。

技术秘密开发合同属于技术开发合同的范畴,应适用于《合同法》对技术合同与技术开发合同所作的规定。技术秘密开发合同具有以下法律特征:

1. 技术秘密开发合同以特定的技术成果作为合同标的。技术秘密开发合同的标的应是确定的技术信息,并具有一定的实用性、价值性和秘密性。

2. 技术秘密开发合同是要式合同。《合同法》第 330 条第 3 款规定:"技术开发合同应采用书面形式。"技术秘密开发合同应按此规定以书面形式订立。技术秘密的研究开发可能持续时间较长,当事人的权利义务也较复杂,为避免不必要的纠纷,不允许以口头形式订立。

3. 技术秘密开发合同是诺成合同。技术秘密开发合同一经双方当事人达成合意,即为成立生效,双方均应严格履行合同义务。

4. 技术秘密开发合同是双务、有偿合同。技术秘密开发合同的当事人都向对方承担合同义务,当事人的义务与权利具有关联性,即当事人的义务与其所享有的权利是相互联系、互为条件的;当事人双方的权利义务也是相互对应的,当事人一方负有的义务是双方所享有的权利,故其为双务合同。技术秘密的研究开发一般是有偿的,技术秘密合同的研究开发人有获得报酬的权利,故其为有偿合同。

根据双方当事人在技术秘密研究开发工作中作用的不同,可将技术秘密开发合同分为技术秘密委托开发合同和技术秘密合作开发合同。技术秘密委托开发合同是指当事人一方就委托另一方研究开发技术秘密所订立的合同;技术秘密合作开发合同是指当事人双方就共同研究开发技术秘密所订立的合同。

二、技术秘密开发合同的主要条款

为避免或减少当事人在合同履行时发生争议及便于争议的解决,根据技术秘密开发合同的特殊性,合同中一般应包括以下条款:

(一)项目名称

技术秘密开发合同的项目名称应当突出该合同的性质与标的技术成果名称,反映出该合同的项目内容。

(二)标的的内容、范围和要求

此条款应当体现当事人权利义务的主要内容。标的的内容、范围和要求是指合同要实现的目标,即通过技术秘密开发合同所要达到的目的。技术秘密开发合同的标的是合同约定要研究开发的技术成果,在合同中应明确研究开发所属领域,技术成果的构成和应达到的效果,以及提交研究开发成果的方式等。

(三)研究开发计划

此条款是对如何进行研究开发及研究开发进程作的约定。一般而言,应根据合同的具体情况来确定是否规定研究开发的总体计划、年度计划和具体步骤,以及各个阶段应达到的目标等。

(四)研究开发经费的数额及其支付、结算方式

进行技术秘密研究开发必定需要一定的研究开发经费,此条款是对研究开发经费的数额及由哪一方当事人承担的约定,确定由一方承担之后,还要约定其

支付和结算该项费用的方式。

(五)利用研究开发经费购置的设备、器材、资料等的财产权属

此条款主要是约定利用研究开发经费所购置的进行研究开发所必需的设备、器材、资料等的所有权归属,如果经费是由最后取得技术秘密权的人所支付的,该条款涉及研究开发人在研究开发活动结束后是否由取得权利方取回设备、器材、资料等的问题。

(六)履行的期限、地点和方式

约定技术秘密开发合同履行的期限、地点和方式有利于合同的及时履行,也有利于合同当事人监督、检查合同的履行,在发生违约时,也有利于对违约行为的认定。

(七)技术情报和资料的保密

双方当事人在合同中明确约定保密的范围、期限及违反保密义务的责任,这对取得技术秘密权的一方和提供研究开发资料的一方尤为重要。

(八)风险责任的承担

技术秘密开发合同的特殊性决定了研究开发活动有可能不能达到双方当事人预期的效果,可能出现无法克服的技术障碍致使合同无法履行的情况,因此技术秘密开发合同履行中就存在研究开发失败的风险责任承担问题,需要当事人先进行约定。

(九)技术成果的归属和分享

在技术秘密开发合同中所产生的技术成果,当事人应当约定其归属和分享原则,这是为了避免就此产生的纠纷。在没有约定或约定不明确的情况下,当事人可以协商,不能达成协议时,根据《合同法》第341条规定确定。

(十)验收标准和方法

研究开发人完成研究开发活动后,将研究开发成果交付给成果取得人时,取得人应对该技术成果予以验收。该条款一般包括验收项目、技术经济指标、验收采取的具体验测方法等内容。验收标准可以是当事人约定的国家标准、行业标准或者企业标准,也可以是当事人约定的其他标准。验收方式可由当事人约定随意采用,但验收后一般应由验收方出具验收合格证明文件,作为验收通过的依据。

(十一)报酬及其支付方式

技术秘密开发合同的报酬没有统一的标准,应由当事人根据情况予以约定。根据《合同法》第325条的规定,技术秘密开发合同报酬的支付方式也由当事人

约定,"可以采取一次总算、一次总付或者一次总算、分期支付,也可以采取提成支付或者提成支付附加预付入门费的方式"。

一次总算、一次总付或者一次总算、分期支付的支付方式又称为定额支付,当事人在签订合同时即将报酬数额明确进行约定,具体支付方式可采用一次支付或分期支付。一次支付的付款时间通常是在研究开发方将业已完成的技术成果的技术资料交付完毕,经接受方核对验收后进行。分期支付是技术秘密接受方将报酬总额分批地支付给研究开发方的支付方式。在实践中,付款方式可采用四次进行:第一次付款可在合同生效后进行,这实际是预付合同款项的形式;第二次付款可在研究开发方将技术资料交付后进行;第三次付款可在接受技术秘密一方正式实施该技术秘密后进行;第四次付款可在研究开发方的技术性能的保证期满后进行。

提成支付是指接受技术秘密的一方将该技术秘密实施后所产生的经济效益按一定比例和期限支付给研究开发方作为对其的报酬。提成支付的总额最终由技术秘密接受方在实施该技术秘密中获得的经济利益的多少来决定,双方当事人可以约定按照根据技术秘密制造的产品价格、使用技术秘密后新增的产值、利润或者销售额的一定比例提成。提成支付可分为单纯提成支付或提成支付加预付入门费方式,提成支付的比例可以采取固定比例、逐年递增比例或者逐年递减比例。单纯提成支付是指全部报酬仅在接受技术秘密方获得经济效益后向对方支付。这种支付方式对技术秘密接受方来说风险很小,而且该支付是在其获得收益后进行的,没有预先支付而带来的经济负担,但研究开发方会因此置于不利的地位,故实践中人们较少采用此种支付方法。采用较多的提成支付方式是提成支付附加预付入门费方式。这种支付方式指的是接受技术秘密的一方在技术秘密开发合同生效后一定时期或收到首批技术消息后一定时期内,向研究开发方支付一笔定金性质的费用,待按照该技术秘密制造的产品生产或销售出来之后,再按一定的比例的提成费分批支付。这种支付报酬的方式使合同双方当事人共担风险、共享收益,有利于加强双方的密切合作和促进技术秘密价值的尽快实现,易于被双方当事人接受。另外,需要注意的是,为保护研究开发方的利益,约定提成支付报酬的,当事人应当在合同中约定查阅有关会计账目的方法。研究开发方应有权要求接受方每隔一定时间向其提交一次账目,其中可以包括毛销售额与净销售额记录;研究开发方也有权检查接受方账目,或由其委派的代表或双方同意的会计师和审计师负责查账。接受方应当为对方查账提供方便,如可对使用该技术秘密所生产出的产品单独立账、保存好有关的单据和账目以随时备查。查账的范围只限于该产品从生产到销售的过程,包括原材料费用、生产

第五章 商业秘密合同

消耗、销售的数量和价格、产品的积压和库存等情况。

(十二)违约金及损失赔偿的计算方法

约定违约金及损失赔偿的计算方法是为了保证合同的履行,在一方当事人违反合同不履行合同义务的情况下,另一方当事人有权获得约定的违约金或获得补偿。根据我国《合同法》第114条第2款的规定:"约定的违约金低于造成的损失的,当事人可以请求人民法院或者仲裁机构予以增加;约定的违约金过分高于造成的损失的,当事人可以请求人民法院或者仲裁机构予以适当减少。"

(十三)技术协作和技术指导的内容

接受方在实施技术秘密过程中,可能需要研究开发方的技术协作和技术指导,双方应在合同中明确技术协作和技术指导的方式及报酬等相关事项。

(十四)解决争议的办法

在发生合同纠纷的情况下,法律规定了多种解决方式,可由当事人自由选择,也可以对此事先约定,如自行协商、通过第三方调解、通过仲裁或诉讼等。

(十五)名词和术语的解释

为了避免对合同内容产生不同的理解,当事人可以对合同中一些可能产生歧义的名词和术语作出明确的解释,以有利于合同的适当履行。

除上述内容之外,技术秘密合同有可能包含若干附件,如与履行合同有关的技术背景资料、可行性论证和技术评价报告、技术标准、技术规范、原始设计和工艺文件,以及其他技术文档,这些附件按照当事人的约定可以作为合同的组成部分。

三、技术秘密委托开发合同

技术秘密委托开发合同是指合同的一方当事人委托另一方当事人用其技术就特定的技术秘密进行研究开发,由委托开发方承担开发费用的合同。提供资金并最终取得技术秘密成果的一方为委托人,进行技术研究开发的一方为受托人(研究开发人)。技术秘密委托开发合同符合委托合同的一些特征,二者都是一方委托另一方从事一定的行为,一方为委托方另一方为受托方的合同。但二者也存在若干区别:其一,委托合同中的受托人一般是以委托人的名义从事民事法律行为;而在技术秘密委托开发合同中,受托人是以自己的名义从事研究开发工作,而不是以委托人的名义进行,委托人享有独立完成工作的权利。其二,在委托合同中,受托人的任务一般是完成委托人交付的与第三人之间的民事法律行为;而在技术秘密委托开发合同中,受托人从事的是约定的技术秘密的研究开发,是一种事实行为。其三,委托合同可以是单务无偿合同;而技术秘密委托开发合同一般是双务有偿合同。其四,在委托合同中,委托人承担受托人处理委托事务行为的一切后果,包括权利和义务;而在技术秘密委托开发合同中,委托人只能依照合同的约定或法律的规定,享有受托人研究开发的技术秘密权利,同时,双方当事人共同承担技术开发的风险。其五,委托合同的双方当事人可以随时解除合同;而技术秘密委托开发合同的当事人只有在法律规定的特定情形出现时方可解除合同。

(一)技术秘密委托开发合同中委托人的义务

1. 按照约定支付研究开发经费和报酬

委托方应当按照合同约定的数额及支付的时间、方式、地点等向研究开发人支付研究开发经费和报酬。根据《合同法》第325条的规定:"开发经费和报酬的支付方式由当事人自行约定,可以采取一次总算、一次总付或者一次总算、分期支付,也可以采取提成支付或者提成支付附加预付入门费的方式。"约定提成支付的,可以按照使用技术秘密后新增的产值、利润或者产品销售额的一定比例提成,也可以按照约定的其他方式计算。提成支付的比例可以采取固定比例、逐年递增比例或者逐年递减比例。研究开发经费是进行技术秘密研究开发的成本,包括设备费、器材费、能源费、试验和试制费、技术资料费和进行研究开发需要的其他费用。除当事人在合同中另有约定之外,应由委托人承担。如果双方当事人在技术秘密委托开发合同中约定研究开发费用包干使用的,或者没有约定结算办法的,委托方仅应按照合同的约定承担研究开发经费,对不足的费用无补充的义务;对结余的费用也无权要求返还。如果双方当事人在技术秘密委托开发合同中约定按实际需要支付研究开发经费的,委托人支付的研究开发经费不足时,应当补充支付;有剩余时,研究开发人应返还。由委托人支付研究开发经费的,其有权在不妨碍研究开发人正常的研究开发工作的前提下检查受托人履行合同和使用研究开发经费的情况。

2. 提供技术资料、原始数据

为了保证技术秘密开发成果符合委托人的要求,以及研究开发工作的顺利进行,委托人应按约定向研究开发人提供有关技术背景资料和原始数据。

3. 完成协作事项

技术秘密研究开发往往需要双方当事人的协作才能完成,委托人应当按照合同的约定协助研究开发工作的进行。

4. 接受研究开发成果

第五章　商业秘密合同

接受研究开发的成果,既是委托人的权利,也是其义务。如果委托人迟延接受技术成果的,应当承担违约责任;经催告仍拒绝接受的,研究开发人有权对该技术成果予以处分,并就其所得优先清偿研究开发经费和报酬。

如果委托人违反约定义务从而造成研究开发工作停滞、延误或者失败的,应当承担违约责任,承担违约责任的方式主要是支付违约金和赔偿损失。

(二)技术秘密委托开发合同中研究开发人的义务

1. 按照约定制订和实施研究开发计划

研究开发人在接受委托后,应当按照委托人所交付的研究开发任务制订合理的研究开发计划,以保证研究开发工作符合委托人的要求。研究开发计划一经制订并经委托人同意后,不得任意变更,这是按期完成研究开发工作的保证。

2. 合理使用研究开发经费

为保证研究开发工作的质量,研究开发人应当按照合同的约定来使用研究开发经费,保证研究开发经费的专项使用,不得随意挪作他用。

3. 研究开发人应当亲自进行研究开发

研究开发人一般是因其能力、信誉等受委托人信任,才被委托进行研究开发工作的,其具有一定的人身性质,因此,研究开发人应亲自进行研究开发工作。但在经委托人同意或者情况紧急而来不及通知委托人时,为了委托人的利益,可以将研究开发工作的一部或全部交由他人实施。

4. 按期完成研究开发工作

研究开发人应当按照合同约定的期限按期完成研究开发工作,及时组织验收并将工作成果交付委托人,研究开发人在研究开发工作的进行中,不得擅自变更标的的内容、形式和要求。

5. 交付研究开发成果,提供有关的技术资料和必要的技术指导,帮助委托人掌握研究开发成果

研究开发人应当按在合同的约定,将研究开发的技术成果交付委托人,这是研究开发人在履行合同中应当承担的最主要的义务,也是实现技术秘密委托开发合同的最终目的所必须履行的义务。研究开发人应当保证交付的技术成果符合当事人在合同中约定的技术标准。研究开发人迟延交付技术成果的,应当按约定支付违约金、赔偿委托人的损失。研究开发人拒不交付研究开发成果的,委托人有权解除合同,并要求研究开发人返还所有的开发经费及其利息,支付违约金,并可以请求赔偿损失。

6. 保守研究开发成果秘密

作为技术秘密委托开发合同标的的技术秘密之所以能够给持有人带来一定的垄断利益,很大原因在于其具有秘密性。如果研究开发人将该技术秘密泄露,委托人预期的利益就会落空。基于此,研究开发人在交付研究开发成果之前或之后都应保护研究开发成果秘密,否则,应承担损害赔偿责任。

如果研究开发人违反约定义务从而造成研究开发工作停滞、延误或者失败的,应当承担违约责任,承担违约责任的方式是支付违约金或者赔偿损失。

四、技术秘密合作开发合同

技术秘密合作开发合同是指合同当事人共同投资、共同研究开发技术秘密的合同。其与技术秘密委托开发合同的区别在于:委托开发是一方投资,另一方进行研究开发;而合作开发则是双方共同投资、共同研究开发。技术秘密合作开发合同与合伙合同的相同之处在于合同当事人共同投资、共同经营、共担风险、共享利益;其主要区别在于技术秘密开发合同的标的具有特殊性,各方只有共同参与研究开发的才可为技术秘密合作开发合同。

技术秘密合作开发合同当事人的权利义务由合同加以约定,各方的义务主要有以下几项:

(一)按照约定进行投资

技术秘密合作开发合同的各方当事人应当按照合同的约定进行投资,它是当事人的主要义务之一。投资的方式多种多样,视当事人的约定而定,既可以以资金投资,也可以以设备、场地、原材料等实物投资,还可以用双方认可的专利技术、非专利技术和商业秘密等投资。以实物或者技术进行投资的,一般应当进行折算,以确定各投资方的投资比例。

(二)分工参与研究开发工作

技术秘密合作开发合同是当事人基于各自的条件和共同研究开发技术秘密的愿望而订立的,所以,在研究开发过程中,各方当事人应根据自己的优势分工参与研究开发工作,以保护研究开发工作的顺利进行。各方当事人按照合同的约定共同进行研究开发或者分别承担设计、工艺、试验、试制等工作都属于分工参与研究开发工作,但不论采取何种方式,各方当事人应通过各自的分工对技术秘密的研究开发作出实质性贡献,只承担辅助协作工作的,不能成为合同当事人。技术开发合同当事人一方仅提供资金、设备、材料等物质条件或者承担辅助协作事项,另一方进行研究开发工作的,属于委托开发合同。

第五章 商业秘密合同

（三）协作配合研究开发工作

技术秘密的合作开发涉及两方以上的当事人，在研究开发技术秘密过程中必然涉及工作的协调问题，为了顺利完成合作开发工作，当事人应当有协作配合进行研究开发的义务。

如果技术秘密合作开发合同的当事人违反约定的义务从而造成研究开发工作停滞、延误或者失败的，应当承担违约责任，该违约责任是支付违约金或者赔偿损失。

五、风险责任的负担

由于人们认识能力有限，技术开发失败情况的出现是难以避免的。当研究开发失败后，就涉及风险责任的负担问题。根据《合同法》第338条的规定，我们可知，在技术秘密开发合同履行过程中，因出现无法克服的技术困难，致使研究开发失败或者部分失败的，该风险责任承担如果在技术秘密开发合同中有约定的从约定；合同中没有约定或者约定不明确的，可以由当事人协议补充确定；当事人不能达成补充协议的，按照合同有关条款或者交易习惯确定；如果仍不能确定的，该风险责任由当事人合理分担。一般而言，在技术秘密委托开发合同中，委托人对于其支付的开发经费仅就没有使用的部分有请求返还权；研究开发人仅依完成研究开发工作的程度来请求其报酬。在技术秘密合作开发合同中，合作各方应按照各自的投资比例来确定其应当承担的风险。

当事人一方发现出现无法克服的技术困难可能致使研究开发失败或者部分失败的情形时，应当及时通知另一方并采取适当的措施以减少损失。如果没有通知其他当事人并采取适当措施，致使损失扩大的，应当就扩大的损失承担责任。当事人为采取防止损失扩大的合理措施所支付的费用，属于风险责任范围，其承担根据上述原则予以确定。

六、技术秘密成果有关权利的分配

当事人在技术秘密委托开发合同或者技术秘密合作开发合同中都会将开发完成的技术秘密成果的权利归属和利益的分配方法作为合同的主要条款进行约定。在当事人对此有约定的情况下，自应从其约定。如果当事人在技术秘密开发合同中明确约定了委托开发或者合作开发完成的技术秘密成果的使用权、转让权以及其他利益均归一方当事人所有，那么该方即取得了对该项技术秘密成果的商业秘密权,除可以自己使用该项技术秘密成果、转让该项技术秘密成果之外,还可以将其许可他人使用、设质或作为投资手段,并有权排除包括其他当事人在内的一切人的非法侵害,如果该项技术秘密成果符合专利权授予条件的,还有权对之申请专利。这时,其他当事人对该项技术秘密成果本身无任何权利,并有义务保守该技术秘密,否则,应承担损害赔偿责任。如果当事人在技术秘密开发合同中约定一方专有该项技术秘密成果的商业秘密权,他方享有该技术秘密的使用权,那么其使用权实际上是作为商业秘密权人的当事人所授予的,这就需要按照技术秘密的使用许可制度予以处理。

如果当事人在技术秘密开发合同中没有约定委托开发或者合作开发完成的技术成果的使用权、转让权的归属以及利益的分配办法或者约定不明确的,可以协议补充加以确定;不能达成补充协议的,按照合同有关条款或者交易习惯予以确定;如果仍不能确定的,根据《合同法》第341条的规定,当事人均有使用和转让的权利,即包括当事人均有不经对方同意而自己使用或者以普通使用许可的方式许可他人使用技术秘密,并独占由此所获利益的权利。当事人一方将技术秘密成果的转让权让与他人,或者以独占或者排他使用许可的方式许可他人使用技术秘密,未经对方当事人同意或者追认的,应当认定该让与或者许可行为无效。技术开发合同当事人依照《合同法》的规定或者约定自行实施专利或使用技术秘密,但因其不具备独立实施专利或者使用技术秘密的条件,以一个普通许可方式许可他人实施或者使用的,可以准许。

在对该项技术秘密成果的商业秘密权由各方当事人分别享有的情况下,专利申请权的归属较为特殊。根据我国《专利法》第8条、《合同法》第339条和第340条的规定,按照技术秘密委托开发合同完成的技术秘密成果符合专利权授予条件的,申请专利的权利属于研究开发人;研究开发人因此取得专利权的,委托人仅可以免费实施该专利,而不能将之予以转让或许可他人使用;研究开发人转让专利申请权的,委托人享有以同等条件优先受让的权利,申请被批准后,专利权由委托人取得。按照技术秘密合作开发合同完成的技术秘密成果如果符合专利权授予条件的,申请专利的权利属于合作开发的当事人共有,如要申请专利必须由合作开发的各方当事人共同提出,合作开发的当事人一方不同意申请专利的,另一方或者其他各方不得申请专利。否则,即使单独提出专利申请的人获得了专利权,亦属无效。当事人共同提出的专利申请被批准后,专利权也由各方当事人所共有。当事人一方转让其共有的专利申请权的,其他各方专有以同等条件优先受让的权利。合作开发的当事人一方声明放弃其共有的专利申请权的，可以由另一方单独申请或者由其他各方共同申请。申请人取得专利权的，放弃专利申请权的一方可以免费实施该专利。

第三节 技术秘密转让合同

一、技术秘密转让合同的定义

技术秘密转让合同属于商业秘密转让合同的一种，由于实践中经营秘密转让合同较为少见，我们仅就技术秘密转让合同予以介绍。技术秘密转让合同是指技术秘密权人作为让与方将技术秘密权让与受让方，并由受让方支付价款的合同。技术转让合同中关于让与人向受让人提供实施技术的专用设备、原材料或者提供有关的技术咨询、技术服务的约定，属于技术转让合同的组成部分。因此发生的纠纷，按照技术转让合同处理。当事人以技术入股方式订立联营合同，但技术入股人不参与联营体的经营管理，并且以保底条款形式约定联营体或者联营对方支付其技术价款或者使用费的，视为技术转让合同。商业秘密权作为一种纯粹的财产权，是可以予以转让的。《合同法》第342条规定："技术转让合同包括专利权转让、专利申请权转让、技术秘密转让、专利实施许可合同。"由此可见，技术秘密转让合同属于技术转让合同的一种，应适用《合同法》关于技术转让合同的有关规定。

技术秘密转让合同具有以下特征：

（一）技术秘密转让合同的标的是技术秘密

技术秘密属于智力成果范畴，是一种特殊的商品，因其具有无形性，不能像有体物一样可以由当事人实际控制来实现权利的享有，因此，技术秘密的转让与有体物的转让存在重大区别，其标的只能是不为该信息应用领域的人所普遍知悉的已经开发出来的技术成果。

（二）技术秘密转让合同是双务合同、有偿合同、诺成合同、要式合同

技术秘密转让合同的当事人都向对方承担义务，当事人的义务与权利是相互联系的、互为条件的；当事人一方负有的义务即是对方所享有的权利，故其为双务合同。技术秘密转让合同的受让人取得让与人的商业秘密权必须要支付一

定的对价,故其为有偿合同。技术秘密转让合同一经双方当事人达成合意即成立生效,故其为诺成合同。由于技术秘密不能被人们所实际控制,《合同法》第342条第2款规定:"技术转让合同应当采用书面形式。"故其为要式合同。

(三)技术秘密转让合同所转移的是技术秘密成果的商业秘密权

让与人通过技术秘密转让合同让与受让人的是技术秘密成果的商业秘密权,这时,让与人失去了商业秘密权的权利主体资格,受让人代之成为新的商业秘密权人。

二、技术秘密转让合同的主要条款

为避免或减少双方当事人在合同履行时发生争议和便于争议的解决,根据《合同法》有关规定和技术秘密转让合同的特殊性,合同中一般应包括以下条款:

(一)项目名称

该条款应当突出技术秘密转让合同的性质,反映出转让的合同标的名称。

(二)转让技术秘密的内容

技术转让合同应当约定让与人与受让人转让技术秘密的具体内容,但当事人的约定不得限制技术竞争和技术发展。

(三)履行的期限、地点和方式

合同中应明确约定让与人在何时何地将作为合同标的的技术秘密给付给受让人,是分期分批地交付还是一次性交付,让与人如何提供该技术秘密的技术情报和资料等。

(四)让与人对受让人使用技术秘密的技术指导

在受让人根据合同取得技术秘密权并将之予以实施时,往往需要让与人的技术指导,双方应在合同中约定技术指导的方式及报酬等事项。

(五)技术情报和资料的保密

由于技术秘密不能被权利人所实际控制,让与人将技术秘密公开或者泄露可能严重损害受让人的利益,所以在技术秘密转让合同中应明确让与人对该技术情报和资料的保密事项。

(六)价款及其支付方式

转让技术秘密的价款的数额和支付方式由当事人在合同中约定,可以采取一次总算、一次总付或者一次总算、分期支付,也可以采取提成支付或者提成支付附加预付入门费的方式。约定提成支付的,可以按照产品价格和使用技术秘密后新增的产值、利润或者产品销售额的一定比例提成,也可以按照约定的其他方式计算。提成支付的比例可以采取固定比例、逐年递增比例或者逐年递减比例。约定提成支付的,当事人应当在合同中约定查阅有关会计账目的方法。

(七)后续改进成果权利的归属

双方当事人可以在技术秘密转让合同中对作为合同标的的技术秘密的后续改进成果权利的归属进行约定。

(八)违约金或者损失赔偿的计算方法

为了保证合同的适当履行和对当事人的有效救济,双方应在合同中约定违约金或者损失赔偿的计算方法。

(九)解决争议的方法

为了使当事人之间就合同的纠纷得到快速、及时、有效地解决,当事人可在合同中约定自行协商、通过第三方调解、仲裁、诉讼等解决争议的方法。

(十)名词和术语的解释

为了避免当事人对合同中涉及的名词和术语发生歧义从而引起不必要的纠纷,双方可在合同中对此予以解释。

除上述内容之外,与履行合同有关的技术背景资料、可行性论证和技术评估报告、项目任务书和计划书、技术标准、技术规范、原始设计和工艺文件,以及其他技术文档,按在当事人的约定也可以成为技术秘密转让合同的组成部分。

三、双方当事人的主要义务

(一)技术秘密让与人的主要义务

1. 按照合同的约定转让技术秘密并提供技术资料

技术秘密转让合同是诺成合同,一经当事人双方达成合意即成立生效,让与人因此负有将技术秘密成果交付受让人的义务。在履行期限届满之前,让与人明确表示或者以自己的行为表明不履行转让义务的、让与人迟延履行转让义务经催告后在合理期限内仍未履行或者让与人迟延履行转让义务致使不能实现技术秘密合同转让目的的,受让人有权解除合同。技术资料虽不是技术秘密成果本身,但因其影响到对技术秘密成果的掌握和使用,所以让与人于其转让技术秘密成果时,也负有交付技术资料的义务。让与人违反上述义务,应承担违约责任。

2. 提供必要的技术指导

由于技术秘密成果专业性较强,受让人仅凭技术资料往往不能或者难以恰当地使用,此时让与人负有对受让人使用技术秘密成果进行必要技术指导的义务。这种指导可以是有偿的,也可以是无偿的,视乎当事人的约定。如果合同中对此未作约定的,受让人不必支付报酬。

3. 对技术秘密成果的瑕疵担保责任

《合同法》第349条规定,技术转让合同的让与人应当保证自己是所提供的技术的合法拥有者,并保证所提供的技术完整、无误、有效,能够达到预定的目标。该法第347条规定,技术秘密转让合同的让与人应当按照约定保证技术的实用性、可靠性。根据这些规定,技术秘密成果的让与人对其转让的技术秘密成果应承担瑕疵担保责任。该责任要求让与人保证其是技术秘密成果的合法拥有者,有权将之转让给受让人;让与人在转让技术秘密成果后按合同约定继续使用该技术秘密的,应保证受让人在合同约定范围内的权利不受其侵害;受让人按照约定使用受让的技术秘密侵害他人合法权益的,除合同另有约定之外,由让与人承担责任;为了保障受让人的合法权益,让与人应当保证其交付的技术秘密成果具有实用性和可靠性,符合合同约定的技术的用途和实用效果。

4. 对转让的技术保守秘密

技术秘密之所以具有价值在于其秘密性,让与人将其转让的技术秘密予以公开或者泄露,可能会给受让人造成极大的损失,基于此,让与人对该技术秘密应承担保密义务。技术秘密转让合同让与人承担的"保密义务",不限制其申请专利,但当事人约定让与人不得申请专利的除外。

(二)受让人的主要义务

1. 支付价款

支付价款是受让人的主要义务,受让人支付价款应当符合合同的约定。支付价款时间、数额、地点和方式都应当符合技术秘密转让合同的约定,合同中对此没有约定或者约定不明确的,当事人可以协议补充。不能达成补充协议的,按照合同有关条款或者交易习惯确定。根据上述原则仍不能确定支付价款时间的,受让人一般应在获得技术秘密成果的同时支付;仍不能确定支付价款地点的,受让人一般应在让与人的住所地、经常居住地或者营业地支付;仍不能确定支付方式的,受让人一般应一次总付。

2. 接受转让的技术秘密

接受经让与人转让的技术秘密既是受让人的权利,也是受让人的义务。让与人按照技术秘密转让合同的约定交付技术秘密时,受让人不得拒绝接受,因其

第五章 商业秘密合同

拒绝接受或者迟延接受给受让人造成损失的,受让人应当承担违约责任。因受让人不按照合同的约定接受标的物而发生的该技术秘密被他人公开的风险由受让人负担。

四、违约责任

违约责任是指合同当事人违反合同义务所应承担的民事责任。合同依法成立生效以后,即对当事人产生了约束力,当事人各方须严格按照法律和合同规定的各项条件履行自己的义务,如果当事人没有按照合同的约定履行义务即属违约,违约方须依法承担违约责任。

(一)技术秘密合同让与人违约行为的表现形式及违约责任

1. 未按照约定转让技术秘密

让与人未按照合同约定转让技术秘密的情形有两种:一是不履行转让义务,其中包括让与人有履行能力却拒绝履行和不具备履行能力而未履行,此即拒绝履行和履行不能,在技术秘密转让合同成立后,该技术秘密被他人公开导致让与人无法履行的情况即为履行不能。二是履行转让义务不符合合同约定,此即瑕疵履行。其中包括:转让的技术秘密不符合合同的约定;履行转让义务的时间超过合同约定的期限,此即迟延履行或者逾期履行;履行转让义务的地点不符合合同的约定等。

让与人未按照约定转让技术秘密的,应当视情况返还部分或者全部转让费,并应当承担违约责任。在技术秘密合同中约定违约金的,让与人应按约定支付违约金。因为让与人未按照合同约定转让技术秘密给受让人并造成损失且合同中未约定违约金的,让与人应赔偿受让人因此造成的损失,该损失包括合同履行后可以获得的利益,但不得超过让与人订立合同时预见到或者应当预见到的因违反合同可能造成的损失。在约定违约金的情况下,约定的违约金低于造成的损失的,受让人可以请求人民法院或者仲裁机构予以增加;约定的违约金过分高于造成的损失的,让与人可以请求人民法院或者制裁机构予以适当减少。如果双方当事人依照我国《担保法》约定了定金,让与人未按照约定转让技术秘密的,让与人是给付定金者时,无权要求受让人返还;受让人是给付定金者时,让与人应当双倍返还定金。如果合同双方当事人既约定了违约金,又约定了定金的,让与人违约时,受让人可以选择适用违约金或者定金条款。让与人因不可抗力不能履行转让义务的,根据不可抗力的影响,部分或者全部免除责任。让与人迟延履行后发生不可抗力的,不能免除责任。让与人因不可抗力不能履行合同的,应当及时通知受让人,以减轻可能给对方造成的损失,并应当在合理期限内提供证明。让与人违反转让技术秘密义务后,受让人应当采取适当措施防止损失的扩大;没有采取适当措施致使损失扩大的,让与人不承担扩大损失的赔偿责任。受让人因防止损失扩大而支出的合理费用,由让与人承担。

2. 继续使用转让的技术秘密超越约定的范围

技术秘密转让合同双方当事人可以约定让与人在一定的时间和地域范围内继续使用该技术秘密,如果让与人超过合同约定的范围使用该技术秘密的,应当停止违约行为,承担违约责任。该违约责任主要有支付违约金或者赔偿损失。

3. 违反约定的保密义务

让与人对转让的技术秘密的保密义务应是技术秘密转让合同的主要条款之一。让与人违反约定的保密义务的,应当承担违约责任,该违约责任主要包括支付违约金或者赔偿损失。

(二)技术秘密转让合同受让人违约行为的表现形式及违约责任

技术秘密转让合同受让人的违约行为主要表现为不按合同约定接受技术秘密和支付转让费。受让人无正当理由拒不接受技术秘密的,基于技术秘密的特点,一般不适用提存,让与人可以解除合同,受让人应当承担违约责任。受让人不按约定支付转让费的,应当补交转让费并按照约定支付违约金或赔偿损失。

第四节　技术秘密使用许可合同

一、技术秘密使用许可合同的定义

技术秘密使用许可合同是指技术秘密权人或经其授权的人作为许可人许可被许可人在一定范围内使用其技术秘密并支付使用费的合同。将技术秘密许可他人使用是技术秘密权人行使其权利以获取利益的重要方式之一。我国《合同法》中只明文规定了专利实施许可合同,而未规定技术秘密使用许可合同,但在合同内容上二者存在诸多相似之处,可以参照专利实施许可合同的规定予以处理。因技术秘密使用许可合同的一般规则与技术秘密转让合同相同,在下文中,只就与技术秘密转让合同不同的内容展开论述。

对于技术秘密权人而言,技术秘密使用许可合同是对技术秘密使用权的有偿让渡,技术秘密权的主体并未因此而发生改变。另外,被许可人只能在合同约定的时间、地域范围内以一定的方式使用技术秘密,不得超出合同的约定使用技术秘密,也不可擅自将该技术秘密转让或者再许可他人使用。

根据技术秘密使用许可合同当事人权利义务的不同,可将其分为技术秘密独占使用许可合同、技术秘密排他使用许可合同、技术秘密普通使用许可合同、技术秘密分使用许可合同和技术秘密交叉使用许可合同。技术秘密独占使用许可合同是指被许可人在合同约定的时间和地域范围内,独占性拥有许可方技术秘密使用权,排斥包括许可人在内的一切人使用该技术秘密的合同。技术秘密排他使用许可合同是指许可人允许被许可人在合同约定的时间和地域范围内使用技术秘密,而不再许可任何第三方在该范围内使用该技术秘密,但许可人仍保留自己在该范围内使用该技术秘密权利的合同。技术秘密普通使用许可合同是指许可人允许被许可人在合同约定的时间和地域范围内使用技术秘密,自己也可以在该范围内使用该技术秘密,同时还可以许可他人在该范围内使用该技术秘密的合同。技术秘密分使用许可合同是指被许可人基于合同的约定将其在一定范围内使用的技术秘密许可他人使用的合同。如果没有约定,被许可人一般无权再许可他人使用该技术秘密。另外,除另有规定外,许可人可从分使用许可中获得报酬。技术秘密交叉使用许可合同是指当事人相互许可对方使用其技术秘密的合同。

二、技术秘密使用许可合同的主要条款

技术秘密使用许可合同的主要条款与技术秘密转让合同的主要条款基本一致,只是在具体内容上依该合同的性质有些差异。在使用技术秘密范围的条款中,应明确被许可人所获得的使用权是独占使用权、排他使用权,抑或普通使用权。另外,在该条款中,还应明确被许可人使用技术秘密的时间和地域范围及使用方式等,在保密条款中,应认定双方当事人的保密义务。

三、双方当事人的主要义务

(一)许可人的主要义务

技术秘密使用许可合同的许可人应当按照约定许可受让人使用技术秘密,交付使用技术秘密有关的技术资料,提供必要的技术指导。违反此约定的,应当返还部分或者全部使用费,并应当承担违约责任。在技术秘密独占使用许可合同中,许可人自己不得在该合同约定范围内使用该技术秘密,否则,应当停止违

约行为,承担违约责任;许可人也不得违反约定擅自许可第三人在该合同约定的范围内使用该技术秘密,否则,应当停止违约行为,承担违约责任。在技术秘密排他使用许可合同中,许可人不得违反约定擅自许可第三人在合同约定的范围内使用该技术秘密,否则,应当停止违约行为,承担违约责任。许可人应当保守该技术秘密,违反约定的保密义务的,应当承担违约责任。许可人应当保证自己是所提供的技术的合法拥有者,并保证所提供的技术完整、无误、有效,能够达到约定的目标。

(二)被许可人的主要义务

技术秘密使用许可合同的被许可人应当按照约定使用技术秘密,否则,应当停止违约行为,承担违约责任。被许可人应当按照约定支付使用费,未按照约定支付使用费的,应当补交使用费并按照约定支付违约金;不补交使用费或者支付违约金的,应当停止使用技术秘密,交还技术资料,承担违约责任。被许可人不得擅自许可第三人使用该技术秘密,被许可人未经许可人同意擅自许可第三人使用该技术秘密的,应当停止违约行为,承担违约责任。被许可人应当保守该技术秘密,违反约定的保密义务的,应当承担违约责任。

四、后续改进成果的分享原则

当事人可以按照互利的原则,在技术秘密使用许可合同中约定使用技术秘密后续改进的技术成果的分享办法。没有约定或者约定不明确的,可以协议补充;不能达成补充协议的,按照合同有关条款或者交易习惯确定;如果仍不能确定的,一方后续改进的技术成果,另一方无权分享。

第五节 商业秘密保护合同

一、商业秘密保护合同的含义

商业秘密保护合同是指当事人之间签订的关于特定商业秘密的保护协议。商业秘密具有实际或者潜在的商业价值,能为权利人或者使用人带来巨大的经济利益,其一旦被泄露,权利人或者使用人的垄断利益则会丧失殆尽或者受到较大的影响。为了保护其利益,商业秘密权人或者商业秘密的合法使用人可与知悉该商业秘密的人签订禁止其泄露或者使用该商业秘密的协议。在一般情况下,知悉商业秘密的人与商业秘密权利人及商业秘密合法使用者都会存在一定的法律关系特别是合同关系,知悉商业秘密的人根据诚实信用原则对特定商业秘密应有不予泄露和正确使用的义务。也就是说,在大多数情况下,知悉商业秘密之人对该商业秘密的法律义务不依赖于商业秘密保护合同。但通过订立商业秘密保护合同,能使需保护的商业秘密的对象、范围、保护期限和当事人的权利义务更加明确,对义务人泄露和不法使用商业秘密的情况更容易确定,也便于权利人举证,显然对权利人更为有利。另外,由于不同国家的法律对商业秘密范围、构成要件理解上的不同,在当事人之间存在涉外法律关系时,求助于侵权法保护有不确定性,这时采用商业秘密保护合同来保护商业秘密权更为合适。

二、商业秘密保护合同的性质

商业秘密保护合同在性质上具有复杂性,根据当事人之间法律关系的不同,有的属于劳动合同性质,有的属于一般民事合同性质。职工所在单位与在职职工之间订立的保守商业秘密合同和单位与职工之间订立的竞业禁止合同属于劳动合同性质的商业秘密保护合同。当事人之间基于商业秘密开发合同、商业秘密转让合同、商业秘密使用许可合同以及技术咨询合同、技术服务合同、买卖合同、承揽合同、保管合同、仓储合同、委托合同、行纪合同、居间合同、中介合同等合同关系而订立的商业秘密保护条款属于民事合同性质的商业秘密保护合同。

准确界定商业秘密保护合同的性质具有重要的理论意义和实践意义,有利于正确适用法律规范来处理纠纷。具有劳动合同性质的商业秘密保护合同除了要适用一般民事法律规范外,还应适用劳动法律规范;而具有民事合同性质的商业秘密保护合同只需适用一般的民事法律规范即可。

三、劳动合同性质的商业秘密保护合同

作为劳动者而言,自由择业是其一项基本权利。当劳动者认为所在单位给付的报酬和待遇不合理、所在单位的环境不能充分施展自己的才智时,在不违反法律强制性规定的情况下,有另谋职业的权利。即使在双方的劳动合同中约定了在职期限,违反约定擅自跳槽当然应承担一定的法律责任,但这也只能在有限的程度上对该行为进行约束,由于劳动合同具有较强的人身性质,无法强制执行,因此完全避免这种现象的发生是不可能的。另外,在不违反法律强制性规定

和合同约定的前提下,劳动者也可以到其他单位兼职。如果掌握了原单位商业秘密的劳动者到其他单位工作之后,将该商业秘密向公众披露、透露给现任职单位或者在现任职单位使用,会使原单位遭受重创,使其市场竞争力大受影响。在现代知识经济社会中,经营者在市场竞争中取得优势地位归根结底取决于人才的竞争。为了在市场竞争中获得更大的利益,经营者会千方百计采取措施以吸纳人才。由于劳动者对所在单位的市场领域较为熟悉,可能知悉单位的某些商业秘密,其利用自己所获知的原单位的商业秘密能为其他经营者带来一定的竞争优势,基于这种想法,很多经营者也希望知晓原单位商业秘密的劳动者为其工作,最明显的例子是我国某些企业在招聘广告中声明带项目者优先录用的情况。在目前市场经济社会人才流动司空见惯的背景下,由于劳动者和经营者的合力作用,使原单位的商业秘密受侵犯的情况屡见不鲜,用工单位和劳动者之间的商业秘密保护合同变得愈来愈重要,这也是保护用工单位商业秘密权、维持其竞争优势的有效途径之一。

(一)约定职工保守商业秘密的合同

用人单位可以与职工签订保守商业秘密合同以确定职工在职期间保守单位商业秘密的义务,除此之外,用人单位也可以采用规章制度的形式确定职工在职期间保守单位商业秘密的义务。我国《劳动法》第4条规定:"用人单位应当依法建立和完善规章制度,保障劳动者享有劳动权利和履行劳动义务。"《促进科技成果转化法》第28条第1款规定:"企业、事业单位应当建立健全技术秘密保护制度,保护本单位的技术秘密;职工应当遵守本单位的技术秘密保护制度。"

即使用人单位和职工未签订保守商业秘密合同,用人单位也未制定商业秘密保护规章制度,职工也负有对单位商业秘密的保密义务,这来源于职工对用人单位所负的忠实义务。职工的忠实义务要求职工在处理其职责范围内的事项时必须忠诚尽力,其自身利益和单位利益发生冲突时,应以单位利益为重,不得将自身利益置于单位利益之上。我国《宪法》第42条第2款规定:"国有企业和城乡集体经济组织的劳动者都应当以国家主人翁的态度对待自己的劳动。"《劳动法》第3条第2款规定:"劳动者应当完成劳动任务,提高职业技能,执行劳动安全卫生规程,遵守劳动纪律和职业道德。"上述规定都要求职工对单位应负忠实义务。另外,职工的忠实义务也是《民法通则》和《合同法》确定的诚实信用原则的内容之一。忠实义务要求职工对单位的商业秘密负保密义务。

签订保守商业秘密合同是保护用人单位商业秘密的有效途径。《劳动法》第22条规定:"劳动合同当事人可以在劳动合同中约定保守用人单位商业秘密的有关事项。"国家科委《关于加强科技人员流动中技术秘密管理的若干意见》第6

条也规定:"企事业单位可以按照有关法律规定,与本单位的科技人员、行政管理人员,以及因业务上可能知悉技术秘密的人员或业务相关人员,签订技术保密协议。该保密协议可以与劳动聘用合同订为一个合同,也可以与有关知识产权权利归属协议合订为一个合同,也可以单独签订。"

保守商业秘密合同应明确保密的内容和范围,一般而言,只要是职工从用人单位获得的一切技术秘密和商业秘密皆可作为保密的对象。需要注意的是,应将职工在用人单位工作期间所学习、掌握的知识、经验和技能与单位的商业秘密区分开来,不能将后者作为保密对象,因其不属于商业秘密。双方当事人还应在合同中明确职工保密义务的内容,如不得向他人泄露用人单位的商业秘密,不得利用用人单位商业秘密以获得个人利益,不得利用用人单位的商业秘密为用人单位的实际或潜在的竞争者服务,妥善保管、使用、交还用人单位商业秘密的附着物以防止商业秘密泄露,非经用人单位同意,不得利用其商业秘密进行新的研究和开发等。另外,双方当事人在合同中可以约定保密费的数额和支付方式。一般而言,职工在职期间,用人单位不必向其支付保密费。当职工离职后,作为此种商业秘密保护合同基础的劳动法律关系已经终止,双方可以约定保密费。双方在合同中还可以约定保密期限,一般而言,这主要是指职工离职后的保密期限。如果在约定的保密期限之内,职工违反保密义务的,应当承担违约责任。但这并不是像有些学者所言,保密期限届满后该职工就可以不再负保密义务了,而应当是对单位商业秘密权有所损害时不需再承担违约责任,但应当视情况负侵权责任。

签订保守商业秘密合同应当遵循公平合理的原则,不能违反法律法规的强制性规定。保守商业秘密合同可以在职工与用人单位确立劳动关系时订立,也可以在确立后订立。职工拒不签订保守商业秘密合同的,用人单位有权在不违反有关法律法规强制性规定的条件下不予聘用或者解聘。保守商业秘密合同是诺成合同,一经达成合意即成立生效。

职工违反与用人单位订立的保守商业秘密合同的,应当停止违约行为,并承担违约责任。承担违约责任的方式主要是支付违约金或者赔偿损失。损失赔偿额应依用人单位的实际损失确定;如用人单位的实际损失无法确定的,可以以职工因违约行为而取得的利益及非法使用该商业秘密所取得的利益作为赔偿额。

(二)竞业禁止合同

竞业禁止也被称为竞业限制,是按照法律规定或者合同的约定,劳动者不得到与原单位有竞争关系的单位任职或者自己从事与原单位有竞争关系的经营活动。竞业禁止合同是保护用人单位商业秘密的手段,在性质上可成为商业秘密保护合同的一种。用人单位通过约定劳动者竞业禁止义务,可以在一定程度上限制对商业秘密的泄露,减少他人非法使用其商业秘密的机会,在这一点上与保守商业秘密合同相同。但竞业禁止合同毕竟不同于保守商业秘密合同,竞业禁止合同是限制特定的人从事某一职业或者生产某种产品,而保守商业秘密合同则是禁止职工对用人单位商业秘密的泄露。[1]

四、普通民事合同性质的商业秘密保护合同

除具有劳动关系的当事人之间签订的商业秘密保护合同之外,其他平等民事主体之间签订的旨在保护一方当事人商业秘密权的合同即是民事合同性质的商业秘密保护合同。基于自己的利益需要,商业秘密权利人可能要将自己的商业秘密告知与自己形成或可能形成一定民事法律关系的相对人,根据民法中诚实信用原则的要求,获知商业秘密的相对人应承担保守、正确使用该商业秘密的义务。为了明晰对方对特定商业秘密的保护义务,更有力地维护自己的商业秘密权,商业秘密权人可以采取订立商业秘密保护合同的方式,以加大保护力度,更好地维护自己的合法权益。

商业秘密保护协议可以作为合同的一项条款包含在当事人的主合同当中,也可以单独订立独立的商业秘密保护合同;可以在主合同签订之前订立,也可以在签订主合同的同时或之后订立。商业秘密保护合同是诺成合同,一经订立即成立失效。商业秘密保护合同一般是单务无偿合同,商业秘密权利人一般无须向对方支付报酬。当对方当事人知悉或可能知悉商业秘密时,为了本人的利益,都可以要求订立商业秘密保护合同,在上文介绍的商业秘密开发合同、商业秘密转让合同与商业秘密使用许可合同中肯定会出现这种情况,当事人可以在此类合同中约定商业秘密保护条款或签订独立的商业秘密保护合同。除此之外,买卖、租赁、承揽、运输、保管、仓储、委托、行纪、居间、技术咨询、技术服务等有名合同或某些无名合同的当事人也可以根据具体情况签订商业秘密保护协议。在上述合同的缔约过程中,商业秘密权利人为了保护其商业秘密权,可以在商谈缔约事宜时签订商业秘密保护合同。

一般而言,商业秘密保护合同可包含下列内容:商业秘密的范围、商业秘密附着物的返还、商业秘密保护义务、义务人在其内部建立保密制度、权利人对义务人履行义务的监督和检查、违约金或者损失赔偿的计算方法、解决争议的办法、名词和术语的解释等,当事人可根据具体情况加以选择或者增添。

---

[1] 参见本书第七章第三节论述。

第六章　商业秘密的管理

第一节　商业秘密管理的重要性

商业秘密管理,是现代企业管理制度的一项极其重要的内容。对企业来说,如何在市场经济中长期生存并不断发展是摆在各企业面前的关键性问题。如果不了解市场经济的游戏规则,不仅意味着自身权利受到侵害,更意味着巨大的经济损失甚至丧失主体资格。市场经济的本质是竞争。而以广阔的技术信息和经营信息为内容的商业秘密几乎涵盖了企业的所有方面,成为企业竞争力的重要组成部分。企业因为掌握了某些商业秘密而大大降低了有形投入的成本,回避风险,发现市场机会,使自己的生产经营活动得到创新或改进,从而使自己在同行业的竞争中处于有利地位。企业是国民经济的微观基础,也是市场经济的基本主体,因此商业秘密对国家国民经济也具有重要意义。日本知识产权研究所对日本企业财产性情报的重要性进行调查,得出的结论是,在经济、技术水平迅速提高和向服务化发展的进程中,商业秘密成为支持日本产业的技术力、经营力,从而成为日本经济发展的重要财产基础。[①]

依靠商业秘密进行竞争,可口可乐公司是一个典范,该公司有一个座右铭,"保住了秘密就保住了市场"。而不懂得保护自己的商业秘密的企业,往往失去竞争优势甚至惨遭淘汰。为了进一步说明商业秘密管理对企业的重要性,下面举两个实例。

[①]　通商产业省知的财产政策室监修:《营业秘密改正不正当竞争防止法逐条解说》,有斐阁,第17页。

山东省东平县大麻纺织总厂发明的大麻脱胶技术,是一项具有国际先进水平的技术,运用该项技术生产的十几种大麻织品,远销十几个国家和地区,成为欧美市场上抢手货,使该厂年产值近亿元,5年利税翻了5番。对这样一项先进技术,该厂执行了严格的保密制度。近几年,连续出台了保密守则、工艺技术保密制度、重点车间保密规定等规章制度,使工人在保密方面有章可循。外来人员到该厂参观,必须由厂领导或保卫干部陪同;调离工厂的技术人员,一律签订跟踪保密合同,并严禁带任何技术资料出厂;涉外谈判,只谈最终指标,不谈工艺流程和数据;外商来厂考察,只准进入接待室;对外提供资料,只许提供产品说明和工厂简介,不提供技术资料等。不仅如此,该厂尤其重视对技术资料的保管,实行分割保管的办法,即将大麻脱胶技术资料分解成三部分,分别由三人掌管,只有把三人掌管的技术资料合在一起,才能形成完整的技术资料。这样即使偶有闪失,也不至于使全部的技术资料被泄露。在工艺生产上实行工段控制法,即每个工段上的工人只知道添加剂的数量,而不知道添加剂的名字和化学成分,因为所有的添加剂在出库时都消除了原名,重新编号。这样就限制了知悉范围,防止了泄密现象的发生。

近年来,我国空调市场上每年都要爆发一场空调大战,特别是春、夏季节,空调生产商和销售商都要想方设法占领市场,这就产生了一个矛盾:一方面,为销售大量产品,从而获得丰厚利润,生产者集中人力、物力扩大空调产量,销售商也集中人力、物力扩大规模购进、囤积空调。如果这一年天气不十分炎热,则市场对空调的需求量就会大幅度下降。大量的空调放在仓库里卖不出去,资金搁置,无法流动。另一方面,为避免前述尴尬局面,生产商和销售商小心行事,不敢大量生产、进货,宁愿少赚钱也不压死钱。而如果这一年,天气起初不热,随后酷暑难耐,市场对空调需求量迅速提高,但此时生产商生产能力跟不上,仓库也空了,产销脱节,生产商销售商眼看着赚不到钱,心里的滋味更加难受。这就是季节性较强的商品在生产和销售中存在的矛盾。然而有一家空调生产企业一连几年生意做得特别好。当有记者采访该生产商了解其经验时,他侃侃而谈,谈到得意处不禁忘了保守秘密,一语道破天机。原来,这个生产商根据空调本身独有的特性,即季节性商品,与天气有很大关系,天气越热就越好卖,因而与全国各地的气象台签订气象预报的有偿服务协议,通过气象台提供的天气预测来确定销售策略,因此该生产商总是先于同行把握商机。采访公开后,同行纷纷效仿,该空调生产商再无优势可言。

以上一正一反两个例子,形象说明了商业秘密对企业生存发展的重要作用。无论是国际先进水平的技术,还是及时把握天气变化的生产经营上的小小信息,

第六章　商业秘密的管理

发现并掌握商业秘密,能使企业获益匪浅,而对商业秘密的管理掉以轻心、保护不周,就会失去竞争优势。

第二节　商业秘密保护现状与误区

企业对商业秘密的认识经历了一个渐进的过程。在计划经济体制下,企业特别是国有企业缺乏商业秘密保护意识,对自己的商业秘密很不重视,更未将其视为一种无形资产,由于保密制度和措施的疏漏而使事业大厦毁于一旦的例子屡见不鲜。随着市场经济的发展和企业竞争的激烈,越来越多的企业尤其是一些技术含量高的企业逐渐认识到商业秘密对于企业的重要性,开始在企业内部采取保护措施。总的来说,现阶段我国企业对商业秘密保护具有以下几个特点:

第一,大多数企业未认识到商业秘密在市场经济中的实际和潜在的价值。有调查显示,许多企业不仅对自己的一些经营信息不知道加以保护,对一些专有技术也不知道加以保护,国有企业尤其如此,从而导致在竞争中丧失优势。

第二,大多数企业未将商业秘密作为一种无形资产加以保护。不少企事业单位随意泄露甚至无偿将我国商业秘密提供给外国企业的事件时有发生。某些企业缺乏商业秘密保护意识,在与外商合资中单从本企业短期利益出发,忽视国家利益、长远利益,对一些我国的专有技术,也以低廉的价格出卖给外国,使国家利益受到损害。

第三,有的企业虽然认识到本企业的一些技术、信息是商业秘密,但未采取切实有效的保护措施。对主要涉密部门及人员都未采取妥善的保密措施,以致秘密被泄露。有的企业虽也制定了保密措施但形同虚设,虽订立了保密合同,却不严格执行,管理松散等等,都极不利于商业秘密的保护。

第四,人才流动中泄露商业秘密的事情已成为普遍现象。尤其在一些技术含量高的企业,人才流动带走商业秘密的现象极为普遍。

我国企业商业秘密保护观念淡薄,保护水平不高,究其原因,与商业秘密保护工作中普遍存在的误区有关。

误区之一:觉得自己没有什么商业秘密需要保护,或者认为只有大企业才有商业秘密,我们小本经营没有什么商业秘密。事实上商业秘密并非大企业才有,国外有的学者这样介绍保护的必要性:所有企业均会有商业秘密,商业秘密与是否高科技企业无关,与企业的规模无关,即使是一个只有20人的机械工具生产企业,50年没有改变生产方式,也可存在很有价值的商业秘密。① 从一家企业成立之日起,企业就有了产生商业秘密的可能。举一个最简单的例子,甲、乙两家小卖部同样经营红塔山香烟,都卖10元一包。甲只能以9元的价格进货,乙却能以8.5元的价格进货。那么乙只要对进货渠道保密,他就会在竞争中占据优势,这就是商业秘密。由此可以看出,没有无秘密的企业,除非其不参与市场竞争。

误区之二:认为落后的东西就不需要保密。"同行是冤家",这用来形容市场经济条件下企业间的竞争关系不是没有道理的。在两个竞争的企业之间,落后一方的底牌若被有优势的一方掌握的话,就有可能被优势方玩弄于股掌之上。对方可以凭借技术、产品和管理等方面的优势,以最低廉的竞争代价压制对方,甚至搞垮对方。当对先进与落后的认知缺乏量化信息支持的条件下,优势方就不得不小心翼翼,以防对方打出什么杀手锏来,阴沟翻船。这就会无形中加大其竞争成本,妨碍其优势的充分发挥;但若优势方对弱势方的长短处了如指掌,那他可以放心大胆地制定出针对性极强的策略来,达到其损人利己的目的。诸葛亮唱"空城计"就是利用司马懿对自己实力的不确定程度,从而使"空城计"得以成功,成为千古绝计。

误区之三:保护范围扩大化。将那些已经处于公知领域的信息当作自己的商业秘密加以保护,一方面增加了企业的成本;另一方面眉毛胡子一把抓,不能做到有的放矢,分散了人力、财力,重要的秘密反而得不到有力的保护。究其原因就是没有充分认识商业秘密的"三性"原则:秘密性,即该项信息是不能从公开渠道直接获取的;价值性,即该信息具有确定的可应用性,能为权利人带来现实的或潜在的经济利益或竞争优势;保密性,就是权利人要采取保密措施,包括订立保密协议、建立保密制度及采取其他合理的保密措施。

误区之四:重技术信息的保护而轻经营信息的保护。许多企业十分清楚"科学技术是第一生产力"的道理,都能自觉不自觉地对技术信息类的商业秘密加以或多或少的保护,而对于经营信息类的商业秘密,由于没有相应的管理措施或者认识不足,导致对此类秘密疏于管理。最为典型的表现就是,对技术开发人员有保密要求,而对市场计划和营销人员、财会人员、秘书人员、保安人员等非技术开发人员却放任自流。事实上,企业的发展战略、市场开拓计划措施、供销渠道、营销策略、财务状况等等,同技术秘密一样,泄露后都会给企业带来危害,轻者造成经济上的损失,重者导致竞争优势的丧失,甚至带来灾难性的后果。因此,技术秘密的保护与经营秘密的保护必须并重。

---

① Unkovic, Dennis, *The Trade Secrets Handbook*, at 33 N.Y. Prentice-Hall, Inc..

误区之五:缺乏综合保护措施。企业的各种重要信息由于类别和载体形式的不同,被侵犯的难度就不一样,相应地,保护的方法和措施也要适合它们各自的特点。一般情况下,不易被产品所反映的创新点,应作为商业秘密加以保护,因为,我国幅员辽阔,法制建设存在许多问题,地方保护还很盛行,申请专利必须将技术公之于世,这样反而增加了风险;为产品直接反映,能利用"反向工程"解密的创新点,适宜选择专利保护;产品开发阶段以图纸、配方、实验报告等有形的载体表现出来的无形技术知识,可以对这些图纸、文件等加以著作权法的保护;含有商业秘密的名牌产品,可用商标法加以保护,这样,其他人即使利用了同样的方法或配方制成了同样的产品,由于不能使用该畅销商品的注册商标,也就不能顺利地挤占该产品的市场。

误区之六:过分信赖制度和合同的约束力。这种思想是片面的。任何企业都难以保证没有不忠诚的员工,也不能忽略涉及本企业商业秘密的合作伙伴、谈判对手、重要客户、服务提供单位有不守信用的可能。对这些不忠诚的员工和不守信用的涉密单位,保密制度和保密合同的约束常常显得乏力,他们会利用法规、制度的空当或心怀侥幸,为了一己之利对权利人的商业秘密实施侵害。因此,企业在制定保密制度、签订保密合同的基础上,还要掌握保守商业秘密的技巧,经常进行检查监督。要将每一重要的商业秘密分割成多个部分,不同的部分安排不同的人员从事开发、操作、管理,使得企业中尽可能少的员工掌握该商业秘密的整体部分;要对企业内部的门和人员进行经常性的保密检查,及时发现泄密隐患,堵塞泄密漏洞;定期不定期地组织人员出外巡查,以免商业秘密被侵犯后仍一无所知,错过最佳的补救、反击机会,使企业遭受难以挽回的损失。

第三节　商业秘密的泄密方式

国内的一位经济学家说过:20世纪的企业家所犯最多最致命的错误是腐败;而21世纪的企业家所犯最多最致命的错误将是泄密。所谓泄密,是指由于权利人的故意或疏忽、意外事故、他人的侵权行为或其他原因使商业秘密部分或全部丧失秘密性,从而导致权利人丧失竞争优势或遭不利。① 商业秘密是无形财产,对其利用不会发生损耗,其丧失的原因是由于公开。所谓完全丧失,是指商业秘密完全丧失秘密性进入公有领域,任何人均可使用;部分丧失,也有人称

---

① 张耕主编:《商业秘密法律保护研究》,重庆出版社2002年版,第231页。

之为商业秘密的损失,是指商业秘密并未进入公有领域,但竞争对手利用权利人的疏忽、意外事件或他人的侵权行为,获得了该商业秘密,从而使权利人因商业秘密增多了使用者而丧失一部分竞争优势,以致遭受一定损失。

一、权利人泄密

(一)权利人故意泄密

现代人将商业秘密视为一项产权。登姆赛茨认为,产权是一项社会工具,其重要性就在于事实上能帮助一个人形成他与其他人进行交易时的合理预期,其功能是引导人们实现将外部性较大地内在化的激励。[①] 故权利人可以根据自身需求如同处置其他有形财产一样自由处分其商业秘密,从而导致商业秘密的不同命运。

1. 为申请专利而导致泄密

对创新的技术和信息可以通过专利与商业秘密来保护。专利保护的新颖性要求高,必须是以前没有的信息,即创新的信息;而商业秘密要求具有相对创新性即可,即是贸易或商业一般不被知道的信息。专利保护有期限限制而商业秘密只要是秘密,可以永久存续。然而,两者保护力度不同,对于专利保护,只要专利有效,不管他人是否有独立发明,均享有被保护的权利;而对于商业秘密,只要他人独立发现以及通过反向工程方法获取,商业秘密的权利就会丧失。对于商业秘密如果不申请专利,则只能靠保密法(law of confidence)提供保护,而保密法具有不确定性,尤其由善意第三人取得时,保密法所提供的保护就如同虚设。出于此种考虑,权利人往往将商业秘密申请专利,寻求强有力的专利保护。故此种泄密实际上是为了更好地保护其商业秘密。当然,此举有一定风险,如果专利申请在公开后未获批准,其秘密也就永远丧失了。

2. 由于权利人销售产品而导致商业秘密泄露

一般涉及工艺流程的秘密,通过观察拆卸成品是不能了解其生产过程及其技术秘密的。但是某些产品如自行车的传动装置,就可因拆卸等反向工程而了解其技术秘密。权利人将产品销售后(尤其是在大规模销售产品时,黑箱封闭条款不能进行有效保护时),则视为权利"穷竭",从而失去对权利之体现物的垄断权,其他人得通过拆卸等手段了解产品中含有的技术构成,权利人对此无权干

---

① 程恩富:《西方产权理论评析》,当代中国出版社1997年版,第48页。

涉。此时应注意的是,通过反向工程获得了秘密的人,如果采取保密手段将其作为商业秘密加以保护,原权利人只是部分丧失其商业秘密,不能对抗该他人的使用,但是法律规定不得或权利人声明不得拆卸者除外。

3. 权利人因著述或演讲而泄密

大部分杰出人才愿意把自己最先进的研究开发成果告诉同行,这是可以理解的,因为这样显然可以在本领域里取得学术地位或专业威望。但是,同时这也意味着这些信息已经进入了公共领域,并且永远不能再对该商业秘密要求拥有所有权。权利人必须牢记,发表技术著作,出席专业领域的会议或参加贸易会议,经常是处于本领域内具有很高知识背景的同行之中。这些同行们能敏锐地捕捉到有关信息字里行间的言外之意,并且清楚哪些信息是没有明确披露的。因此,某些权利人自己认为仅是微不足道、无足轻重的信息,很有可能正是竞争对手一直苦苦探寻的关键性信息。

4. 权利人为了宣传或介绍产品而泄密

公关宣传、学术交流或所属知密人员向大众媒体投稿把关不严,通过写文章宣传报道泄露商业秘密的现象比较严重。比如,20世纪80年代初,我国的杂交水稻技术处于世界领先地位,但由于这项科技成果先后在公开的杂志上发表了50多篇论文,使这项技术的"秘密性"丧失殆尽。中国代表团到西德进行技术转让谈判时,对方说,你们的东西我们不要了,因为已在你们出版的杂志上看到了。而且因泄露了杂交水稻的技术秘密,我国不能在外国申请专利,使我国遭到重大经济损失。

5. 权利人出于某种因素而公开其秘密

例如软件开发者无偿公开其软件以造福于民,民间老中医公开其祖传秘方以治病救人等等。

(二)权利人因疏忽大意或管理不善而泄密

1. 接受外来人员采访、参观、考察、实习中因疏忽大意而泄密。有的企业在接待外单位参观时,缺乏警惕性,没有做到内外有别,或急于谈判成功,过分热情接待对方,造成商业秘密被泄露。我国生产的龙须草席,具有悠久的历史,清朝时是皇帝享用的贡品。从1953年开始,销往日本、香港、马来西亚、意大利等地。曾在莱比锡世界工艺品博览会上被誉为"中国独有的工艺品",为国家赢得了颇多外汇。80年代初,日本一企业派人参观了生产全过程,对每一道工序都作了详细了解和拍照。日本人回去不到3个月,就制造出了代替手工捶草的机器。此后,日本停止从我国进口龙须草席,同时在国际市场上与我国竞争,逐步取得垄断地位,导致我国出口生产厂家全部倒闭。

同时，对业务交往或经济合作对象缺乏防范。日本某公司对中国一家企业掌握的真空管技术觊觎已久。1982年8月，该公司在发标建设发电站时，以承包100亿日元规模的冷却塔需要评估投标方的技术水平为名，轻易取得了真空管技术的设计图纸，最终却没有邀请中国方面参加谈判。

2. 权利人因保密意识不强，保密制度不健全而泄密。由于出差人员对所带的资料保管不善而泄密的情况时有发生。1990年夏，美国波音公司的经理到某国投标，下榻于一家饭店。晚间散步归来，他发现自己的文件有被人翻动的痕迹。经调查，重要资料悉数被翻拍，系竞争对手委托饭店方面所为。

另外，不注重废旧秘密载体的管理。除了正规的文件、资料外，商业秘密还普遍存在于废旧电脑磁盘、办公废纸以及工业垃圾等废旧载体中，最易被忽略。福建南安的一个农民进广州拾破烂，他栖身于离经济开发区很近的一个亲戚家里，早出晚归，捡的尽是些废旧纸张、图片和报废遗弃的工业产品。别人捡破烂跑生活区，他却专往工业区、商业区、机关跑，一同"出道"的人眼睁睁地看他每天比自己捡的少，而每月寄给家里的钱却多得多，百思不得其解。原来，他被一家公司看中，许以高额报酬，专门搜集三家同行公司的工业垃圾。仅1989年至1991年，他就先后给那个公司300多件有价值的资料和工业垃圾，使其对竞争对手的情况了如指掌，从而在市场竞争中保持明显的优势。

二、合同当事人泄密

可能泄露商业秘密的合同当事人包括商业秘密被许可人及受让人、负有共同保密义务的商业秘密转让人、商业秘密之共同研制人以及共同使用人等。根据《民法通则》、《合同法》、《反不正当竞争法》等有关法律之规定[1]，合同当事人应恪守合同义务，遵守法律与行业道德准则。如果违背保密协议擅自披露、使用权利人的商业秘密，则构成违约。

除了明示的合同义务，英美法系提出了事实的默示合同或法律的默示合同理论，即在权利人没有明示合同的情况下并不意味着其权利得不到保护，还有一张道德网将非法泄密者牢牢地束缚住。这些义务包括：根据法律而确定的默示保密义务，如专利代理人与委托人之间尽管无特别规定，但代理人应保守委托

---

[1] 参见我国《民法通则》第4条、第5条关于保护合法权益，诚实信用之规定；《合同法》第60条、第92条关于附随义务之规定；《反不正当竞争法》第2条"经营者在市场交易中应遵守公认的商业道德"。

的秘密,否则构成违约;根据交易习惯或行业惯例而确定的保密义务,如美国生物技术研究领域有一个普遍的做法,即研究机构、非研究机构的同行间相互交换、提供所有新发现的生物技术培养物,但接受者应像从朋友处借来财产一样,妥善保管,未经同意,不得转交他人或用于个人赢利。①

保密义务比较特殊,并不随合同终止而消灭。在许可使用或技术转让等情况下,合同当时人对商业秘密的某些义务可能会消灭(如停止支付使用费),但只要商业秘密尚未进入公有领域,保密义务将继续存在。

三、国家机关工作人员泄密

国家机关包括行政机关与司法机关,它们有权依法对民事主体的经济活动进行管理指导并解决发生的纠纷。如果为了公共利益的需要必须公开某些商业秘密,同时这些公开有明确的法律依据,则该机关就可以在合理范围内公开权利人的商业秘密。但此种权力不得无限制地膨胀,因为从根本上讲,商业秘密是其持有人的私有权利。国家机关如果没有合法依据实施了披露商业秘密的行为,或其工作人员在履行公务中故意或过失实施了违法行为,导致商业秘密泄露,则应承担相应的法律责任。对此,各国法律均有规定,如我国《民事诉讼法》第66条规定不得在法庭开庭时出示涉及商业秘密的证据;我国《环境保护法》第14条规定环保部门有权对管辖范围内的排污单位进行现场检查,但应当为被检查单位保守商业秘密;美国1925年《联邦商业秘密法》规定了公务人员泄露商业秘密的责任;《TRIPS协定》第39条第3款也规定了国家机关对商业秘密的保密义务。②

国家机关工作人员泄露商业秘密的行为主要包括:在审批有关事项中泄露、使用、允许他人使用权利人之商业秘密,在管理、监督、检查有关事项中泄露、使用、允许他人使用商业秘密,以及国家司法机关在审判活动中违反诉讼程序法的规定泄露、使用、允许他人使用权利人之商业秘密。例如甲为了得到A公司向药品审批机关提交的批准生产新药的申请,则诱使该审批机关的工作人员乙将A公司的资料交给甲复制,从而获得该秘密。

---

① James A.Sheridan:Attorney's Guide to Trade Secrets,at 178,CEB.
② 秦洁:《商业秘密的管理》,载张耕主编:《商业秘密法律保护研究》,重庆出版社2002年版,第236~237页。

四、商业间谍

在当代和平时期,战争的硝烟消灭殆尽,但另一场无硝烟的战争却愈演愈烈,那就是争夺经济情报之战。正如美国作家彼得·施特在《友善的间谍》一书中所说,信息与技术是"当今经济竞争和全球市场发展之关键所在,谁掌握它,谁将在竞争中取胜",道出了经济情报的重要性。日本经济的腾飞,某种程度上说也是靠窃取别国科技经济情报。据报道,20世纪全世界29项重大发明中美国占19项,而将这些发明用于获益的却是日本,连日本也承认"日本的经济效益54%是靠情报得来的"。日本的企业家普遍认为,一个优秀的情报人员,足以顶十几个推销员,使利润成倍增加。通信、谈话被截取或窃听是商业间谍的常用手段。例如,美国SCO公司在国际投标中屡屡被某外国公司以微弱的价格优势击败。失败的原因是,后者的情报部门在该公司的电话和传真机上连线,事先知晓了该公司预定的投标价格。而现代的谍战更具狡猾性,例如日本维尼公司的总会计师田中德川去医院看牙,不择手段的竞争对手竟然买通医生,在其假牙内安装了微型窃听器。维尼公司的财务秘密变成了对方的"杀手锏",在竞争中极其被动,最终陷入破产境地。

商业间谍无孔不入,危害性极大。了解商业间谍手段有助于对症下药,加强防范。以是否直接以企业或职工为对象实施间谍行为获取商业秘密,商业间谍手段可以分为直接手段和间接手段。

(一)直接手段

直接手段是向对手企业直接实施间谍行为,即企业情报人员利用对手企业防范中的漏洞,或利用对方职工的利益心、虚荣心、反叛心理、松懈心理,公开或隐藏情报人员的身份,采取的获取对手商业秘密的行为。实践中主要有以下方式:

1. 访问竞争对手的原雇员,特别是年老退休者,由于通货膨胀造成的危机感或实际困难,可有偿获取一些商业秘密;

2. 直接对对手公司现任高级管理和技术人员、中下层干部、技术工人、一般员工和临时工、保安人员行贿;

3. 利用竞争对手的技术、管理人员出差、观光时的松懈和愉快心理状态,以合适人选与技术、管理人员接近,得到商业秘密;

4. 在学会、协会等有关会议上对对方企业人员发出诱导性提问,由于精心伪装提问者的身份,有时能收到奇效;

5. 以关心其处境,许诺高职位或高薪水为诱饵与对方的职工交谈;

6. 利用合法的参观机会,多看、多听、多问,或不按照对方的要求行事,或利用特殊装备,刺探商业秘密;

7. 假称接受技术使用许可,与竞争企业进行洽谈,摸对方技术底牌;

8. 挖取竞争对手的人才,许以利益换取商业秘密;

9. 假招聘,即根据需要了解的竞争对手的技术、经营信息,设计虚假的企业内部职位,然后公开宣传招聘信息,往往竞争企业中的特定人物会中计而来,为了能得到该职位,无意中泄露竞争企业的技术、经营秘密;

10. 派人在竞争企业临时工作,利用所见所闻,刺探商业秘密;

11. 派人在竞争企业长期工作,这些人不在乎一时的得失,而在乎长期潜在的利益,由于长期的努力,深得信任和重用,此时或者挖取重大商业秘密,或者从事系统的破坏工作,往往能导致竞争企业于不知不觉中倒台;

12. 恐吓,即掌握竞争企业中某些职工的个人劣迹、隐私甚至犯罪前科,利用其害怕企业知道的心理进行要挟,获得商业秘密;

13. 电话窃听;

14. 拦截和破译电传、传真内容;

15. 对手机通信进行无线电监听;

16. 用先进技术手段进入竞争对手的计算机网络或信息库;

17. 用特种技术手段窥视竞争对手的技术产品;

18. 用特种技术手段照相、摄影;

19. 组织抢劫,这是商业间谍的极端手段;

20. 破坏对方工厂,如放火以便趁火打劫。

(二)间接手段

商业间谍的间接手段,是指不直接以对方企业或职工为刺探对象,而是通过诸多与对方企业或职工有联系者,间接获取商业秘密,这些外部关系人员包括:

1. 大学教师和科研单位的技术人员,其对专业领域内的企业提供咨询和设计服务,很可能了解不同企业的生产、经营秘密;

2. 在履行职责过程中可能接触委托人商业秘密的律师、专利代理人;

3. 公司企业的顾问,一般由退休人员、社会知名人士甚至政府雇员担任,在顾问过程中可能接触到商业秘密;

4. 原材料供应商,有时仅从原材料的种类、供应时间、质量要求,就可以勾画出产品类型、生产情况;

5. 销售商,通过其可了解企业的新产品上市、老产品改良情况,因为企业要

向销售商介绍产品,同时还会通过销售商了解市场的反馈情况,如产品的缺陷、用户要求的改进等;

6. 仓储公司,通过其可了解企业的库存数量、种类、返修情况等;

7. 社会咨询或调查机构,通过其可了解委托企业的内部情况;

8. 银行职工,通过其可了解企业的固定资产更新计划、贷款计划、政府优惠资金投入等信息;

9. 税务人员,其通过税收可以掌握主管企业的经营情况;

10. 竞争企业中掌握商业秘密人员的亲戚、同学、同乡等,竞争企业人员对这些人可能放松戒备,透露有关商业秘密;

11. 竞争企业工厂周围的居民,可向其了解耳闻目睹的情况;

12. 广告商,好的广告能使企业建立良好的公众形象,为了使广告商了解企业的业务,企业可能会将未上市的产品或保密的经营计划透露给广告业者;

13. 印刷业者,如果企业保密观点不强,其商业秘密在外打字、复印、印刷过程中,可能会被社会上的打字社、复印社、印刷厂所了解;

14. 新闻记者,在采访过程中,企业主要负责人为了说明业绩,可能无意中将商业秘密透露给记者;

15. 废品回收者,其收购的废品中可能有体现商业秘密的文字、视听材料,或样品、仪器、设备的残次部件等;

16. 小偷,虽然其目标是钱财,但有时顺手牵羊的副产品,会比钱财更值钱。

五、雇员泄密

俗语云:堡垒最容易从内部攻破,有关的保密措施虽然能防范行为人的外部侵权,但难以防住家贼。有关的调查表明,绝大部分商业秘密的泄露都是出自企业内部员工的泄密。实践中,雇员泄密的常见形式主要有:

(一)人才流动泄露商业秘密

人才流动是企业内部泄露商业秘密的重要途径。当前社会上发生的商业秘密侵权案,绝大多数都是因为人才流动(或称跳槽)引起的。商业秘密与有形资产不同,是一种无形财产,也与无形财产中的专利等不同,没有法律界定的公众所知的明确界限,故其极容易随人才流动而流失。掌握商业秘密的技术人员或管理人员流向聘用单位服务,与原企业竞争,构成对原企业商业秘密的侵权。

美国的麦基公司是一家计算机软件开发商,从1991年5月起,公司的高级主管唐纳德负责开发代号为"D3"的系列软件。到了研制的最后阶段,唐纳德突然以身体不适为由辞职。1992年3月,麦基公司发现肯特公司在市场上出售的"L8"软件的内容与即将推出的"D3"软件几乎完全相同。原来,肯特公司获悉麦基公司正在研制"D3"软件,觉得有利可图,于是重金收买了唐纳德,通过他得到了技术资料。又比如某市东方化工厂花费15万元引进胱胺酸生产技术,产品打入市场后经济效益很好,后来参加试验生产的技术员王某,在市郊镇办生化厂的引诱下,擅自跳槽到生化厂,他利用自己掌握的产品配方、工艺流程等商业秘密技术,组织生产胱胺酸产品,一次试车成功,节约研制经费、缩短生产周期,并用低于东方化工厂的价格同其竞争,迅速占领市场,使东方化工厂遭受重大经济损失。

(二)兼职工作泄露商业秘密

一些掌握企业商业秘密的干部、工程师、技术人员在外单位兼职工作或从事第二职业,利用自己的一技之长,进行有偿服务,会造成泄露原企业的商业秘密。

某部门的一位高级技术人员,被外国驻京公司高薪聘为顾问和总代表,他利用自己掌握的大量工业技术信息和项目内情,代表外国公司同国内企业谈判,使我方谈判人员处处被动,经济利益遭受很大损失。

(三)为了私利泄露商业秘密

在市场经济大潮中,一些掌握商业秘密的人员,为了个人私利或子女私利,故意泄露本企业、单位的商业秘密的事件屡有发生。

长春汽车研究所助理工程师荣×,在为公司引进CAD系统时,为达到个人私利,多次向外方泄露CAD系统的我方报价底数等商业秘密,使我方谈判工作处于被动地位。

(四)离退休职工被另一个单位聘用泄露商业秘密

掌握商业秘密的职工在其离退休后,被其他企业和单位聘用,利用自己掌握的技术从中牟取私利。

(五)企业内部职工保密观念淡薄泄露商业秘密

企业内部职工泄露商业秘密的比例比较大,据美国一些企业调查,企业泄露商业秘密,30%是企业的在职员工,28%是离退休的员工,因此加强企业职工的保密教育是十分必要的。有的职工保密意识不强,过失泄露企业的商业秘密。

某市一毛巾厂,生产的毛巾特别白,被外国一家饭店包销,用于一次性餐桌上,不久这家饭店来到毛巾厂考察,一位客人问该厂职工你们厂生产的毛巾为什么这么白?这个职工回答的一句话无意泄露了厂的商业秘密,以后这家外国饭店再也不买他们厂的毛巾了。

第四节 商业秘密的管理措施

有人把商场比作战场，那么商业秘密就好比是军事秘密，泄露了军事秘密，将导致泄露方在战争中一败涂地。同样的道理，在激烈的市场竞争中，一个企业如果不能保护好自己的商业秘密，就很难保证在商战中立于不败之地。美国可口可乐公司一直独享其饮料配方，中国江西景德镇瓷器能在世界范围内始终占有一席之地，均被公认为防守的典范；而以前长期被日本掠夺科技成果的美国杜邦公司、尤尼梅森公司、康宁公司等通过完善管理体制，使日本无法再"借鉴"自己的成果，迫使其加紧本国的科技开发，进而保护了自己的利益。这些成功的典范均从企业内部着手，加强管理，采取有效的保密措施，防止祸起萧墙。可见，"商业秘密确实是靠自身保密而不是靠法律维护其价值"[①]。

大陆法系与英美法系在商业秘密保密理论上存在着一定的差异。大陆法系的保密措施比较强调保密合同的作用，如日本实务界所认可的保密措施主要有：(1)告知雇员存在商业秘密；(2)签订保密合同；(3)限制进入工场、机器设备附近；(4)对秘密文件进行特殊保管；(5)禁止秘密材料的散放。[②] 而英美法系则不十分倚重保密合同，如美国普通法司法实践中所认可的保密措施主要有：(1)把接近商业秘密的人员限制到最小范围；(2)利用物质保障使非经权利人许可的人不能获取任何关于秘密的知识；(3)在可行的情况下，限定雇员只接触商业秘密的一部分；(4)对所有涉及商业秘密的文件，都用表示秘密等级的符号将其一一标出；(5)要求保管商业秘密文件的人员采取妥善的保护措施；(6)要求有必要得知商业秘密的第三人签订适当的保密合同；(7)对接触过商业秘密又即将解职的雇员进行退出检查。以上差异的存在大概是英美法上的独有的推定合同关系的理论使然。

完善对商业秘密的管理措施，不仅是法律的要求，更是现实的需要。对商业秘密的保护，必须贯彻防护为主的原则。由于商业秘密专业性强、涉及面广，因此应当实行专业化、系统化管理，根据本单位商业秘密的特点及实际情况采取切实有效的保密管理措施。

---

① 程永顺：《工业产权难点、热点研究》，人民法院出版社1997年版，第513页。
② 刘金波、朴勇植：《日、美商业秘密保护法律制定比较研究》，载《中国法学》1994年第3期。

第六章 商业秘密的管理

一、法律措施

法律措施指企业保护商业秘密的规章制度、单方要求与承诺以及商业秘密保护合同等。法律措施产生厂规、合同、保证等有法律效力的文件,是法律行为。

(一)建立完善的商业秘密管理规章制度

所谓商业秘密管理规章制度,是指企业关于商业秘密管理的基本规定,包括对商业秘密进行管理的目的、商业秘密的定义及范围、对资料之使用、管理人的责任、商业秘密保密义务的确立和违反义务的责任等。① 商业秘密作为一种智力成果权,如果有关人员不通过保密措施自己主张权利,那么从法律上就没有主观占有该财产的主观意图,也就不能构成该商业秘密的权利人。合理的规章制度可以受到国家法律的保护,成为权利人主张无形财产权的依据。建立完善的保密制度,不仅是企业在特定环境下采取的合理保密措施的直接表现,同时也证明了企业商业秘密的存在。一个企业制定保密规章制度,使职工有了行为准则,也将职工对企业的忠实义务明示化,有利于实际遵照执行以及在诉讼中举证。

保密规章制度的制定要合理、合法、切实、可行。规章制度如果过于琐碎,会与工作不适应,因而会造成工作障碍,影响经营活动。相反,过于简单,又形同虚设。一般而言,企业制定保密规章制度包含以下几方面内容:(1)商业秘密的范围;(2)商业秘密的管理者及责任;(3)商业秘密档案管理;(4)商业秘密的申报与审查;(5)商业秘密的保密义务、处罚;(6)雇佣期间产生的商业秘密的归属以及关于竞业禁止的规定等等。

(二)与涉密人员签订保密合同

保护商业秘密,不需要明示合同的存在,因为商业秘密权是法律创设的权利,不是合同创设的权利,被称为"法律的默示义务"。职工对企业的保密义务基于其对单位的忠实义务的要求,职工对单位承担保密义务的内容包括:(1)保守秘密的义务;(2)正确使用商业秘密的义务;(3)获得商业秘密职务成果及时汇报的义务;(4)不得利用单位的商业秘密成立自己企业的义务;(5)不得利用商业秘密为竞争企业工作的义务;(6)妥善保管商业秘密文件的义务。职工对单位的上述义务不仅是单方面负有的义务,而且是默示义务,即使单位与职工没有书面合

---

① 秦洁:《商业秘密的管理》,载张耕主编:《商业秘密法律保护研究》,重庆出版社 2002 年版,第 243 页。

同或协议,职工仍然对单位商业秘密负有上述义务。正如美国宾夕法尼亚州最高法院法官所说:"一扇未上锁的门不等于一张请柬……"①

尽管法律义务不依赖于合同义务,但是绝不能因此忽视有关要求和约定的重要作用。权利人的要求或约定有合同效力,可直接使用合同保护商业秘密,而不依赖于侵权法。国外有学者对合同保护方法这样评价道:"普通法保护的程度,非常可能比本来依靠合同要得到的小。"②保护商业秘密的书面合同直接构成我国《反不正当竞争法》第 10 条要求的保密约定,成为企业保护商业秘密的重要法律手段。同时,由于保密规章制度仅仅是企业单方面的要求,而企业在生产经营过程中,其商业秘密必定得加以利用,无论其职工或是第三人都有机会接触、知悉商业秘密,所以想要更加切实可行地管理商业秘密,设置规章制度还不够,应当与涉密人员签订保密合同。

首先,确定哪些人可以接触哪些商业秘密信息,科学地划分各类人员的知密范围和涉密程度,使商业秘密在一定的时间内有效地控制在一定的范围内,以减少商业秘密泄露的危险和概率。涉密人员一般包括:接触、知悉、掌握商业秘密的高级研究开发人员、技术人员、经营管理人员;一般技术支持人员和关键岗位的技术工人;市场计划、销售人员;财会人员、秘书人员、保安人员等。

对涉密员工,不仅在选聘时要从其工作经历、财务状况、性格及嗜好等进行多方面的考察,还要在聘用期间跟踪考核。在该等雇员进入企业后对其讲明保密责任(一般是不得向外泄露企业秘密;不得探听与自己工作无关的信息;离开企业后两年内不得受雇于同类企业)及违约的后果,对已雇人员给予充分信任,提供优厚的待遇。但一旦发生问题,就应及时处理,不再给予信任,且给予相当严厉的惩罚。

同时还要限定知悉范围,不在知悉范围内的人员确因工作需要接触商业秘密的,须经保密工作机构负责人批准同意。减少中间环节,在商业秘密产生、传递、使用、保存等环节上应尽量减少参与人员,有些特殊事项需指定专人办理。

在具体实施时,除了考虑企业内部的研究开发人员、技术人员、市场计划和营销人员、财会人员、秘书人员、保安人员外,不能忽略工作交往中不得不向其提供本企业商业秘密的合作伙伴、谈判对手、重要客户、服务提供单位等,该签合同的一定要签,该履行的手续一定要履行,以防侵权后发生争执。

---

① The Pennsylvania Supreme Count in Pressed Steel Car Co.v.Standard Steel Car Co.,210Pa.464,472,60A.4,8(1904).

② Practising Law Institute:Protecting Trade Secrets 1985,at 249.

1. 与雇员签订保密合同

企业与雇员订立商业秘密保护合同,在我国现阶段已经有充分的法律依据。《劳动法》第 22 条规定:"劳动合同当事人可以在劳动合同中约定保守用人单位商业秘密的有关事项。"第 102 条还规定:"劳动者违反本法规定的条件解除合同或者违反劳动合同中约定的保密事项,对用人单位造成经济损失的,应当依法承担赔偿责任。"

企业应当与每一个有可能接触秘密的职工签订保密协议。这个协议可以作为劳动合同里的保密条款补充,也可以是一个单独的保密合同。保密协议的主要内容包括:(1)商业秘密的定义、范围;(2)保密期限;(3)双方的义务(特别是职工的保密义务);(4)违反保密协议的责任。可考虑给予涉密人员适当的保密津贴,以随时提醒涉密人员要提高保密意识。

保密协议一般应在职工正式就业时签订,在职工就业过程中或离职时,可以补签。除此之外,针对不同的情况,还应当与职工订立其他一些保密协议,例如参加攻关项目职工的保密协议,参加技术引进谈判的保密协议等等。

2. 与第三人签订保密合同

在市场经济下,持有商业秘密的企业不可避免地要与外界企业或个人进行业务往来。企业的商业秘密,因共同研究、合作、许可使用等原因,经常出现向第三人披露的情况,在交流或合作谈判阶段与对方签订保密协议,明确有关的保密范围和责任也就成为披露秘密的先决条件。一般而言,此类合同除了具备普通合同应有的内容外,如约定保密的对象与范围、双方进行往来的目的(如加工、托运、咨询等)、解决争议的方法、合同期限外,还应特别注意的是:第一,应以书面方式订立保密合同。尽管在国外判例中承认有默示的合同义务存在,但在我国,"由于市场经济发展才起步,市场竞争机制不健全,在各行业还未最终形成默示合同义务"①,故企业最好以明示合同约定保密义务。第二,由于商业秘密属于无形资产,其披露后经济价值的减损很难估计,即便能估计,其鉴定费用也极高,因此在合同中双方不妨事先确定违约后的赔偿金额。同第三人签订保密协议,不仅从法律上可以约束第三人的行为,同时,在日后发生商业秘密纠纷时,该协议也是权利人采取合理措施保护商业秘密的直接证据。

企业与第三人签订保密协议既可以订立单独的保密合同,也可以在各种业务往来合同中规定保密条款,实践中以后者居多,主要有:

(1)技术合同中的保密条款。技术秘密持有人与他人签订技术开发、许可、转

---

① 张玉瑞:《商业秘密法学》,中国法制出版社 1999 年版,第 445 页。

让、中介、服务、咨询、评估等合同时应专门约定保密条款或签订专门的保密协议。

(2)租赁合同中的保密条款。出租方的设备中如含有商业秘密,承租人得保证不将设备拆卸从事反向工程,即权利人可以依照黑箱封闭条款防止秘密泄露。

(3)承揽加工合同中的保密条款。现代化大生产是高度专门化的生产,含有商业秘密的产品常需要向不同的企业定做零部件,加工承揽方不得复制图纸、向他人泄露秘密或私自仿制用于牟利。

(4)运输合同中的保密条款。承运人不得在运输途中私自开拆或允许他人开拆含有商业秘密的设备。

(5)修理合同中的保密条款。修理人应按行业惯例负担保密义务,即不得将修理的设备中所含有的秘密泄露于他人,或自己用于牟利。

(6)产供销合同中的保密条款。企业的原材料、零部件供应商不得将企业所需原材料、零部件的种类、数量、品种、价格、特殊要求及其他可能涉及企业商业秘密的信息泄露于他人。

(7)法律事务中的保密条款。企业不可避免要涉及诉讼活动或者在生产经营中遇到一些难题而求助于律师或专门的咨询机构。律师或咨询机构应当根据行业准则执业,如《律师法》第38条规定,律师应当保守在执业活动中知悉的当事人的商业秘密,否则承担不利后果。

当然,明示合同的缺乏并不意味着保密义务的免除,在权利人确实因为疏忽而未签订明示合同时,应当根据民法的基本原则、行业惯例以及其他的法律规定来确定保密义务的有无。

(三)竞业禁止合同

随着市场经济的发展,人才流动和自由择业已成趋势,允许科技人员的合理流动是国家科技人员管理的重要制度,任何单位都不可能回避人才流动问题。企业一方面要正确对待涉密人员的合理流动,另一方面要加强对涉密人员流动的动态管理,防止商业秘密随涉密人员的流动而流失和扩散。其措施一是规定重要涉密人员离职须经过一定期限的脱密期,根据有关规定,单位可以在劳动合同中或保密合同中约定,在劳动合同终止前或该职工提出解除劳动合同后的一段时间内(不超过6个月),调整其工作岗位,变更劳动合同中的相关内容。二是在本单位存在重要商业秘密的前提下,同知悉商业秘密的有关人员签订竞业禁止合同。[①]

---

① 关于竞业禁止合同的论述,请参阅本书第七章第二节。

二、组织性措施

组织性措施是指企业建立保护商业秘密的管理体制,建立健全有关机构和人员,从组织上保障商业秘密保护工作的开展。保护商业秘密领导是关键,组织是保证;通过建立保密工作机构,在内部形成上下贯通,覆盖所有涉密部门、部位的保密工作网络。企业可视具体情况,根据需要建立最合适的管理体制。企业商业秘密管理体制,一般由权力机构、职能机构和监察机构组成。

（一）权力机构

权力机构有两种模式,即总经理制和企业安全委员会制。

总经理制是指由总经理负责企业商业秘密保护的重大决策,指示各职能部门如何开展具体工作。企业安全委员会制是指由企业高层主管领导组成联席会议,共同决策保护商业秘密的重大事宜,如确定企业商业秘密,对违反规定的职工作出处罚,决定对侵权行为采取措施等。

与总经理制相比,安全委员会制更为科学。理由在于,对企业商业秘密保护的重大决策不是某一个人说了算,而是由委员们组成联席会议,群策群力,杜绝个人决策,同时可以提高透明度,防止赏罚不明或对举报人打击报复,使企业商业秘密管理科学化、法制化。

商业秘密管理权力机构的重要工作,是确定商业秘密的范围、对商业秘密划分等级、确定保护期限:(1)确定商业秘密的具体范围。商业秘密具体分两个方面:一是技术秘密,包括技术发明、新工艺、技术诀窍、新技术前景预测、替代技术的预测等;二是经营秘密,包括新产品的市场占有情况、开拓新市场的计划措施、营销策略、渠道、客户关系及生产成本、利润、调价方案、对外谈判意图及标底等。企业要根据实际情况,准确地、具体地划定本企业的商业秘密。(2)对各项商业秘密划分等级,使商业秘密能够有重点地加以保护,确保安全。(3)明确各项商业秘密的保密期限。因为经济活动是在不断进行之中,随着时间的推移和情况变化,大多数商业秘密的保密价值也会随之变化。失去了保密价值的信息如果继续保护,企业的商业秘密容易形成内容越来越多、密与非密界限越来越难以分清的"糊涂账",并在保护过程中造成人力物力资源的浪费。因此,商业秘密事项在产生时就应预算一个保密期限,到期让其自行解密。

（二）职能机构

企业内部的职能机构可以设立于有关部门,如科研部门、开发部门、生产部门、销售部门、人事部门等，也可以设立专门的知识产权管理部门。设立于其中一个或几个部门的，其他部门负有协助工作义务。

职能机构的主要任务包括：制定商业秘密管理规划；制定商业秘密保护规章制度，交企业决策机构批准、公布；检查规章制度的执行情况，发现问题及时解决，消除泄密隐患，堵塞泄密漏洞；对具体部门的商业秘密管理、保护工作进行指导、监督、检查；对企业对外签订的合同，涉及商业秘密的，进行指导和审查；定期不定期地派员到各主要市场上进行巡视，及时发现泄密；对技术合作、新产品试用、对外宣传报道、学术交流、发表技术论文等实行保密审查；组织与雇员签订商业秘密保护合同以及与离职人员签订竞业禁止合同；组织企业商业秘密保护宣传和保密教育；主持或组织与离职人员谈话；参加商业秘密诉讼等。

各涉密部门、涉密部位也相应成立保密小组，有专人专职或兼职负责本部门的保密工作，并向商业秘密管理职能部门报告工作。实行保密工作责任制，明确有关保密岗位的职责和权限。

（三）监察机构

监察机构有权检查企业内各部门管理和保护商业秘密的情况，直接向总经理或企业安全管理委员会报告工作。同时，应鼓励职工举报他人泄露、出卖企业的秘密行为。对于有关举报，监察部门必须向总经理或企业安全管理委员会汇报。

企业商业秘密管理体制，还需要建立奖惩制度和泄密应急机制作为配套措施。

没有奖励和惩罚制度，商业秘密管理制度就形同虚设。要将商业秘密的管理纳入企业内部的考核体系，保证各项保密制度在全体员工中得到认真的执行。对保护商业秘密得力的先进集体和个人，应该给予表彰和奖励；反之，对违反保密规定，泄露商业秘密的，应视其情节、后果，给予行政处分、经济制裁，直至辞退、开除，甚至追究刑事责任。赏罚分明，才能有效地开展保密工作。

泄密应急机制是当商业秘密被侵害时，立即采取救济措施，尽快查明事实真相，找到泄密原因，尽量使泄密给本企业造成的损失减到最小。在泄密事件发生后，应尽快评估泄密对商业秘密的损害状况，决定是否采取措施包括民事或刑事方面的法律措施，评估所采取措施的效果，收集证据证明泄密所造成的损害。

三、物质性措施

物质性防范措施主要指从机构安全系统方面，为了保守商业秘密而采取的将商业秘密与外界隔离的具体措施。企业商业秘密泄密,其原因很大程度上是由于物质性措施不得力。物质性措施不仅具有实践作用,而且具有法律意义。任何物质性措施对法官判案来说,都是非常重要的证据。1978 年美国 Cadillac Ggt Co. v. Verne Engineering Corp. 一案中,由于原告保卫措施不得力:大门无人看守,没有设立"非公莫入"的警示牌,涉及商业秘密的图纸被乱放在地板或废纸篓里,大批参观者在厂里随便走动。更有甚者,被告律师肆无忌惮地驱车进入原告的工厂,拍下无数张该厂生产的"统帅"牌装甲运兵车的照片(该装甲车为体现商业秘密的诉讼对象)。法院认为由于原告没有任何保密措施,因此有关数据不构成商业秘密。① 由此可见,物质性措施不仅是保护商业秘密的最基本措施,而且是发生侵权时权利人主张权利的重要证据。

(一)设施方面的安全措施

1. 厂区或生产区域的保密措施。一般包括:在生产区与外界建一道围墙;有专门进入厂区的大门,并设有门卫或大门自动锁闭装置;建立护厂员站岗或巡逻制度,建立电子监视系统、防盗系统;员工与外来人员应从不同的入口进出,员工与外来人员佩戴不同的徽章等标志;外来人员在无厂方人员陪同下不得在厂区任意走动并限定参观路线;生产线车间应标有"生产重地"等标志,并尽可能与其他区域再行隔开,或在窗户外加一道隔离板,以阻断外来视线;机器的保密部分可用箱体锁闭;保密的工作程序可以简化成使用若干电子按钮,在外部进行操作;在法律许可范围内禁止外来人员携带照相机录像机等器材进入生产区,或在来访者离去时检查其所携带的物品与文件,或利用 X 光或精密仪器检查;涉及生产秘密的样品、零部件、模具等可以谢绝参观。本田秀夫一语道明:"我们的工厂一向不给人看。一方面,只要是专家,看了马上就会知道厂中的秘密;另一方面,保密也是我们能提供给买主的一个销售特点。"②

2. 通信工具的防盗措施。对涉及商业秘密的通信工具均应采取防盗措施,采取电磁辐射较少的电话机、移动通信工具、传真机,并检查传输线是否有被窃听、盗接等。某企业负责人每次用手机与客户联系好业务后去签订合同时总有人捷足先登,率先与对方做成了生意。他百思不得其解,后来才猛然醒悟是被他人使用了相同频率的接听装置获悉了业务信息。自此以后,他再也不敢用手机与客户洽谈业务了。在通信工具方面只要稍加留意,不用增加很多成本,就能起

---

① 张玉瑞:《商业秘密的法律保护》,专利文献出版社 1994 年版,第 44 页。
② 杨灿明:《商战信息与营谍战》,石油工业出版社 1995 年版,第 199 页。

到防患于未然的效果。①

(二)文件的管理

商业秘密文件是指文字、图表、音像及其他记录形式记载商业秘密内容的资料。包括公文、书刊、函件、图纸、报表、磁盘、胶片、幻灯片、照片、录音带等等,这些文件记载着重要的商业秘密,必须进行严格的管理。

1.商业秘密文件密级的划分及标识。对于属于商业秘密的文件应针对涉密的不同层次进行分类,并施以统一标识,对我国企业管理者而言,熟悉而简单的分类就是"绝密"、"机密"、"秘密"三个等级,并在文件封面加盖"绝密"、"机密"、"秘密"字样的印章。(1)关键性商业秘密(绝密级)。一个具有竞争力的企业,至少都有一部分具有价值的商业秘密,比如配方、生产工艺等等,这些商业秘密是企业赖以生存的基础,一旦泄露,就会招致灭顶之灾,所以,必须将其划出并予以特别保护。当然将这类商业秘密无限扩大也是一个误区,企业管理者必须准确地认识到危及企业生死存亡的商业秘密是什么。(2)重要性商业秘密(机密级)。这一类的商业秘密也是有重大价值的,它的泄露虽然不像关键性商业秘密会给企业带来灾难性后果,但是也会使企业大伤元气,遭受巨大的经济损失。(3)一般性商业秘密(秘密级)。其他具备商业秘密要件的情报资料,都可以归入这一类。一般性商业秘密对竞争者也是有价值的,但是竞争对手得到它不会使权利人遭受不可弥补的损害。(4)其他情报资料。有些虽有价值但并不属于商业秘密范围。但是由于这些可利用的资料的收集和整理需要付出一定的时间和薪水,企业也应当在短时间内妥善保管。对商业秘密事项做好标志工作,以便一目了然知道是哪一级秘密、保密期限多长,有利于管理和使用。

2.商业秘密文件的收发管理。涉密文件都应该建立登记制度,每份文件应注明编号、份数、制作日期,建立收文和发文制度,防止涉密文件在收、发过程中流失。

3.商业秘密文件的保管。对于商业秘密文件应采取一定物理性保管措施,指定专门的档案存放场所。绝密级文件应当放在保险柜里,机密级文件应当存放在保险柜或铁制文件柜里,秘密级文件应当存放在专用的普通文件柜里,因工作需要由使用者个人保管的商业秘密文件,应由有审批权限的主管领导批准,并确保文件的安全。注意保留与秘密信息有关的文件资料,以便为将来可能的诉

---

① 秦洁:《商业秘密的管理》,载张耕主编:《商业秘密法律保护研究》,重庆出版社2002年版,第250页。

讼保存证据等。对于一些涉及重大商业秘密的文件应尽可能将其关键部分进行分解,使每一个涉密者只能接触到秘密的其中一部分。

4. 商业秘密文件的查阅复制。管理者首先应当对商业秘密文件的阅读权限进行划分,并形成制度。查阅涉密文件,应限制在最小的范围内。绝密级文件只允许在保密室内查阅,不得擅自阅读不应该阅读的文件。所有商业秘密文件的复制都必须在企业内进行,并必须填写登记,由具有审批权限的领导审批。绝密级文件不得复制,确有必要必须复制的,应该由企业法定代表人批准,并有两名以上的主管领导签字。

5. 商业秘密文件的销毁。保密措施应贯穿于商业秘密生命周期的全过程,消灭环节尤其不能忽视。当涉密文件不再需要时,必须清退或销毁,企业应当规定清退或销毁的审批权限和程序,并形成记录。国外专家建议对所有办公垃圾根本不分类,一律将载体彻底破坏,如使用碎纸机将纸张垃圾包括各种图纸、数据、中间记录、文件等彻底粉碎,而不能简单地一撕了之;彻底粉碎废弃的磁盘、磁带,用过的复写纸、复印纸、传真纸等。

四、教育措施

单位领导层应对保护商业秘密达成共识,并采取各种方法和途径加强对员工的保密宣传教育,增强员工的保密意识,使商业秘密得到群防群护。一方面使员工明确到保守商业秘密是法定义务,并认识到保护好商业秘密与自身利益相一致,从而提高员工保守本单位商业秘密的自觉性;另一方面,当实施有关的保密措施与职工利益有所冲突时,也要使到职工予以理解,即使不能得到发自内心的支持,也要避免职工产生过分的抵触。

(一)对在职涉密人员的管理措施

保护商业秘密,重要的是领导的重视,制度的保障,但最重要的是员工保密意识的提高。因为保密工作是一项群众性的工作,只有扎根于群众之中,才能获得成效。

对在职涉密人员的保密管理,主要是加强对涉密人员的保密教育和防止涉密人员窃取、泄露、带走技术秘密两个方面。

涉密人员是否自觉履行保密义务,往往取决于他们对保密认识的到位程度和保密观念的强弱。因此首先要向雇员强化商业秘密作为无形资产所具有的巨大价值。如果无此价值观,保密意识就无从谈起。商业秘密的丧失直接损害了企业的经济价值,甚至危及企业的生存与发展。商业秘密大都是由企业投入大量人力、物力、财力而开发出来,是企业竞争优势与经济利益之所倚,也是生存发展的基石,一旦丧失会危及整个企业大厦。皮之不存,毛将焉附?只有让雇员认识到这一点,才能激起他们捍卫权利的积极性。其次,要推行以人为本的理念,重视人力资源开发与利用,积极开展企业文化建设,使员工真正体会到自己是企业的主人,从而与企业同生死共患难。同时通过对有关案例的宣传,使职工明确侵犯商业秘密的法律责任和后果,及警示个别对单位商业秘密怀有不良图谋的人。常见的思想措施有:一是会议教育;二是在企业内部刊物、墙报上进行宣传教育;三是对企业内各级保密人员、涉密人员进行专门的保密知识培训;四是发放宣传手册;五是播放有关保密知识讲座、案例的音像资料等。通过这些措施使职工了解国内外经济科技领域保密与窃密斗争的严峻形势,知晓本企业商业秘密的具体范围以及相关的制度,了解商业秘密的泄露途径和常用的窃密手段,从而增强做好保密工作的紧迫感、责任感。只有这样,才能统一广大干部职工的思想认识,取得他们的积极配合和支持,真正使各项规章制度落实到全员的自觉行动上。

防止商业秘密涉密人员泄密可采取以下对策:一是加强对商业秘密产生过程的监控,如要求科研人员做好工作日志的记录,定期用阶段性成果报告书或成果报告书进行汇报等;二是避免出现核心人物,如核心商业秘密可采取分人分段管理的办法,以及对一些工艺配方、原材料采用代码不用真名等,防止因一名核心人物跳槽而导致全部工艺流程外泄。

(二)对离职涉密人员的管理措施

离职包括职员退休、离休、辞职或调离原单位。雇员在离开原单位后,劳动关系虽然终结,但对于在雇佣期间所了解的商业秘密也应如同在任职时一样履行其保密义务。因此,对离职涉密人员的保密管理,要全面具体。

1. 清退资料

完善调离手续,涉密人员离职时要交清各种资料,做好交接工作。离职人员应清退所有资料,包括图纸、数据、模型、实验记录、工作手册以及含有保密信息的个人工作日记。清退工作应受到高度重视,因为关键岗位的职员离职,往往意味着强劲对手的孕育,且其赖以与原单位竞争的资本就是其所掌握的、构成其业务知识不可或缺的部分。虽然有的职员能凭记忆复制一些信息,但如果缺乏物质载体,想要复制那些非常复杂的信息却是非常困难的,至少可以延缓其产品设计到投产的时间。等到其能生产出产品并投入市场时,原单位早已在市场上占据了优势。因此,收回资料并予以销毁,无疑是防止商业秘密外泄的有效手段。

2. 离职面谈

企业在雇员离职时通常只要求其将管理掌握的资料交还就算了事,往往忽

第六章 商业秘密的管理

略了商业秘密因其无形性极易随人员的流动而流失。因为即使交还资料后,对于那些处于管理决策或技术开发人才以及高级经营管理人员来说,凭其地位弄到复印件是不成问题的;即便不能,凭记忆或技术功底也能掌握原企业的商业秘密。因此,离职面谈作为对员工进行的最后一次保密教育,对防止商业秘密的外泄无疑会起到一张防护网的作用。职工离职时,企业职能部门应与其进行正式谈话,目的是摸清去向,同时敦促对方履行保密义务。谈话的内容有:解释保护商业秘密的法律规定;声明企业商业秘密及其他相关权益,告知职员离职后的保密要求;清退涉密资料,其个人资料中有关商业秘密内容的,应予以销毁;要求填写离职调查书的,应解释其目的、内容;再次确认与离职人员是否订立了竞业禁止合同,检查合同条款是否完善。通过离职面谈,可以核查相关手续是否完善,并提醒职工牢记对企业仍然有义务存在。

3. 注意去向

注意掌握重要涉密人员离职后的去向,对发现负有竞业限制义务的员工违反义务到有关单位兼职或任职,要及时采取相应的法律手段进行制止。对于离退休职工,铜仁市化工厂的做法值得效仿:铜仁市化工厂为作好离退休人员保护好本厂商业秘密的工作,每年召开一次"人离岗位,心不离岗"座谈会,增强离退休职工爱厂意识和保密观念,同时经常看望这些同志、关心他们,前任厂长退休后,回老家工作,厂经常派人看望,全家很受感动,当有人企图聘用他或了解工厂的商业秘密时,均被一一回绝。由此可见,企业应通过对员工的情感投资,增强企业的凝聚力,从而使其无形资产有所保障。只有员工的情感归属感增强了,无论是跳槽、离退休,还是被人利诱,才会大大减少商业秘密流失的情形发生。

五、网络环境下的商业秘密管理措施

计算机信息网络技术的发展,电子邮件(e-mail)的普及、国际信息网的运用和电子商务的开展,使商业秘密的保护面临了从未有过的新挑战。利用网络对商业秘密的侵犯最经常用的技术方式是通过电子邮件的方式,电子邮件传送信息可能会造成商业秘密侵害。由于电子邮件在商务贸易活动中的普遍运用,企业和其员工通过电子邮件有意或者无意侵害商业秘密的情况屡见不鲜。而由于不少企业高层管理者对于电子邮件缺乏必要的了解,还未建立制约制度,使企业内部由于电子邮件造成的隐患有增无减。电子商务的每一个重要阶段都会运用电子邮件,如在招揽邀约、磋商阶段,用电子邮件散发广告,斡旋、洽商成交条件等;在合同订立阶段,运用电子邮件签订合同,在当事人网页上往往设置邮件地址,以利沟通交易;在付款阶段,运用电子邮件转发账单、银行账号、信用卡号码、各种收据等;在付货阶段,不但数字化商品可以直接通过电子邮件传送,而且以其他方式传送货物,也以电子邮件催促查询,保证合同的适当履行;在售后服务阶段,利用电子邮件沟通服务信息,征求消费者意见,明确售后服务要求和范围等。在这些交易阶段,商业秘密都可能被操守不佳的员工利用计算机网络泄露出去,他们还可以利用加密等手段,以对抗企业的监督。美国芝加哥一本《工作场所的因特网》的读物就披露了员工泄露秘密,老板还以为他是在勤奋地工作的事件。也有员工出于过失在发电子邮件时按错键将交易秘密信息错传给另外一家客户等等。此外,以FTP传输文件、BBS电子公告板方式、新闻组和远程登录(Telnet)等方式都可以泄露或窃取重要信息造成对商业秘密的侵害。至于归属纯粹为计算机网络犯罪的入侵、破坏秘密信息类型的犯罪行为,则更属商业秘密的大敌,对于这一层次的网络安全问题,各类企事业单位就更不能不做好预防的工作。

企业等可以采取一定的防范措施,防止和杜绝商业秘密受到侵犯。这些措施有:

1. 区分资料信息的秘密等级,并明确予以标识,分等级分别管理。司法实践中,有些企业直到在法庭上还拿不出标有密级字样的档案资料,使人难以相信他提出保护的是商业秘密。

2. 规定各个员工包括不同业务主管接触秘密的权限(access control),每个员工不得接触自己无权接触密级的档案资料。司法实践中,多遇到科研组长、科研人员、行政管理等各类人员责任不清的情况,遇到侵权,也不好追究责任。

3. 专人管理商业秘密,定岗定责,不能无人负责,上级主管应当定期予以监督检查。实践中发现,上级主管与具体管理商业秘密人员互相代替,权责不清,造成失密机会。

4. 要求员工对自己使用的密码经常更换,不能给窃密者制造机会。

5. 企业高层管理者(雇主)对员工使用网络行为进行监视。具体做法是:对于员工第一次工作或开始用网络进行业务活动,就通过规章、守则、计算机屏幕画面等明确宣布,企业将监视每一个员工在网络中所传输的信息,包括私人的(用办公计算机设备)电子邮件等,并定期不断进行此种规定的宣传教育,以阻却个别员工的不法行为;也为使今后实施监视措施时,不会引起毫无精神准备的员工的不满。因为,监视可能涉及员工的隐私问题,如无明示约定或让员工毫无准备不但会使他们处于尴尬地位,还会引起一些法律上的麻烦。企业管理者事后如怀疑某一员工泄露本企业商业秘密,甚至寄给本企业的竞争对手,就可以对该

第六章　商业秘密的管理

员工的电子邮件等进行监视。

6. 采取加密措施。当员工使用网络传输涉及商业秘密的文件、信息时,可以使用加密计算机程序,取得解密"钥匙"。信息的被送达人享有该钥匙,进行解密,从而取得信息。这种措施对于传送文件、信息途中的窃取、窃听,以及员工因过失按错送达对象按钮,都可以有效保守秘密。但也要注意避免员工滥用、钥匙丢失等情况的发生。

7. 利用合同方式保护商业秘密。企业等对内对外都可以采用合同方式保护自己的商业秘密,使接触到秘密的人员负有保护秘密的履约义务。在计算机网络上,过去的拆封即成立合同(shrink-wrap)已经成为按键合同(click-wrap)。其亦可以运用此种方便形式同涉及秘密的相对人订立合同,约束当事人行为,也为事后追究违约人的法律责任打下基础。

此外在计算机安全上,还有一些对防止商业秘密受到侵犯的技术措施,同时这些措施对计算机网络入侵、破坏类型的犯罪、侵权都有一定的效果,也是当前经常使用的措施。计算机系统的软件保密措施有:一是充分利用网络操作系统提供的保密措施,如用户登录时,要求输入加密口令,设置目录和文件访问权限,加强文件和目录的属性保密等;二是加强数据库的信息保密防护,如系统授权管理等;三是设立识别码和密码认证(Authentication);四是采用防火墙技术(Firewall)。计算机系统硬件的保密措施有:一是防电磁泄漏,如选用低辐射设备,采用电磁干扰,电磁屏蔽等;二是定期对系统进行检查;三是加强对网络记录媒体的保护和管理,如关键的涉密记录媒体要有防拷贝和信息加密(Encryption)措施,对废弃的磁盘(包括硬盘和软盘)要由专人进行彻底的销毁等。从建立本企业网络系统或拟建立进入国际互联网系统起,企业高层管理者就要考虑防止本身商业秘密通过网络形式受到侵害的问题,在制度和计算机技术上都作出安排,保证网络使用的安全。

第七章 人才流动与商业秘密保护

第一节 竞业限制的引入

一、人才流动加剧商业秘密流失

商业秘密本质上是一种未公开的技术和经营方面的特定信息，蕴涵着极高的商业利润和市场价值，是企业在激烈的市场竞争中保持竞争优势的秘密武器。随着知识经济时代的到来和信息技术的快速发展，商业秘密的重要性越来越突出，一项商业秘密的得失往往关系着企业的兴衰存亡。商业秘密的秘密性特征，要求它处于保密状态下才能维持其价值。商业秘密除了文件、图纸、磁盘等物化载体外，由于工作关系了解和掌握商业秘密的员工本身更是重要的活化载体。商业秘密的人格化，即必须由人加以掌握和运用的特性，在人才流动的过程中极易造成商业秘密的流失。

人才流动是社会进步的表现，它反映了市场经济的必然要求，为市场竞争注入了活力，促进了人力资源的优化配置，是市场健康发展的保证。马克思指出，大工业的本性决定了劳动的交换、职能的变动和工人的全面流动，承认劳动的变换是社会生产的普遍规律。[①] 不可否认的是，人才流动中所产生的双刃剑效应导致了大量侵犯商业秘密情形的出现。由于人才流动中的商业秘密往往和雇员的一般技能、知识、经验相混淆，使其具有一定的模糊性；同时人才流动中出现侵

---

① 《马克思恩格斯全集》第23卷，人民出版社1972年版，第534、483页。

犯商业秘密的行为时,具有更高的隐蔽性和难预防性,所以商业秘密权利人对处于流动中的有关人员已经掌握的商业秘密进行管理和保密的难度非常大。

发达国家的历史经验和法院判例表明:现代社会商业秘密的丧失大都与掌握着单位商业秘密的经营管理人才和高级科技人员的流失有关,"跳槽"或泄密行为是商业秘密丧失最主要的渠道。正如著名学者郑成思先生所说:"无论是在中国还是在外国,目前商业纠纷都主要表现为雇员带走雇主(单位)的商业秘密,然后与后者开展不正当竞争。"①

近年来,我国因人才流动而引起商业秘密流失的现象十分突出,主要表现为:

1. 雇员的跳槽或因离退休等原因离职后利用所知悉的商业秘密为新雇主服务,使得原雇主的经济利益遭受损失。

2. 雇员离职后另起炉灶,利用原雇主的商业秘密从事相同或类似的业务,与其进行商业竞争,使原雇主的竞争优势受到弱化。

3. 雇员在职期间兼职,利用所掌握的商业秘密为兼职雇主服务,削弱了原雇主在市场竞争中的优势地位。此外,一些竞争企业受不良的社会风气影响,认为"买技术不如偷资料、偷资料不如挖人才、人才到手样样有",挖取其他企业中知悉商业秘密的人才为其服务,以获取不正当的经济利益。

二、传统商业秘密保护方法的局限

(一)传统商业秘密保护方法

在传统商业秘密保护制度中,商业秘密权利人可以采取的保护手段主要有两种:

1. 签订保密合同

权利人与所有可能接触或者了解其商业秘密的雇员签订保密合同,明确规定雇员在任职期间抑或是离职后的一定期间内,负有保守企业商业秘密的义务。如雇员违反保密义务,权利人则以违约为由,要求雇员承担违约责任。

此种保护方法存在着先天不足。保密合同给雇员所设定的义务是不泄露、不使用在原雇主处知悉的商业秘密,这就要求雇员在从事与原雇主相同或类似的业务时,必须在自己头脑中将其工作中积累的、可以使用的一般知识与原雇主

---

① 郑成思:《反不正当竞争与知识产权》,载《法学》1997年第5期。

的商业秘密清楚地划好界限,才能确保不致违约。现实中,对于跳槽后的雇员来说,"放着现成的知识不用,重新开始使用另一种知识,是非常不保险的"。① 也就是说,离职雇员一旦从事与原雇主有竞争关系的营业,他在利益的驱动下,极有可能披露或使用原雇主的商业秘密,造成原雇主的重大损失。此外,因为保密合同所产生的约束力仅针对当事人双方,无法对抗当事人之外的第三人,如新雇主——而后者通常为最大受益人。

2. 主张侵权责任

当侵犯其商业秘密的行为出现时,商业秘密权利人以侵权为由,要求行为人承担侵权责任。此种保护方法不受合同相对性拘束,不以合同存在为前提,对权利人以外的其他人课加尊重义务,要求其不得通过不正当手段获取、披露、使用权利人的商业秘密。

(二)传统商业秘密保护方法的局限

无论是主张违约责任,还是主张侵权责任,商业秘密权利人都将面临着如下困境:

1. 由于商业秘密的无形性和秘密性,权利人很难发现违反保密合同的行为和侵权行为。

2. 必须证明行为人实施侵权或违约行为的事实。雇员违反保密义务的行为与侵权行为往往是以隐蔽方式进行的,即使发现也不易举证。

3. 即使权利人能取得相关证据、责任成立,商业秘密作为无形财产,其价值无形、损害无形,难以进行客观、准确地量化,并继而给予充分的补偿。而且,即使责任成立,商业秘密可能已经丧失、进入了公知领域,无法逆转。可见,这两种保护手段实质上都属于事后救济,缺乏及时性、有效性,甚至在一定程度上失去了意义。

三、竞业限制制度的引入

(一)事前救济

竞业限制属于事前防卫而非事后救济,有利于减少商业秘密的潜在灭失危险。竞业限制通过限制雇员流向竞争企业,将潜在的侵害行为消灭于源头,防患于未然。

---

① 孔祥俊:《商业秘密保护法原理》,中国法制出版社1999年版,第196页。

(二)便于举证

竞业限制便于权利人举证,增强了维权的便利性和胜诉的可能性。在雇员违反竞业限制义务而引起的诉讼中,雇主只需证明其所拥有商业秘密的存在、雇员违反约定就职于竞争企业或自营竞争性业务的行为,无须证明离职雇员是否已披露或使用其商业秘密并造成实际损失。雇员违反保密义务的行为与侵权行为往往是以隐蔽方式进行的,即使发现也不易举证。相比认定雇员违反保密义务的行为与侵权行为而言,雇员就职于竞争企业或自营竞争性业务则是比较容易认定的,雇员一旦实施竞业行为即视为违约,即可追究其违约责任,如有证据进一步证明其侵犯了商业秘密,还可追究其侵权责任。由此可见,违反竞业限制的举证责任最轻,由此承担的因举证不能而引发的败诉风险也比较小。

(三)节约成本

竞业限制有利于减少此类诉讼,其通过协议的方式要求雇员尊重雇主企业的商业秘密,履行不竞业的义务,起到了对商业秘密的事前保护和警示的作用,对潜在的侵害商业秘密的行为进行了预先防范,从而降低了因侵害商业秘密而引发诉讼的几率。

此外,市场经济中,人才的流动是不可避免的,雇主对雇员离职后是否能保守其在任职期间知悉的商业秘密无法加以判断,如果没有竞业限制制度的存在,雇主就会尽其所能加强对商业秘密保护措施的投入,从而增加保护成本,影响到社会经济效益的最大化。

第二节 竞业限制概论

竞业限制作为一种法律义务,最早规定于民法的代理人制度中,旨在用法律防止代理人对被代理人利益的侵害。① 例如,德国《联邦最高法院民事判决汇编》第42卷第59～69页通过判例规定:"商业代理人在代理契约的有效期内,不得代表其委托人的竞争对手进行活动。"②

随着代理制度适用范围的不断扩展,到近代竞业限制范围已扩及经纪、合同双方当事人、买卖双方当事人及至近代商法中的合伙人,其后至现代的企业或公

---

① 吕鹤云等:《商业秘密法论》,湖北人民出版社2000年版,第194页。
② 罗伯特·霍恩等:《德国民商法导论》,中国大百科全书出版社1996年版,第254页。

司中的董事、经理、高级管理人员及商业辅助人,是针对所有的与特定营业有特定民事关系的特定人所谓的竞争性行为的禁止。[1] 其目的在于保护公司和全体股东的利益,限制公司的董事、经理等高级管理人员利用职位之便窃取公司商业机会,或泄露公司的技术信息和经营信息,为自己或他人谋取利益,影响公司业务。

时至今日,随着市场经济的迅猛发展和信息传递的高速快捷,竞业限制的适用范围更加广泛,企业里所有接触到商业秘密的雇员都可能会成为竞业限制的义务主体。

一、竞业限制的定义

竞业限制(Prohibition of Business Strife),亦称为竞业禁止、竞业避让、竞业避止等,是指依照法律的规定或当事人之间的约定,义务人在一定的期限内不得从事与权利人营业相同或类似的业务,即权利人有权限制义务人针对自己的竞争行为。

竞业限制的含义有广义、狭义之分。广义的竞业限制是禁止与特定营业具有竞争性的特定行为的制度。所限制的客体为特定行为;所限制的主体不以特定人为限。[2] 例如,商标法上的商标专用权、专利法上的专利权,其权利归属于一人所享有,禁止他人擅自使用别人的注册商标或专利等,又如关于法人名称在法律上有关禁止使用相同或类似名称的规定。

狭义的竞业限制是指限制与特定营业具有特定关系的特定人从事有竞争关系的营业活动。[3] 其特点是:限制的客体虽然也是特定的营业,但被限制的主体限于特定人,而且该特定人须与该特定营业具有特定法律关系。[4] 例如雇佣关系、委任关系等。

但学界普遍认为,广义的竞业限制并非严格意义上的竞业限制,其所禁止或限制的行为本身就是一种违法行为。各国有关竞业限制的立法例,均采用狭义定义。故本章所探讨的商业秘密保护中的竞业限制,即狭义的竞业限制,具体而

---

[1] 孔祥俊:《公司法要论》,人民法院出版社1997年版,第180页。

[2] 孔祥俊:《反不正当竞争法原理》,知识产权出版社2005年版,第418页。

[3] 张仪新:《论竞业禁止》,载徐国栋主编:《罗马法与现代民法》,中国法制出版社2000年版,第329页。

[4] 孔祥俊:《反不正当竞争法原理》,知识产权出版社2005年版,第418页。

言,即指本企业职工在任职期间和离职后一定时间内不得与本企业进行业务竞争。

竞业限制制度区别于反不正当竞争制度:首先,规范对象不同:前者是指在特定情况下限制本来是合法的商业竞争行为,后者禁止的是违法的商业竞争行为。① 其次,调整的法律关系不同:前者调整的是特定主体间的权利义务关系,即商事组织与(在职或离任的)内部特定成员之间的权利义务关系;后者调整的是市场主体之间的竞争行为关系。在特定情况下二者也会出现竞合,如股东或董事违法从事竞业活动,泄露商事组织的商业秘密时。

二、竞业限制的分类

依据不同的标准,可以将竞业限制分为以下几种类型:

(一)法定的竞业限制和约定的竞业限制

按照竞业限制产生的依据不同,可以将其分成法定的竞业限制和约定的竞业限制。

法定竞业限制,依照法律规定而产生,义务人基于法律的直接规定而产生不竞业的义务。各国的商事组织法中都有针对董事、经理、合伙人等高级管理人员竞业限制义务的规定。我国立法也有一定体现,如《公司法》第149条第5款规定:"董事、高级管理人员,未经股东会或者股东大会同意,不得利用职务便利为自己或者他人谋取属于公司的商业机会,不得自营或者为他人经营与所任职公司同类的业务。"《合伙企业法》第32条规定了合伙人不竞业义务。《反不正当竞争法》第10条的禁止性规定等等。

约定竞业限制,是指主体承担竞业限制义务源于合同的约定,即企业与掌握和了解本企业商业秘密的员工通过合同约定,在劳动关系终止后一定期限内不得自己经营与该企业有竞争关系的业务,也不得到与该企业存在竞争关系的其他企业任职,企业给予不竞业的离职员工以一定的经济补偿。约定竞业禁止主要有两种形式:一是在劳动合同中订立竞业禁止条款;二是订立单独的竞业禁止合同。此种条款或合同属任意性规范,系当事人意思自治和契约自由的产物,但一经达成协议并生效,则具有法律约束力,双方须依约切实履行,否则将承担违约责任。我国《劳动合同法》第23条明确承认了竞业限制协议的合法性,"对负有保密义务的劳动者,用人单位可以在劳动合同或者保密协议中与劳动者约定竞业

---

① 江平、巫昌祯:《现代实用民法词典》,北京出版社1988年版,第197页。

限制条款,并约定在解除或者终止劳动合同后,在竞业限制期限内按月给予劳动者经济补偿。劳动者违反竞业限制约定的,应当按照约定向用人单位支付违约金"。

(二)同业竞业限制和兼业竞业限制

这种分类是以竞业的方式进行划分的。前者禁止义务人直接从事与权利人营业相同或营业相类似的竞业行为,后者是指竞业行为与权利人的营业相关,或义务人在其他经济组织中的兼职行为。

(三)在职期间的竞业限制和离职后的竞业限制

根据竞业限制义务人是否在本企业或原企业任职,又可分为在职期间的竞业限制和离职后的竞业限制。竞业禁止的实质是禁止职员在任职期间和离职后一定时期内与本企业或原企业进行业务竞争,特别是禁止职员离职后一定期间内从业于或创建与原企业业务范围相同的企业。[①]

三、竞业限制的理论基础

(一)伦理基础:诚实信用与忠实义务

诚实信用与忠实义务是竞业限制产生的道德基石。

1. 诚实信用原则

作为民法中的帝王条款的诚实信用原则,源于商业习惯。徐国栋教授在《民法基本原则解释》中指出,德国学者认为诚实信用原则的内涵是信赖,它在有组织的法律文化中起着一种凝聚作用,特别是相互依赖,它要求尊重他人应受保护的权益。[②] 也有德国学者认为诚实信用原则的目标是要在当事人与社会的利益关系中实现平衡,它要求当事人不得通过自己的活动损害第三人和社会的利益,必须以符合其社会经济目的的方式行使自己的权利。[③] 由此可见,诚实信用原则就是要求一切市场参加者在市场活动中讲究信用,只有也只能在不损害他人利益和社会利益的前提下,才能去追求自己的最大利益。一旦当事人利用了人们的信赖,做了损人利己之行为,违背了诚实信用的要求,该行为当然就会受到

---

① 吴文琦:《关于竞业禁止制度的立法思考》,载《南都学坛(人文社会学刊)》(河南)2002年第1期。

② 徐国栋:《民法基本原则解释》,中国政法大学出版社1992年版,第78页。

③ [德]罗伯特·霍恩、海因·科茨等:《德国民商法导论》,中国大百科全书出版社1996年版,第148页。

制止。以诚信为权利行驶之必备要素既是诚实信用原则的基本要求,也是竞业限制义务的精髓所在。

2. 忠实义务理论

忠实义务是一切在职雇员都应履行的义务。雇员忠实义务,是指雇员基于雇佣关系而负有的对雇主善意行事,为其利益尽相当努力的义务。"忠实义务的标准,是一个具有一般是非观的人,认为是善意的还是恶意的。"①忠诚于雇主是每一个雇员应当履行的义务。雇员的忠实义务主要有三方面的内容:服从义务、保密义务、增进义务。②

首先,忠实义务的产生理由,不同层次的雇员不尽相同。对公司董事等高管而言,其忠实义务源于其与公司的关系。在英美法系,董事与公司之间体现为代理和信托关系,董事兼有公司代理人与受托人的双重身份,应承担忠实善意的主观义务和自身利益不得与公司利益相冲突的客观义务;在大陆法系,董事与公司之间体现为代理或委任关系,作为代理人,董事理应对公司忠实。就一般雇员而言,其忠实义务源于雇主为其提供了就业机会、展示平台,给付劳动报酬,雇员同时也在工作中积累了知识、经验和技能。

其次,雇员对雇主所尽忠实义务的要求,不同层次的雇员也有所区别。对于企业高级管理人员,由于其地位收入比较高,本着权利义务相一致原则,其所应尽的忠实义务应高于一般雇员。

(二)法理基础:契约自由

契约自由、意思自治是近代私法的精髓,根据契约自由的原理,当事人之间产生的权利义务内容应由当事人的合意来决定。企业与雇员订立竞业限制合同的目的在于保护其所拥有的商业秘密,以防止商业秘密由于人格化而被不正当地使用或披露,从而维护其在市场竞争中的优势。

然而,自由从来就不是没有边界,契约自由更是如此!企业作为市场活动中的经济主体,利益最大化是其追求的永恒目标,在没有外界限制的情形下,企业将牺牲与之产生冲突的雇员的利益来实现自身的经济利益。由此可见,在竞业限制合同中,企业将倾向于对雇员限制的程度和范围不断扩大,以求最大限度地维护其所拥有的商业秘密的安全。现实社会中,企业多以公司等形式出现,组织日趋庞大,财力逐渐雄厚,作为个体的雇员显然无法与之抗衡。同时,在劳动力

---

① 张玉瑞:《商业秘密法学》,中国法制出版社1999年版,第365页。
② 参见常健、饶常林:《试论商业秘密保护中的竞业禁止》,载《甘肃政法成人教育学院》2001年第2期。

市场已成为买方市场的情形下,雇员的弱势地位更为突显。"订立的合同很少是协商一致的产物,而是由对方一手操纵的。"①限制当事人意思自治,实现竞业限制的实质公正也是契约自由原则的本质要求。

(三)经济学基础

1. 微观经济视角:代理成本理论

代理成本理论是从微观经济学的角度,在考察企业内部结构运作效率时最常引用的理论。企业管理者的"代理成本"是考察企业内部结构运作效率的重要因素。代理成本来源于企业高管是企业的管理者但非企业完全所有者这一事实。一方面,在企业经营中,他们付出了巨大努力,却往往要承担这种努力的全部成本而仅获取部分利润;另一方面,当利用(有形或无形)企业资产从事竞业活动获得额外收益时,则能得到全部利益而只承担小部分成本。因此,企业的价值就小于他们是完全所有者时的价值,二者之间的差距即为"代理成本"。正因如此,一旦企业高管从事与企业同类的营业,必然与企业构成竞争,直接或间接地损害企业利益。而且,由于企业收益的不确定性,高管行为难以监督,如不事先对其竞业活动作出禁止性规定,而是事后救济,就有亡羊补牢之嫌了。

由此可见,代理成本理论主要适用于对企业在职雇员,而且是高级管理人员的竞业限制。

2. 宏观经济视角:合理限制竞争

合理限制竞争理论从社会宏观经济学角度出发,成为竞业限制的另一理论基础。

市场经济是竞争型经济。竞争是市场主体争取交易机会或者获取交易上的优势的活动,是市场经济中实现优胜劣汰和社会资源合理配制的基本方式。通过竞争,价值规律才得以实现。按照自由竞争的原则,每一个市场主体都可以在生产经营的各个环节与其他市场主体进行充分的竞争。然而,竞争具有强烈的排他性和垄断性倾向,因此,竞争需要有规则,需要有法制的力量加以规范和调整,必须受到合理的限制。正如英国麦克勋爵在一判例中对该原则作过经典性的表述:"……限制交易和干预个人行为自由,在特殊案件的特殊情况下,可以证明是合理的,限制是合理的,这是充分的也是唯一的合理依据。所谓合理,是指对有关合同当事人的利益而言也是合理的,以及相对公共利益而言是合理的。之所以如此认定和保护,是考虑既要对享受利益的当事人进行充分的保护,又不

---

① 转引自郑启福:《竞业禁止协议的效力研究》,载《湖北社会科学》2006 年第 1 期。

能损害公共利益。"[①]在竞业限制制度中,雇主禁止雇员使用在工作中接触到的商业秘密从事与其相竞争的业务,从而保有竞争优势,维护有序竞争,正是体现了对雇员或其他竞争者自由竞争的合理限制。

四、竞业限制法律关系

竞业限制法律关系是依据竞业限制制度在当事人之间形成的具有民事权利义务内容的法律关系。与其他法律关系相同,其也包括主体、客体、内容三个构成要素。

（一）主体：特定性

竞业限制法律关系产生于具有特定法律关系的当事人之间,竞业限制权利义务只能发生在这些具有特定民事法律关系的当事人之间。竞业限制的权利主体是拥有可保护的商业秘密的企业。竞业限制的义务主体有如下确定标准：

1. 与特定权利主体有特定的民事法律关系

竞业禁止,原是资本主义发达国家的雇主对雇员所采取的主要以保护其商业秘密为目的的一种法律保护措施。其通常做法是由雇主和雇员以禁止竞业协议的方式进行约定,后来日渐演变成为民商法中的一项重要的制度。竞业限制权利义务的产生是以特定民事法律关系的存在为前提的。这种特定关系或是由民事法律行为产生,如委托、任免,或是受合同法律规范调整,如技术转让合同、劳动合同。

2. 知悉雇主商业秘密

并非所有与企业存在前述关系的人都能成为义务主体。竞业限制的义务限于知悉商业秘密的人员、管理人员、工程技术人员以及其他接触到商业秘密等重要信息的第三人,如代理商、供应商、批发商、销售商、转包商、接受商业秘密等重要信息的受让人、合营者以及营业组织的决策者等,不包括不知悉商业秘密的普通员工。

（二）客体：特定主体的特定行为

竞业限制法律关系的客体是特定行为,是不作为,换言之其限制的是一种以获取经济利益为目的的不正当竞争行为。这种不正当竞争行为是一种广义上的不正当竞争行为,与《反不正当竞争法》上所指的不正当竞争有所不同,前者本身

---

① 孔祥俊：《商业秘密保护法原理》,中国法制出版社 1999 年版,第 183 页。

并非不法,只有负不竞业义务的特定民事主体实施该行为时才构成违法或违约。

(三)内容:请求权与不作为义务

在竞业限制法律关系中,权利人通过请求义务人按照法律的规定或合同的约定不为一定竞业行为,以保护并实现自己的权利。在权利的实现方法上,对于权利人而言,是一种请求权;对于义务人而言,其所承担的义务实质上是一种消极的不作为义务。这种请求权是请求义务人不为一定竞业行为的权利。只要义务人有不作为的事实,即构成不作为债务的清偿。

竞业限制义务可以依法免除,即使法律已经作出强制性规定,如果双方作出的约定可以视为竞业限制义务合法免除条件时,该义务依然可以免除。依各国立法例,在下列情况下,竞业限制义务可以免除:

1. 双方当事人的意思

如《澳门商法典》第 108 条第 6 款规定:"第一款规定的义务(竞业禁止义务)可以按照双方当事人的意思免除,只要免除该义务不会使商业企业难以移转。"

2. 权利人的单方同意

若行为人(主要是指董事、经理或普通合伙人)履行了一定的法定程序,得到权利人(董事会、监事会、股东会或合伙人会议)的同意后,也可予以免除竞业义务。

我国《公司法》第 149 条规定:"董事、高级管理人员不得有以下行为。……未经股东会或者股东大会同意,利用职务便利为自己或者他人谋取属于公司的商业机会,自营或者为他人经营与所任职公司同类的业务。"由此可见我国《公司法》也把未经股东会或者股东大会同意界定为违反竞业禁止义务的构成要件。换言之,在取得股东会或者股东大会同意之后,董事、高级管理人员可以免除竞业禁止义务。

3. 权利人倒闭、破产或进行了清算

此时行为人的竞业禁止义务应当自动终止。如《澳门商法典》第 108 条第 7 款规定:"不竞业义务于企业倒闭及清算后自动终止。"

五、违反竞业限制义务民事责任

(一)责任性质

1. 违反法定竞业限制义务民事责任的性质

法定竞业限制义务多体现于商法或公司法的相关法律或判例中,主要关注公司高层管理人员的竞业限制义务。

英美公司法将公司与其高层管理人员之间的关系视为信托关系和代理关系,将公司章程看作是二者之间的契约,并且这一契约对高层管理人的不得竞业作出了规定。因此,对不得竞业义务的违反被看作是对契约的违反,并由此而产生高层管理人员对公司应承担违约责任的法律后果。

大陆法系对于违反法定竞业限制义务的民事责任的性质,学界有的认为是违约责任,有的认为是侵权责任。在实务中,高管违反不竞业义务,即违反了其作为管理人应尽的忠实义务,首先是一种违约行为,理当承担违约责任。是否构成侵权责任则不能一概而论,如果竞业限制义务主体违反不作为义务的同时还侵犯公司商业秘密,或利用职务之便窃取公司商业机会,就会构成侵权行为,就会产生违约责任和侵权责任的竞合问题。权利人有权选择有利于自己的诉讼。且一项请求权因时效届满而被驳回,还可以行使另一请求权。

2. 违反约定竞业限制义务民事责任的性质

约定竞业禁止义务基于雇主与雇员间的竞业禁止协议,对此义务的违反,在英美法系与大陆法系都首先被视为违约,而当产生违约责任与侵权责任竞合时,也应基于对受害人有利的原则,由受害人一方决定提起违约之诉或侵权之诉,并相应追究义务人的民事责任。

综上,无论法定或约定的竞业限制义务,也不管是在英美法系还是大陆法系,违反竞业限制义务的行为可以定性为违约行为,也可以定性为侵权行为。当发生违约责任与侵权责任的竞合问题时,由受害人选择提起违约之诉或侵权之诉。

(二)构成要件

1. 前提要件

竞业限制必须以保护权利人商业秘密为目的,各国立法一般均以商业秘密的存在为竞业限制适用的前提。在中国香港,竞业限制的有效前提是雇主必须有值得保障的产权权益,如关于顾客关系及资料中的权益。① 在日本,竞业限制义务应以原告存在商业秘密为前提。由此可见,竞业限制只有且必须是为了保护商业秘密时,才是合理有效的。当然,商业秘密的存在只是竞业限制适用的必要前提,并非充分要件。

2. 客观要件

(1)行为人客观上从事了特定竞业行为

只有行为人在企业之外自己经营或者为他人经营与其服务的企业进行竞争

---

① 何美欢:《香港合同法》,北京大学出版社1995年版,第399页。

的经营活动,才称为"竞业"。如果行为人在企业之外从事的经营活动不会构成对本企业有竞争威胁的状态,不危及企业的利益,则不能称之为"竞业"。

(2)从事该竞业行为违反了法律规定或合同约定

行为人从事该竞业行为违反了法律规定或合同约定。由于竞业限制所限制的是一种广义的、本身并非不法的竞争行为,故须为明示义务,具有法定性和意定性,须源于法律明文规定或合同的明确约定。法定性体现在法律明确规定特定主体必须履行不竞业的义务;意定性体现在当事人可以设定这种义务,但设定这种义务必须具备一定的条件。

此外,有学者认为,竞业限制责任的构成须以给企业造成了实质性损害或者实质性损害的威胁为要件,并指出有的国家或地区的法律在追究竞业行为人的损害赔偿责任时,须以实际损害为前提。但我们认为,竞业限制责任的构成客观要件,只需特定主体客观上实施了违法或违约的竞业行为即可。

3. 主观要件

(1)行为主体

竞业行为的主体须是在企业拥有特定地位,知悉或可能接触到商业秘密的员工。

(2)主观方面

行为人在主观上具有恶意。如果行为人事先征得了投资人的许可,已向本企业作了详尽的说明和信息披露,其主观上就不再是恶意的,不属于竞业禁止的范畴。

(三)承担责任方式

1. 停止侵害

"停止侵害是为了阻止尚未发生的损害,而不是对已经发生的损害的救济。"停止侵害是所有竞业禁止纠纷中都要涉及的民事责任承担方式。为保护权利人的商业秘密,首先必须规定义务人不得利用权利人的商业秘密,即规定义务人立即停止对权利人商业秘密权的侵害,以避免其权利遭受损失或者遭受进一步的损失。

2. 损害赔偿

我国民法理论界通说认为,损害赔偿主要是补偿性的,同时具有惩罚性。损害赔偿之方法,以恢复原状为原则,金钱赔偿为例外。[①] 违反竞业限制义务所引

---

① 曾世雄:《损害赔偿法原理》,三民书局1996年修正2版,第36页。

起的损害往往与侵犯商业秘密有关,因此,对此类无形损害的赔偿不能以恢复原状为目的,而只能以金钱赔偿的方式进行。损害赔偿数额的确定不仅应当针对义务人已经造成的损害,还应包括由此行为带来的可以预见到的直接损失。

3. 归入权

归入权,又称夺取权、介入权,是指义务人违反竞业限制义务时,权利人有权将义务人因此获得的收入收归自己所有(又称利润夺取型介入权),或将义务人违反竞业禁止义务所实施的所得权利视为权利人所得的权利(又称拟制信托型介入权)。两种形式的介入权的区别在于:在前者,行使介入权的主要结果在于使违反义务的主体不能因违反义务而得利,并因此填补所受到的损失;后一种形式的介入权,除有以上两种功能外,还具有将义务人的竞业业务归入权利人的功能。

对于介入权,各国一般规定只适用于董事、经理等企业高级管理人员从事竞业行为的情形,对于其他主体则没有作出具体规定。而且,不同的国家和地区对于介入权的类型也有不同的规定,日本和我国的台湾地区则只规定了后一种类型的介入权,而德国、韩国则对两种类型的介入权都作出了规定。

我国只规定了前一种类型的介入权,我国《公司法》第149条规定,董事、高级管理人从事竞业活动的,"所得收入应当归公司所有"。

第三节 法定竞业限制

一、竞业限制的法律界定

法定竞业限制,是指义务主体的不竞业义务源于法律的禁止性规定。法定竞业禁止主要是针对在职雇员的竞业禁止,雇主也可以与雇员通过协议的方式约定在职雇员的不竞业义务。

法定竞业限制不同于约定竞业限制,二者除了产生的依据不同,还存在如下区别:

1. 限制对象不同

法定竞业限制的对象主要是董事、经理等高级管理人员。约定竞业禁止的对象则以员工是否接触到企业的商业秘密为限,范围相对较宽。

2. 强制性不同

法定竞业限制系法律强制性规范,当事人不能选择适用,但其所生不竞业义务可以通过法定程序予以免除。① 约定竞业限制系任意性规范，当事人可以选择，不竞业义务的产生直接依据双方当事人的合意。

3. 限制期限不同

法定竞业限制主要是针对在职雇员，适用于雇员尤其是高级管理人员任职关系存续期间。约定竞业禁止适用于雇员离职之后的一定期间内，雇员被禁止从事某项业务或工作，期限长短由双方当事人在法律许可范围内自由约定。

4. 目的不同

法定竞业限制的目的是为了确保董事等高级管理人员对公司忠实，不得利用其特殊地位夺取属于公司的商业机会。约定竞业限制是为了保护雇主的商业秘密，维持其在市场竞争中的优势地位。

法定竞业禁止与约定竞业禁止的上述区别决定了它们各自所侧重调整的法律关系也有所不同。法定竞业禁止调整的范围较窄，主要是规范公司高级管理人员的竞业行为；而约定竞业禁止调整的范围相对比较灵活，可以规范企业中的中层管理人员以及普通雇员，但这些人员必须知悉或接触到企业的商业秘密。

二、竞业限制的比较研究

法定竞业限制主要涉及义务主体和义务范围两个问题，各国立法和判例规定的既有一致的地方，也存在着差异。法定竞业限制的义务主体一般包括董事、经理人、代理商、股东及合伙人（企业）、营业转让人、雇员等。

（一）董事

对董事的竞业限制范围，包括同业竞业限制和兼业竞业限制。

英美法系并未明文规定董事的不竞业义务，而是通过对董事课加信义义务来间接说明董事的不竞业义务。根据英美法系公司法理论，董事具有公司代理人和财产受托人的双重身份，对公司负有信义义务，其内容包括注意义务和忠实义务。注意义务是对董事"称职"的要求，而忠实义务是对董事的"道德"要求。② 董事的信义义务，要求董事竭尽忠诚为公司工作并诚实履行职责，不得损害公司利益，以及个人利益服从公司利益。换言之，在任职期间，不得为他人和自己从事与所在公司相竞争的业务。

---

① 根据我国《公司法》第149条规定，在取得股东会或股东大会同意之后，董事等高级管理人员可以免除竞业禁止义务。

② 张开平：《英美公司董事法律制度研究》，法律出版社1998年版，第237页。

大陆法系国家多在法律中明文规定了董事的不竞业义务:如德国《股份法》第 88 条第 1 款规定:"董事会成员未经监同意,既不允许经营商业或为自己以及他人利益从事与公司相同的业务,也不得成为其他公司的董事、业务执行人或者无限责任股东。"日本和韩国公司法以及我国台湾"公司法"亦有类似规定。

可见,对董事的竞业限制范围,包括同业竞业限制和兼业竞业限制。

(二)经理人

《法国公司法》第 127 条规定:任何人不得同时属于两个以上经理室,也不得在两个以上其公司住所在法国领土的股份有限公司里担任总经理职务。

《日本商法典》第 41 条规定:经理人非经营业主人许诺,不得经营营业,不得为自己或第三人进行属于营业主人营业部类的交易,不得成为公司的无限责任股东、董事或其他商人的使用人。

我国台湾地区"民法"规定:经理人不得为自己或第三人经营与其所办理的同类事业,亦不得为同类事业公司之无限责任股东。

依此上述规定可知,经理人的竞业限制范围包含两个方面,即同业竞业限制和兼业竞业限制。

(三)公司股东

公司股东,主要为无限公司和两合公司中无限责任的股东,是竞业限制的义务主体。如我国台湾"公司法"第 54 条、第 115 条的规定。

公司股东的竞业限制范围也包括了同业和兼业禁止。

(四)代理商

许多国家都为代理商设定了不竞业义务。如《日本商法》第 48 条规定:代理商非经本人许诺,不得为自己或第三人进行属于本人营业部类的交易,不得成为以经营同种经营为目的的公司的无限责任股东或董事。

德国《联邦最高法院民事判决汇编》第 42 卷第 59~69 页通过判例规定:商业代理人在代理契约的有效期内,不得代表其委托人的竞争对手进行活动。

对代理商的竞业限制属同业竞业限制。

(五)营业转让人

一些国家规定了营业转让人的不竞业义务。如《日本商法典》第 25 条第 1 款规定:营业转让时,当事人如无另外意思表示,则转让人在 20 年内,不得于同一村镇内或邻村镇内经营同一营业。

可见,对营业转让人的限制范围也限于同业。

（六）一般雇员

对于一般雇员在职期间是否应承担法定竞业限制义务,各国理论及司法实践存在差异。

《意大利民法典》规定:雇员不得为自己或者第三人的利益从事与雇主竞争的行业,亦不得泄露涉及与雇主管理或者生产方法相关的信息,不得以使雇主蒙受损害的方式允许第三人利用上述信息。

日本学者认为,依诚信原则,雇员也应负有竞业禁止义务。

美国在实务中倾向于不禁止一般雇员利用其工作闲暇时兼职,除非其兼职会损害雇主利益。

我国台湾学者认为,一般雇员在雇佣关系存续期间,依诚信原则负有促使契约目的圆满达成及不损害他方当事人之协力及保护等附随义务,因此雇员在任职期间不得为竞业行为,否则即违反雇员之附随义务。

三、我国竞业限制的立法现状及评析

（一）竞业限制的立法现状

1.《反不正当竞争法》

1993 年《反不正当竞争法》填补了我国竞业限制的空白。该法第 2 条规定:"经营者在市场交易中,应当遵循自愿、平等、公平、诚实信用的原则,遵守公认的商业道德。"第 10 条规定:"禁止违反约定或者违反权利人有关保守商业秘密的要求,披露、使用或者允许他人使用其所掌握的商业秘密。"

2.《公司法》

我国《公司法》第 149 条第 1 款规定:"未经股东会或者股东大会同意,董事、高级管理人员不得利用职务便利为自己或者他人谋取属于公司的商业机会,自营或者为他人经营与所任职公司同类的业务。"第 149 条第 2 款规定:"董事、高级管理人员违反规定所得的收入应当归公司所有。"

《公司法》第 70 条规定:"国有独资公司的董事长、副董事长、董事、高级管理人员,未经国有资产监督管理机构同意,不得在其他有限责任公司、股份有限公司或者其他经济组织兼职。"该条文规定了国有独资公司的董事长、副董事长、董事、高级管理人员的兼业禁止,不得兼职也就包含着不得自营或者为他人经营与所任职公司同类的业务这一层含义。所以该文也可以被认为是对国有独资公司的董事长、副董事长、董事、高级管人员的竞业行为的规制。

3.《合伙企业法》

我国《合伙企业法》第32条规定:"(普通)合伙人不得自营或者同他人合作经营与本合伙企业相竞争的业务。"第71条规定:"有限合伙人可以自营或者同他人合作经营与本有限合伙企业相竞争的业务;但是,合伙协议另有约定的除外。"第99条规定:"合伙人违反本法规定或者合伙协议的约定,从事与本合伙企业相竞争的业务或者与本合伙企业进行交易的,该收益归合伙企业所有;给合伙企业或者其他合伙人造成损失的,依法承担赔偿责任。"

4.《个人独资企业法》

《个人独资企业法》第20条规定,投资人委托或者聘用的管理个人独资企业事务的人员不得未经投资人同意,从事与本企业相竞争的业务。还规定投资人委托或者聘用的管理个人独资企业事务的人员违反第20条规定给企业造成损失的,依法承担赔偿责任,有违法所得的,没收违法所得。

5.《中外合资经营企业法实施条例》

《中外合资经营企业法实施条例》第37条第4款规定:"总经理或副总经理不得兼任其他经济组织的总经理或副总经理,不得参与其他经济组织对本企业的商业竞争。"

6.《刑法》

我国《刑法》第165条规定:"国有公司、企业的董事、经理利用职务便利,自己经营或者为他人经营与其所任职公司、企业同类的营业,获取非法利益,数额巨大的,处三年以下有期徒刑或者拘役,并处或单处罚金;数额特别巨大的,处三年以上七年以下有期徒刑,并处罚金。"此条仅适用于国有企业、公司的董事、经理违反竞业限制义务的情况,如其他人员违反竞业限制义务,则应适用《刑法》第219条的规定。根据《刑法》第219条,违反约定或者权利人有关保守商业秘密的要求,披露、使用或者允许他人使用其所掌握的商业秘密,给商业秘密的权利人造成重大损失的,处三年以下有期徒刑或者拘役,并处或者单处罚金;造成特别严重后果的,处三年以上七年以下有期徒刑,并处罚金。

(二)对竞业限制立法的评析

综上可知,我国已初步具备了法定竞业限制的法律框架,然而在我国该法域还存在诸多亟待完善的问题:

1. 义务主体范围过窄

目前我国法定竞业限制义务仅适用于:有限公司和股份公司的董事、经理;国有独资公司的董事长、副董事长、董事、经理;中外合资经营企业的总经理、副总经理;合伙企业的合伙人;个人独资企业委托或者聘任的管理人以及一些特别法上的特殊主体。

上述范围不能涵盖所有企业的高级管理人员,而且对于可以列席董事会议、有权随时对公司的业务和财务状况进行监督检查,有条件获得商业秘密的监事,我国法律并未将之纳入竞业限制义务主体范畴。

因此,我们将法定竞业限制义务主体的范围,限于知悉商业秘密的人员,管理人员、工程技术人员以及其他接触到商业秘密等重要信息的第三人,如代理商、供应商、批发商、销售商、转包商、接受商业秘密等重要信息的受让人、合营者以及营业组织的决策者等。此外,应充分考虑公司治理结构变化的现实,对承担义务主体范围作出弹性规定,使之更符合我国保护商业秘密、规范竞业限制的需要。

2. 一般雇员的法定竞业义务缺乏明文规定

除原国家科委《关于科技人员业余兼职若干问题的意见》等少数规定外,我国法律对一般雇员的法定竞业限制鲜有涉及。

学界普遍认为,对于一般雇员的法定不竞业义务应区别对待。将一般在职雇员区分为了解或知悉商业秘密的雇员和并不知悉企业商业秘密的雇员。对于不知悉者,不应该课以法定不竞业义务。对于知悉者,在职期间则应承担不竞业义务。当然,一般雇员毕竟不同于公司高管,他们在任职期间的法定不竞业义务,应区分同业和兼业。对于同业限制,应限于义务人在第三人处所处的岗位能够使用其所掌握的商业秘密;对于兼业限制,应以不损及劳动者对所在单位的劳动义务的履行能力为限。

3. 责任体系不完善

关于违反法定竞业禁止义务的民事责任,我国《合伙企业法》第99条规定:"合伙人违反本法规定或者合伙协议的约定,从事与本合伙企业相竞争的业务或者与本合伙企业进行交易的,该收益归合伙企业所有;给合伙企业或者其他合伙人造成损失的,依法承担赔偿责任。"

《公司法》第149条规定:"董事、高级管理人员违反前款规定所得的收入应当归公司所有。"相对于《合伙企业法》,《公司法》仅规定了归入权,并未明确规定赔偿请求权,两部法律如此之大的立法冲突,容易在实务中造成混乱,不利于合理规范竞业限制,也不利于维护有序竞争秩序。

我们建议,应同时规定多种民事责任,如停止侵害、赔偿损失、归入权等,给当事人多元化的民事责任选择权,方便其行使权利。

第四节 约定竞业限制

一、约定竞业限制的法律界定

约定竞业限制,指竞业限制义务源于合同的约定,即企业与掌握和了解本单位商业秘密的员工通过合同约定,在劳动关系终止后一定期限内不得自己经营与该企业有竞争关系的业务,也不得到与该企业存在竞争关系的其他企业任职,企业给予不竞业的离职员工以一定的经济补偿。

约定竞业限制主要有两种形式:一是在劳动合同中订立竞业限制条款,二是订立单独的竞业限制协议。竞业限制条款/协议有如下特点:

1. 从属性

从性质上考察,竞业限制条款/协议具有从属性,但又不是完全意义上的从合同。一方面竞业禁止协议依赖于劳动合同,只有存在劳动关系的双方当事人才能够签订竞业禁止协议,从这个意义上说它是劳动合同的从合同。另一方面,作为主合同的劳动合同终结,与之相关联的竞业禁止协议则不一定终结,而是有效,从这个意义上看,竞业禁止协议又不依赖于主合同。

2. 不作为义务

从义务上看它是不作为义务的合同。竞业限制协议确认雇员的不作为义务,禁止员工在本单位任职、离职之后到与本单位有竞争关系或其他利害关系的其他单位内任职或者创建与原单位业务范围相同的企事业单位。竞业禁止协议的核心是限制因劳动关系而知悉权利人商业秘密的职员利用所知悉的该秘密与本业务竞争。

3. 义务主体特定

竞业限制协议的相对人具有特定性,只能是本单位的员工,而且往往不是全体员工,是知悉本单位商业秘密或者对经济利益有重要影响的有关人员。

4. 协议双方力量对比不均衡

用人单位与劳动者力量对比悬殊,而且竞业限制协议往往在劳动关系缔结或者终止时订立,二者地位并不完全平等。用人单位处于强势地位。劳动者为避免失去现时或潜在的劳动就业机会,往往违背真实意志签订合同。

5. 竞业限制协议须为要式

二、利益冲突与平衡

(一)利益冲突

竞业限制协议作为商业秘密保护的事先防范机制,保障了市场经济中竞争秩序的正常进行,维护了商业秘密拥有人的合法权益。但它必然存在着一定的权利冲突,无论是从立法或制度设计的层面,还是从司法的层面来考量,皆是如此。

1. 竞业限制与雇员劳动权、择业自由权的冲突

劳动者依照宪法和劳动法享有劳动权、择业自由权,这些权利决定着社会个体的生存和发展,是基本人权,也是个体价值和社会价值实现的保障性权利。"跳槽"并从事自己最熟悉和最擅长的工作是其行使劳动权和择业权的体现,也是其维持本人乃至家人生计的需要。

雇主所拥有的商业秘密权,是一种合法的财产权利,也应依法受到保护,而对之进行有效保护又需要对劳动者进行竞业限制。

从理论上讲,竞业限制协议系劳动者与雇主平等协商的产物,理应达至二者利益的最佳平衡。然而,现实并非如此,企业集合人力与财产,组织庞大,财力雄厚,作为个体的雇员显然无法与之抗衡,雇员明显处于弱势。在这种实质不平等的情况下,竞业限制协议很少是协商一致的产物。正如有学者坦言:"劳动权、择业自由权是至高无上的权利,通过限制信息的自由流动,对雇员或者一前雇员使用、披露商业秘密的权利进行太过严格的控制,就会损害雇佣市场,会使一些人(往往是最优秀的)不可能到他处就业或自行营业。"[①]更为严重的是,在一些劳资双方严重失衡的产业和部门,企业一手操纵、强势推进的不平等条约,甚至使雇员连自己的一般知识、经验和技能都不能自由使用,严重危及雇员的生活乃至生存。

2. 竞业限制与人才流动的社会利益的冲突

人才流动是社会发展的客观要求,是社会进步的标志。现代科学技术的飞跃发展离不开人才的自由流动。但是,人才流动和商业秘密是一对矛盾,人才流动的过程往往伴随并导致商业秘密的流失。为应对人才流动中的失密问题,保障有序的市场竞争,竞业限制应运而生,但这在客观上又妨碍了人才流动的畅通性,特别是高级技术人才的流动。正如英国考恩法官在 Wexer 案中所说:"由于

---

① 孔祥俊:《商业秘密保护法原理》,中国法制出版社1999年版,第173页。

受取得所谓的商业秘密的潜在束缚,雇员讨价还价的地位就降低了;这样就产生了悖论,即由于技术水平越来越高,他却被限制进入生产效率更高的领域去发挥作用。"①

人才流动是人才资源的一种再分配,竞业限制制度对人才自由流动的限制和束缚,从整个社会角度来看,影响了人力资源的有效配置,从而可能抑制科技进步和社会生产力的发展。而任由企业苦苦经营的商业秘密随着员工流动化为乌有,必将遏制这一刺激企业发展的巨大内在动力,同时也将市场竞争引入无序。因此,在制度设计中,存在雇主利益与公共利益冲突的利益衡量及其评价问题。

3. 竞业限制与员工人格财产的权利冲突

受雇人在雇佣期间学习、掌握的一般知识、经验、技能,是其多年累积的结果,是其赖以谋生的基础,已成为其人格的一部分,我们称之为人格财产,不是商业秘密。如果将这些内容列入雇主的竞争利益或商业秘密的范畴,势必会侵害雇员的劳动权和基本人权,造成双方的矛盾和冲突。但是如何界定员工的"人格财产"与企业商业秘密的范围,世界各国尚无定论,是理论研究和司法实践中的难题。

美国的判例确立了几种界定方法:一是将信息区分为一般性的和特殊性的,商业秘密应该是特殊性的技术和经营信息。二是根据权利人是否在雇佣关系中禁止雇员使用该信息来确定是否属于商业秘密。三是根据雇员的能力判断是否是商业秘密。很显然,专业能力越强的雇员,属于其拥有的一般知识、经验及技能的范围就越广。②《英国法律委员会关于违反保密义务的法律》(草案)也有相关规定,该法认为如果是在工作中获得的个人的知识或技能经验等信息,则不受《商业秘密法》保护。世界知识产权组织更是明确将这种"人格财产"归类到"公知领域",并在其注释中明确指出离职职工如果为了谋生有权使用和利用其在以前的受雇期间所掌握的任何技术、经验和知识。

(二)利益平衡

从法律层面来说,利益平衡是指"通过法律的权威来协调各方面的冲突因素,使相关各方面的利益在共存和相容的基础上达到合理的优化状态"。③ 也就是说,利益平衡是利益衡量和协调的结果,在兼顾各方利益主体的基础上,达到社会整体利益的最大化,从而推动社会的进步和发展。利益平衡的前提条件是

---

① 孔祥俊:《商业秘密保护法原理》,中国法制出版社1999年版,第173页。
② 倪才龙主编:《商业秘密保护法》,上海大学出版社2005年版,第122页。
③ 陶鑫良:《知识产权总论》,知识产权出版社2005年版,第17页。

必须存在相互冲突的利益,而且这些利益应为合法性、正当性的利益。非法的利益,不具有正当性,也就不存在利益平衡的问题。

在竞业禁止的法律关系中,涉及择业自由权、人才流动和竞争秩序等一系列权益,这些权益都是正当的,为现代市场经济社会所竭力维护的;与这些权益相冲突的则是雇主的商业秘密权、竞争优势等利益,雇主的这些利益同样也与社会的经济发展和技术进步息息相关,也就是说,雇主的利益也并非完全代表着纯粹的个体利益。因此,衡量这些相冲突的利益和进行价值的取舍,无论是对于立法中竞业禁止制度的合理设计,还是对于司法中竞业禁止纠纷的处理都有重要的作用。

传统的法理学有三种利益冲突平衡方法:位阶比较法、个案分析法和比例判断法。其中位阶比较法与比例判断对于解决竞业限制中出现的权利冲突具有重要的指导意义。

1. 位阶比较法

位阶比较法要求当不同位阶的价值出现冲突时,在先价值优于在后价值。而在自由与秩序、生存权与财产权的位阶比较中,自由与生存权是优位的,因此,绝不能用牺牲劳动者生存权和择业自由的办法来保全商家的财产性权利。那是否竞业禁止制度就不应该存在了呢?不然。自由不是绝对的,社会关系的维持和发展,要求社会个体放弃一部分行为自由。"一定的生产方式的维持和运作是使人们共同的基本物质需要得到满足的前提,所以,应服从既定的生产方式的内在要求而遵守一定的行为规则,放弃一部分行为选择自由。"[1]

位阶比较法要求尊重社会公共利益,在对雇主和雇员利益进行平衡时,不仅仅要考虑纯粹的个体利益,还要考虑到整体的社会利益。双方自愿达成的、合理的竞业禁止协议也可能因违反公共利益而无效。如当高失业率带来社会经济问题时,英国法院曾判定竞业禁止条款虽然合理但仍违反公共利益而属无效。当然,个人利益并非总是与社会公共利益相悖,例如,雇主商业秘密受到保护也会刺激雇主加大技术投资,从而促进技术的进步和社会的发展。

2. 比例判断法

比例判断法要求,为保护某种较为优越的法价值会侵及另一种时,不得逾越此目的所必要的程度。一般认为,在竞业限制关系中,被牺牲的利益主要是员工的劳动权和择业自由权。在签订竞业限制协议时,如果对员工竞业限制义务的要求超出了雇主受保护利益的范围,或者员工遭受的不利超过了保护雇主利益

---

[1] 张恒山:《义务先定论》,山东人民出版社1999年版,第4页。

第七章 人才流动与商业秘密保护

的需要,那么可以说该员工被牺牲的利益就大于雇主的应保利益,此时竞业禁止协议则是不合法的。

根据上述分析,在竞业禁止的法律关系中,体现着三方的利益,即雇主的利益、雇员的利益以及社会公共利益。竞业禁止的本质是对相冲突的合法利益的平衡,即在雇主的商业秘密权与雇员的择业自由权之间寻找一个平衡点,以寻求社会利益的最大化。它不是单纯地对于雇员择业自由的否定,而是在一定界限范围内的限制,给予雇主的商业秘密权以正当的生存空间。因此,为了实现平衡,竞业限制必须设计在合理的范围内,即从人员、业务、地域、期限、补偿等方面来加以合理限制。

三、竞业限制协议的生效要件

竞业限制协议是现今企业广泛采取的措施,是被世界各国实践证明了的在人才流动中保护商业秘密的有效手段。我国在培育和发展人才流动市场中,一方面应肯定竞业限制的合理性,另一方面也不能忽视其对劳动者的生存权、择业自由权等基本人权的消极影响。签订竞业禁止协议是必要的,但必须课加合理限制,以确保用人单位商业秘密权与劳动者权益的平衡。

依据各国立法及学说,竞业限制协议有效须具备以下要件:

(一)形式要件

竞业限制协议必须具备书面形式,才合法有效。采用书面形式的原因有二:其一,竞业限制是对自主择业权的限制,而自主择业从一定意义上说应当是一项具有上位效力层次的重要权利,如仅以口头约定将此项权利加以限制或排除,显然不符合要求。其二,竞业禁止涉及经济补偿的对价、禁止从业的业务范围、期限、地域等多方面的问题,采用书面形式一方面能够明确义务的具体内容,避免纷争;另一方面也能以更严格的程序,保护双方的合法权益。

对竞业限制协议的书面形式要求乃各国立法通例,如《德国商法典》第74条规定:"雇主与受雇人间就雇佣关系终止后,其产业活动中对受雇人的限制(竞业禁止)合意,必须以书面为之,且雇主应将其所签署合意条款的文件交付予受雇人。"《意大利民法典》第2125条针对约定竞业禁止的要素作了明确规定:"在约定未采书面形式、未为提供劳务者的利益确定相应的对价、亦未确定禁止提供劳务者从事的业务范围、期限和地点的情况下,限制提供劳务者在劳动契约终止后从事与企业进行竞争的业务的约定无效。"

我国立法未明确规定竞业禁止必须采用书面形式。《劳动合同法》第10条规定:"建立劳动关系,应当订立书面劳动形式。"但是竞业限制条款可以规定在劳动合同中,也可以由双方当事人另行约定,对于另行约定的情况,《劳动合同法》第 23 条中却没有明确必须采用书面形式。我国的竞业禁止立法中应当规定必须采用书面形式才合法有效。

(二) 实质要件

1. 尊重公共利益

竞业限制不得损害社会公共利益,否则无效。在商业秘密保护领域,公共利益主要表现为对竞争秩序的遵循,破坏公平竞争,限制人才的合理流动,违反国家法律法规或者单纯以限制竞争的目的出发签订的竞业禁止合同都是无效的。

美国立法认为,如果竞业限制超出了保护雇主合法利益的范围,损害了公众利益,则属于不合理的竞业限制。英国法院在处理有关约定竞业禁止的案件中,也多从公共利益是否受到了损害出发来考虑问题,而不仅仅是考虑当事人利益。①

2. 目的合理

关于竞业限制协议的目的,存在单一目标说,即保护企业商业秘密;双重目标说,即除前者外,还包括防止恶性竞争;三重目标说,除前两者外,还旨在防止企业人力资本流失。② 三种学说无一例外地指出,竞业限制协议的最终要旨在于保护权利人的商业秘密,其缔结的前提须有受保护的商业秘密的存在。如果企业本身不拥有任何商业秘密,订立竞业禁止协议只是为了防止员工大量外流,这种协议就有损害员工择业自由权和垄断劳务市场之虞而应视为非法。

那么,究竟何种信息方能成为双方订立竞业禁止协议的基础呢? 我国《劳动合同法》第 23 条第 1 款规定:"用人单位与劳动者可以在劳动合同中约定保守用人单位的商业秘密和与知识产权相关的保密事项。"这一规定将用人单位的可保利益界定得似是而非、模糊不清,易被用人单位滥用。我们认为,员工工作中所获得的知识、经验、信息和情报分四类:(1)符合法定条件的商业秘密;(2)商业秘密以外的不宜对外公开的企业机密情报;(3)职工的一般知识、技术和信息;(4)从公开渠道获得的公用信息。前述诸项中,只有第一种情况符合条件。

当然,公共利益应得到首要尊重,即使雇主在签订竞业禁止协议时享有稳定的可保利益,也可能因为妨碍公共利益而无效。

3. 义务主体范围合理

---

① 彭学龙:《竞业禁止与利益平衡》,载《武汉大学学报》(社科版)2006 年第 1 期。
② 参见姜颖:《劳动合同法论》,法律出版社 2006 年版,第 140 页。

竞业限制协议旨在保护商业秘密,只有与在工作中知悉其商业秘密的人订立竞业禁止协议才是合理的。所以,竞业限制的义务主体应是知悉企业商业秘密的员工,对于无机会接触商业秘密者,即使企业与之签订了竞业禁止契约,也应因侵害员工生存权、择业自由权、违反公序良俗而无效。日本广岛法院曾判决一家百货公司与其女装部普通柜员订立的竞业限制协议无效,认为对职位低下又不是很容易再就业的弱势劳工的竞业禁止会危及受雇人的生存权和择业自由权。

对于知悉企业商业秘密的员工的判定,应以员工在原企业中的职务、地位以及接触商业秘密的可能性为标准。如日本和我国台湾地区的判例和学说均把受雇员工在任职期间的职务和地位作为竞业限制协议是否合理的一项衡量标准。我国《劳动合同法》第24条第1款也规定:"竞业限制的人员限于用人单位的高级管理人员、高级技术人员和其他负有保密义务的人员。"

4. 对价合理

依据竞业限制协议,员工离职后的一定时间内不得从事与原单位相同或类似的业务,这极大地限制了员工离职后的就业范围,很大程度上意味着员工被迫转行或不能再就业。作为对价,原单位应对员工进行合理的经济补偿。支付经济补偿是竞业限制协议的生效要件,也是员工履行竞业义务的前提。用人单位未按约定支付经济补偿,则该竞业限制条款失效。如《德国商法》第74条、《意大利民法典》第2125条均把有无经济补偿作为竞业禁止协议有效的必备条件之一。

至于补偿多少为合理,德国法律规定应为最后一年报酬的一半以上,法国法律规定至少应达到1/3。我国《劳动合同法》第23条第2款规定在竞业限制期限内按月给予劳动者经济补偿,但未规定补偿的数额和方法。个别地方性法规和部门规章对此作出规定,如《中关村科技园区条例》第44条第2款规定:"企业应当依照竞业限制合同的约定,向负有竞业限制义务的原员工按年度支付一定的补偿费,补偿数额不得少于该员工在企业最后一年年收入的1/2。"《深圳经济特区企业技术秘密保护条例》第17条规定:"竞业限制协议约定的补偿费,按年计算不得少于该员工离开企业前最后一个年度从该企业获得的报酬总额的三分之二。竞业限制协议中没有约定补偿费的,补偿费按照前款规定的最低标准计算。"如果由于履行竞业禁止义务而导致离职雇员的实际收入降低的,前雇主还应当补足其差额。

5. 领域限制合理

领域限制,是指雇员不得与雇主形成竞争关系的职业种类和专业领域,它是竞业限制的必备要件。我国《劳动合同法》第24条第1款规定:"竞业限制的范围……由用人单位与劳动者约定,限制的约定不得违反法律、法规的规定。"《关于加强科技人员流动中技术秘密管理的若干意见》规定:"不得在生产同类产品或经营同类业务且有竞争关系或者其他利害关系的其他单位内任职,或者自己生产、经营与原单位有竞争关系的同类产品或业务。"《上海市劳动合同条例》第16条规定:"不得自营或者为他人经营与原用人单位有竞争的业务。"综合前述规定,可见目前我国竞业禁止对于行业范围的限定基本为同类产品或业务。但是这一限定过于模糊和宽泛。

竞业禁止关系中限制的领域必须确定,不能是一个变量,如禁止雇员从事任何与本企业现在和将来的经营活动有竞争关系的活动。

领域限制必须合理。有学者主张,该领域应限于雇员在雇佣期间从事的相同的工作,否则就剥夺了雇员的生存权;也有相反观点认为,限制雇员不得从事相同的工作,无异于强迫雇员离职后必须改行,在专业分工越来越细的今天,这无疑危及了雇员的生存权。

我们主张应当对限制领域作出清楚限定,将之限于企业的核心竞争业务领域,且其范围应与劳动者知悉的商业秘密的范围相一致,而不能扩大到劳动者熟悉的整个专业领域。在司法实践中对竞业禁止领域限制范围的合理性问题一般应由法官根据个案作出判断,而不能由雇主确定,凡领域限制范围不清或限制范围不合理的竞业禁止协议无效。

6. 期限合理

商业秘密的竞争优势实质上是一种时间优势,超过一定的期限,此种优势就会减弱,甚至不复存在。因此,对竞业禁止的期限规定应当合理。

《意大利民法典》第2125条规定:"限制经理级人员从事与企业进行竞争的业务的期限不得超过5年,对其他人员的限制不得超过3年。在约定的期限超过上述限制规定的情况下,应当相应削减。"日本和德国认为竞业禁止协议不得超过2年。

我国《劳动合同法》第24条第2款规定:在解除或者终止劳动合同后,前款规定的人员到与本单位生产或者经营同类产品、从事同类业务的有竞争关系的其他用人单位,或者自己开业生产或者经营同类产品、从事同类业务的竞业限制期限,不得超过二年。

7. 地域限制合理

关于竞业限制的地域,国外的立法实践普遍认为,雇主只在有限的区域内存在有关商业秘密的利益,如果离职雇员在这一区域之外就业,与前雇主就没有竞争关系,前雇主就不能限制。因此,竞业禁止的地域范围应当以雇员离职时,雇主拥有营业利益的范围为限,超过该地域的竞业禁止约定无效。例如,比利时

《雇佣合同法》第65条规定:"竞业禁止协议对雇员限制的区域范围在任何情况下,都不得扩大到比利时境外。"《瑞士债法典》第340条(A)规定:竞业禁止应当于地点、时间和理由上给予合理的限制,此种限制不得违背公平原则,不合理地限制雇员的经济前途。在美国,如果竞业禁止协议限制的区域范围过宽,法官不会强制雇员履行该协议,因为这种协议会导致雇员谋生过于困难。而且在很多州,如果竞业禁止条款约定禁止雇员在全国范围内从事与前雇主相竞争的业务,那么这将被认为是不合理的。

我国《劳动合同法》第24条规定:"竞业限制的地域、期限由用人单位与劳动者约定,竞业限制的约定不得违反法律、法规的规定。"

我们认为,实行竞业禁止区域的大小一般与原单位的业务影响区域以及市场份额等因素有关,不可一概而论,我国《劳动合同法》关于地域范围限制由当事人约定的规定是合理的,但是应在立法中作出原则规定,明确将地域范围限定于雇员离职时,雇主拥有营业利益的范围内,即企业的产品或服务主要流向的区域内;且这一区域不应当包括该企业尚未开拓或触及的区域,或者虽然触及但是该企业的产品的销量在该区域只占据微乎其微的地位。否则的话,就会构成对劳动者择业自由的妨碍和不合理限制。

7. 劳动者责任合理

《劳动合同法》第23条第2款规定:"劳动者违反竞业限制约定的,应当向用人单位支付违约金。"第90条规定:"劳动者违反本法规定解除劳动合同,或者违反劳动合同中约定的保密义务或者竞业限制,给用人单位造成损失的,应当承担赔偿责任。"

上述规定未确定金额上限,容易造成用人单位利用自身优势,与劳动者订立经济补偿标准较低,而违约金较高的竞业限制条款,这将严重影响劳动者的择业权和生存权。

四、约定竞业限制的比较研究

签订竞业限制协议是许多国家和地区商业秘密保护实践中较通行的做法,然而竞业限制本身也是颇有争议的,有关协议条款的合法性问题常成为各国和地区法院处理此类纠纷的一个核心问题。

---

① 郑启福:《竞业禁止协议的效力研究》,载《湖北社会科学》2005年第8期。

(一)英国

竞业限制,在英国法中又称交易限制,是指雇主与雇员通过协议约定禁止雇员在任职期间以及辞职后从事竞争性的行业。最初,出于侵犯个人及公众自由的考虑,竞业限制在英国是不合法的,如有签订一概视为无效,且对意图限制、禁止,进而控制竞争者的人甚至判以徒刑。如此一来,造成雇主不愿再训练学徒等社会问题。之后,英国竞业限制问题出现了一些较温和的观点,但法院仍不太支持竞业限制协议,认为公共利益不应该被某种私人利益所控制或限制,雇员的择业自由权和生存权应当得到充分的尊重和保护。但是,要是交易限制协议所限制的活动、限制所涉及的范围以及所持续的期间是合理的,而且对于被竞争者利益的保护是必要的,此时,该协议才会得到法院的支持。竞业禁止协议最终合法的条件在于:一是合法的应保利益应该大于被牺牲的利益,二是协议所限制竞争的范围应当合理,三是不妨碍公共利益。[①] 如约定竞业即丧失退休金请求权的条款,就属于违反公共利益,应当无效。

(二)美国

美国学界对离职后竞业限制协议的效力有否定说和肯定说两种主张。否认其效力的人认为,竞业限制协议是无效的,因为这种协议违反自由竞争原则,限制了交易,有害员工生计,导致社会生产力的总量减少;而持肯定说的人则认为,竞业禁止协议从另一角度增强了竞争力,减少了用非诚实手段使用他人商业秘密的不正当竞争行为,有益于雇主和整个社会经济秩序,并坚持认为这种协议无害于员工生计,因为"受保护的对象通常是有保护价值的商业秘密,而有机会接触该信息的雇员,通常是有能力且比较世故的人,这些雇员有许多更换工作的机会……而且,竞业禁止契约本身就是两相情愿的事,不同意可以不签约"。[②]

从美国的立法和判例来看,并没有简单地认定竞业限制协议是有效还是无效,而主要是看其限制是否超出了保护雇主合法权益的范围或者使雇员遭受的不利超过雇主的需要而可能损害公众。如果限制竞业的范围过宽,会因违反公共政策或者反托拉斯法而被认定为无效。此外,还要考虑被限制的当事人的利益,如果在兼顾所有这些利益后,该限制仍然合理,就是有效的。总之,根据美国法的规定和判例,竞业限制协议应当限于合理的范围内。当竞业禁止条款中有部分不合理、部分合理时应如何处理,美国各州法院在司法实践中发展出三种不

---

① 参见张玉瑞:《商业秘密法学》,中国法制出版社1999年版,第274页。
② 孔祥俊:《商业秘密保护法原理》,中国法制出版社1999年版,第187页。

同的处理方式:(1)全有或全无原则。即竞业禁止所有条款被法院认定为合理,法院才承认其全部有效;如有部分条款被认定为不合理,则竞业禁止协议一概归于无效。(2)蓝铅笔原则。当合理与不合理的条款容易区分时,法院仅承认合理部分的条款有效,不合理部分的条款则为无效。(3)合理化原则。当竞业禁止协议被判定为不合理时,法院有权只在其认为合理的限度内赋予其有效执行的效力。①

(三)德国

德国将竞业限制分为在职竞业限制和离职后的竞业限制。德国立法中本无规范劳工竞业限制合同的明文规定,但联邦劳工法院以判例方式,对竞业限制合同予以谨慎承认,把《德国商法》第74条、第75条有关对"商人"竞业限制的相关规定移植到一般雇员身上来。第74条规定:(1)业主和商业辅助人有在雇佣关系终止后对辅助人的营业活动方面进行限制的协议的,其协议需要采取书面方式,并且需要向辅助人交付由业主签署并包含约定事项的证书。(2)只有在业主有义务在禁止期间支付赔偿,并且赔偿在每一个禁止年度至少达到商业辅助人在上一个禁止年度所取得的约定给付的一半时,竞业禁止才有拘束力。②

综上可知,德国法律对离职后竞业禁止,有下列几项限制:须为书面形式;雇主必须给付补偿;雇主须存在应受保护的营业利益;限制竞业的种类、时间、区域等因素必须合理;主体须是有雇佣关系的业主和商业辅助人,未成年人除外。

(四)日本

日本法律对离职后竞业限制问题缺乏明文规范。过去,日本企业标榜终身雇佣制,雇员"跳槽"或转业之情形并非多见。但自从遭逢泡沫经济不景气之后,雇员流动率即大幅上升。日本学者对竞业禁止限制原则上持认可态度,但此种协议必须以不损害雇员生存权和社会公序良俗为前提。同时认为,离职雇员在对企业商业秘密的义务问题上,应该十分注意运用诚实信用原则,但是如果仅为生存而使用有关信息,并非为了自己谋利或使权利人受损,则不构成侵权。③ 司法实务中,雇佣双方的竞业禁止协议如果合理,法院也大都承认其效力。法院在判断协议合理与否时,主要考虑前雇主是否有合法的利益存在以及劳工因此受到的影响如何,最后则衡量整个社会所受到的影响如何。如果综合考量发现竞

---

① 参见孙月蓉:《中外竞业禁止制度之比较》,载《太原师范学院学报》2007年第5期。
② 杜景林等译:《德国商法典》,中国政法大学出版社2000年版,第27~28页。
③ 张玉瑞:《商业秘密法学》,中国法制出版社1999年版,第414~415页。

业禁止结果对员工造成损害,比起企业主应予保护的利益显得不合理时,该条款即可能被认定为违反公序良俗而无效。

(五)我国台湾地区

我国台湾学界一般认为:离职后的竞业限制涉及雇主的经济利益与雇员的生存权、工作权的冲突,解决此种冲突应当兼顾双方的利益,而且为避免原雇主滥用其经济上的优势地位而损害雇员的基本权利,造成不当的限制,应对雇主的契约自由加以限制。学者王泽鉴指出:"契约自由系私法自治的基本原则,是否违反公序良俗,应采用比例原则,斟酌禁止的营业期间,限制的营业项目及保护的客体等,探求其目的手段的平衡,审慎地加以认定。"①因此,如果当事人之间对离职后竞业限制的约定没有超过原雇主维护其正当的营业利益的必要程度,应当有效。竞业限制契约是否违背公序良俗或"宪法"上所保护的工作权,应依雇员职位高低以及有无接触商业秘密的机会,作出不同的认定。对于有机会接触商业秘密的一般雇员,不论在职还是离职,仍应明示约定竞业限制的范围,以免产生争议。司法实务中,对竞业限制效力的判决取决于商业秘密的保护与工作权的保障之间的利益比较,即权衡何者更重要,据此来确定离职竞业禁止是否合理,合理者有效,不合理者无效。②

综上,由于没有处理人才流动与商业秘密保护利益冲突的其他更好的措施,各国以及地区的学说和判例对约定竞业限制均采取了较为审慎的态度,原则肯认并加以严格限制。协议效力的认定及价值判断问题,除适用传统合同法的一些基本理论和规则外,更重要的是要综合考虑雇主的经济利益、雇员的生存利益和社会公共利益之间的平衡和协调问题。这对于我国立法和实践都具有很大的借鉴价值。

五、我国约定竞业限制的立法现状及评析

(一)约定竞业限制的立法现状

1.《劳动法》

我国《劳动法》第22条、第102条规定,劳动合同当事人可以在劳动合同中

---

① 王泽鉴:《民法学说与判例研究》(第八册),中国政法大学出版社1998年版,第119页。

② 吕鹤云等:《商业秘密法论》,湖北人民出版社2000年版,第316~317页。

第七章 人才流动与商业秘密保护

约定保守用人单位商业秘密的有关事项。劳动者违反劳动合同中的保密事项,对用人单位造成经济损失的,应当依法承担赔偿责任。此外劳动法于劳动争议的解决也适用于竞业禁止引起的纠纷。因竞业禁止引起纠纷,当事人可以向本单位劳动争议调解委员会申请调解,也可以直接向劳动争议仲裁委员会申请仲裁。对仲裁裁决不服的,可以向人民法院提起诉讼。

2.《劳动合同法》

《劳动合同法》是我国第一部确认竞业限制条款合法性的法律,该法第23条规定:"用人单位与劳动者可以在劳动合同中约定保守用人单位商业秘密的有关事项。对负有保守用人单位商业秘密义务的劳动者,用人单位可以在劳动合同或者保密协议中与劳动者约定竞业限制条款,并约定在解除或者终止劳动合同后,在竞业限制期限内按月给予劳动者经济补偿。劳动者违反竞业限制约定的,应当按照约定向用人单位支付违约金。"第24条规定:"竞业限制的人员限于用人单位的高级管理人员、高级技术人员和其他负有保密义务的人员。竞业限制的范围、地域、期限由用人单位与劳动者约定,竞业限制的约定不得违反法律、法规的规定。在解除或者终止劳动合同后,限制前款规定的人员到与本单位生产或者经营同类产品、业务的有竞争关系的其他用人单位,或者自己开业生产或者经营与本单位有竞争关系的同类产品、业务的期限不得超过二年。"第90条规定:"劳动者违反本法规定解除劳动合同,或者违反劳动合同中约定的保密事项或者竞业限制,对用人单位造成经济损失的,应当承担赔偿责任。"

3. 国务院各部门行政规章

劳动部《关于企业职工流动若干问题的通知》第2条规定:"用人单位也可规定掌握商业秘密的职工在终止或解除劳动合同后的一定期限(不超过3年),不得到生产同类产品或经营同类业务且有竞争关系的其他用人单位任职,但用人单位应当给予该职工一定数额的经济补偿。"

原国家科委颁布的《关于加强科技人员流动中技术秘密管理的若干意见》是第一部确认和授权企业可以同其职员签订竞业禁止协议的规章。根据该《意见》第7条规定,单位可以在劳动聘任合同、知识产权权利归属协议或者技术保密协议中,与对本单位技术权益和经济利益有重要影响的有关行政管理人员、科技人员和其他有关人员协商,约定竞业限制条款,约定有关人员在离开单位后一定期限内不得在生产同类产品或经营同类业务且具有竞争关系或者其他利害关系的其他单位内任职,或者自己生产、经营与原单位有竞争关系的同类产品或业务。凡有这种约定的,单位应向有关人员支付一定数额的补偿费。竞业限制的期限最长不得超过三年。竞业限制条款一般应当包括竞业限制的具体范围、竞业限制的期限、补偿费的数额及支付方法、违约责任等内容。但与竞业限制内容相关的技术秘密已为公众所知悉，或者已不能为本单位带来经济利益或竞争优势，不具有实用性，或负有竞业限制义务的人员有足够的证据证明该单位未执行国家有关科技人员的政策，受到显失公平待遇以及本单位违反竞业限制条款，不支付或者无正当理由拖欠补偿费的，竞业限制条款自行终止。单位与有关人员就竞业限制条款发生争议的，任何一方有权依法向有关仲裁机构申请仲裁或向人民法院起诉。

4. 地方性法规

此外，我国一些地方性法规也对竞业禁止作出了比较详细的规定，例如《深圳经济特区企业技术秘密保护条例》、《珠海市企业技术秘密保护条例》、《宁波市企业技术秘密保护条例》、《徐州市保护商业秘密规定（试行）》、北京市《中关村科技园区条例》、《广东省技术秘密保护条例》等。

（二）对约定竞业限制立法的评析

1. 立法层次低

我国关于约定竞业限制的立法层次较低，多为部门规章、地方性法规，全国性的立法少且笼统，法律规定不是很明确，缺乏系统性和协调性。企业在运用竞业禁止手段保护商业秘密方面缺乏有效的法律制度，缺少一部规范竞业禁止协议的商业秘密法。

2. 保护范围过窄

除《劳动合同法》涉及了经营信息外，大都侧重保护科技成果，特别是部委颁布的一些规章，更只是保护涉及国家经济建设、科技发展的重要技术秘密，对于在市场经济中广泛应用并具有一定经济价值的技术诀窍、经营秘诀、客户名单、货源情报等广义商业秘密的保护力度则明显不够。

3. 现有规定操作性较差

大部分相关规定都过于简单、抽象，原则性强，缺乏可操作性，在实务中难以对竞业禁止协议的效力进行判断，以致在处理具体问题时难以充分发挥作用。

第八章 侵犯商业秘密的认定

第一节 侵犯商业秘密行为的表现形式

一、不正当获取商业秘密

不正当获取是指以盗窃、利诱、胁迫或者其他不正当手段获取权利人的商业秘密的行为。我国《反不正当竞争法》第10条第1款第1项将此行为明确列为侵犯他人商业秘密的不正当竞争行为予以禁止。

（一）一种独立的侵权行为

不正当获取他人商业秘密行为本身即构成侵权行为。不管行为人是否有进一步的披露、使用或允许他人使用通过不正当手段获取的商业秘密，均不影响不正当获取行为自身违法性的构成。在美国商业秘密保护的早期立法中，不正当获取他人商业秘密不是一种独立的侵权行为，只有未经授权披露或使用不正当获取的商业秘密后，行为人才承担法律责任。[①] 但美国1979年制定的《统一商业秘密法》则将用不正当手段获取商业秘密直接规定为应受处罚的"侵占"行为。[②] 这一立法理念的转变，标志着商业秘密财产权性质获得法律的认同，改变了以前仅依据合同法理论保护商业秘密的传统做法。世界知识产权组织《关于反不正当竞争保护的示范规定》第1条规定："凡在工商业活动中导致他人未经

---

① 参阅1939年美国《侵权法重述》第757节。
② 参阅1979年美国《统一商业秘密法》第10条中对"侵占"和"不正当手段"的定义。

本法秘密信息人员许可并以违背诚实商业做法的方式泄露、获得或使用该信息的行为或做法,应构成不正当竞争行为。"①该规定代表了不正当获取是一种独立侵权行为或不正当竞争行为的国际立法趋势。

(二)不正当手段的认定

不正当手段是指违反诚实信用原则和公认的商业道德的手段。我国《反不正当竞争法》主要列举了盗窃、利诱、胁迫行为构成不正当手段。

1. 盗窃。即在权利人不知情的情形下,以复印、照相、监听、取走等秘密方式窃取权利人的商业秘密。行为人对商业秘密的盗窃,既可以是将载有商业秘密的文件等据为己有;也可以是复制后退回原件保留复制件;还可以是将商业秘密的内容记忆下来。这些方式本身反映了商业秘密的盗窃与有体物的盗窃的不同。② 商业秘密在本质上是一种信息,因而盗窃他人商业秘密的本质特征也是秘密窃取他人属于商业秘密的信息。这种信息的窃取可以和有形载体相分离,即在不侵犯有形载体物权的情况下获取信息,如偷阅权利人的商业秘密,再凭借大脑记忆,将商业秘密再现出来,或窃听他人商业秘密等。在现代社会,以各种手段窃取他人商业秘密的经济间谍现象十分普遍,我国举世闻名的宣纸技术、景泰蓝技术、龙须草席技术就被外国人窃取了。1976 年以来,法国平均每年有 30 多名经济间谍落入法网,而同期发生的窃密案则多得惊人。1980 年,法国警察查获的经济间谍窃密案就有 58562 件。美国工业保密协会调查,美国经济间谍案的数字从 1985 年以来增加了 260%,其中有外国人参加的经济间谍案甚至增加了 350%。③ 世界知识产权组织在《关于反不正当竞争保护的示范规定》第 6 条第 2 款中把"工业或商业间谍行为"列为侵犯商业秘密的不正当竞争行为之首。④ 德国立法机关于 1932 年对 1909 年《反不正当竞争法》进行修改后,虽然在非法披露和使用商业秘密方面加大了刑法保护力度,未将第三人非法获取商业秘密的行为规定为犯罪,因而为工业间谍行为大开方便之门,致使侵犯商业秘密的行为在德国相当长的时间内"以令人心悸的方式不断攀升"。1986 年,德国制定了《第二部反经济犯罪法》,对《反不正当竞争法》作了彻底修改,形成了现行法上的第 17 条至第 20a 条规定。此次修订的重点在于,将工业间谍行为等第三

---

① 郑成思主编:《知识产权研究》(第五卷),中国方正出版社 1998 年版,第 293 页。
② 孔祥俊:《商业秘密保护法原理》,中国法制出版社 1999 年版,第 273 页。
③ 蔡建文编著:《商战谍影——当代经济间谍大写真》,中国工商联合出版社 1998 年版,第 41 页。
④ 郑成思主编:《知识产权研究》(第 5 卷),中国方正出版社 1998 年版,第 293 页。

人以盗窃等非法手段获取商业秘密行为规定为犯罪,并规定行为未遂也必须承担刑事责任。①

盗窃是侵犯他人商业秘密"不正当手段"中的典型手段,其不道德性和违法性是显而易见的。在一些使用窃听等技术手段获取技术信息或经营信息的案件中,这种特殊侵权手段常常可以降低人们认定容易引起争议的信息是否属于商业秘密的难度。江苏省镇江市新型焊接设备厂窃取他人经营信息案就属于这种情况。1995年7月30日,镇江市无线电专用设备厂向工商局投诉该市大港开发区新型焊接设备厂侵犯其商业秘密,同日工商局立案调查。镇江市无线电专用设备厂信息渠道多、销售情况好,而新型焊接设备厂因市场信息来源不足,销售出现困难,于是产生了获取无线电专用设备厂市场信息的非分之想。由于无线电专用设备厂采取了保密措施,新型焊接设备厂无法从正常渠道得到其市场信息,遂租下了无线电专用设备厂附近的一间小屋,安装了自动的窃听设备。从1985年5月初开始,在厂长冯某的指挥下,两名职工对无线电专用设备厂销售科的电话内容进行窃听、录音。至案发时止,先后窃取经销信息200余条,其中有价值的客户10多家。新型焊接设备厂逐一与无线电专用设备厂的客户联系,以每台低于该厂同类产品1200~1600元的报价推销本厂产品,先后与其中5家做成了生意,销售额为57550元。1995年8月,镇江市工商局责令新型焊接设备厂停止侵权行为,并处以5万元罚款。② 在本案中,行为人窃听手段的特殊性足以表明对方客户名单不易获得并且具有经济价值,减轻了客户名单商业秘密属性的判定难度。

2. 利诱。即以高额物质报酬、优厚的工作条件、色相或其他物质利益或精神利益引诱知悉商业秘密的人泄露商业秘密。在实践中,必须区分这种行为和正当的人才流动。在市场经济条件下,劳动力是商品,也是社会的宝贵资源,劳动力资源的有效配置是完善的市场机制的重要组成部分,人才的自由流动则是劳动力资源有效配置的前提和市场经济的基本要求。因此,仅仅利用高薪聘请、解决住房等利诱手段将人才挖走,还不一定侵犯他人商业秘密,而往往是劳动力资源有效配置的要求和市场规律下优胜劣汰的必然结果。只有挖人才的同时将原企业的商业秘密"挖走",才侵犯了该企业的商业秘密权。③ 多数国家保护商

---

① 邵建东:《德国反不正当竞争法研究》,中国人民大学出版社2001年版,第296~297页。
② 孔祥俊:《反不正当竞争法的适用与完善》,法律出版社1998年版,第472~473页。
③ 赵秉志主编:《侵犯知识产权罪疑难问题司法对策》,吉林人民出版社2000年版,第404~405页。

业秘密的法律明确禁止使用利诱手段获取权利人的商业秘密。如美国1985年的《统一商业秘密法》第1条"定义"中明确规定:"不正当手段包括盗窃、贿赂、虚假陈述、违反或诱使违反保密义务,或通过电子或其他手段进行间谍活动。"德国《反不正当竞争法》第20条也明确规定:"以竞争为目的,或出于私利,企图引诱他人实施非法获取他人商业秘密的犯罪行为,或接受他人违反上述规定的犯罪行为的,处两年以下监禁或罚金。"

3. 胁迫。即对商业秘密权利人或对知悉商业秘密的雇员,以生命、健康、名誉、财产等进行威胁或要挟,形成精神上的强制,迫使其披露商业秘密或交出有关商业秘密的文件或其他载体。

除盗窃、利诱、胁迫外,其他不正当手段获取他人商业秘密也构成侵权行为。各国立法者均承认,全面列出不正当手段的清单是不可能的,只有根据诚实信用原则和公认的商业道德,来认定手段是否正当。美国《反不正当竞争法重述》对不正当窃取他人商业秘密的行为作了如下解释:"不正当手段包括盗窃、欺骗、未经授权的窃取情报,引诱或在知情的情况下参与破坏保密,以及其他本身有过错或在当时情况下构成过错的手段。对公开的产品或信息作出独立的发现或分析不在此列。"① 同时,美国《侵权法重述》第757节评论指出:列出不正当手段的完整目录是不可能的,总的来说,不正当手段违反普遍接受的商业道德和合理行为标准。德国《反不正当竞争法》第17条第2款规定,以竞争为目的,或出于私利,或出于损害企业所有人之意图,通过使用技术手段、制作秘密载体之复本或盗取载有秘密之物品的方式,擅自获取商业秘密的,属于侵犯他人商业秘密的违法犯罪行为,对行为人处三年以下监禁或罚金;情节特别严重的,处五年以下监禁或罚金。行为人通过上述三种方式保全商业秘密的,也是一种非法获取商业秘密的行为。所谓保全(Sichern),是指行为人虽然已经知道了商业秘密,但仍通过制作复本等方式保留或进一步了解商业秘密。② 德国《反不正当竞争法》中的保全商业秘密,也是一种类似我国《反不正当竞争法》中的"其他不正当竞争手段"获取商业秘密的行为。

二、披露或使用非法获取的商业秘密

这是指行为人披露、使用或者允许他人使用以不正当手段获取的权利人的

---

① 唐海滨主编:《美国是如何保护商业秘密的》,法律出版社1999年版,第141页。
② 邵建东:《德国反不正当竞争法》,中国人民大学出版社2001年版,第309页。

商业秘密的行为。这类侵犯行为是前述不正当获取他人商业秘密的进一步延伸,危害后果更甚。如果行为人仅仅不正当获取他人商业秘密,未必会造成严重影响和后果,而非法披露或使用则会直接导致权利人的商业秘密被公开或在市场竞争中丧失优势。

"披露"是指行为人以口头、书面或者其他方法将商业秘密向他人传播。披露的后果是否导致商业秘密的秘密性丧失并不影响此行为的构成。① 披露商业秘密通常有三种情形:一是向特定的人公开。特定人可能并未继续传播,保守了商业秘密。但特定人已非法知悉了商业秘密,造成了商业秘密权利人竞争优势的丧失,因而披露行为本身也违法。二是向相关行业不特定的小部分人公开。由于这些不特定的少数人已构成法律意义上的公众,因而这种披露会导致商业秘密的秘密性丧失。三是通过报纸、杂志、电视、广播、因特网等手段向社会公开传播。这种披露也会导致商业秘密的秘密性丧失。

"使用"是指行为人自己或许可他人将不正当获取的商业秘密运用于生产经营活动中。许可他人使用,可以是有偿的,如与他签订技术实施许可合同或软件使用许可合同,从中收取使用费;也可以是无偿的,如基于朋友、亲戚、商务关系或其他关系,将商业秘密无偿送给他人使用。②

三、非法披露或使用合法知悉的商业秘密

这是指行为人违反约定或者权利人有关保守商业秘密的要求,披露、使用或者允许他人使用其所掌握的商业秘密。③ 认定这种侵权行为的关键是看行为人是否存在对商业秘密的明示或默示保密义务。所谓明示的保密义务是指权利人与他人订有保密合同,或对他人提出保密要求;所谓默示的保密义务是指根据法律关系、习惯、事实等原因决定,即使与权利人之间没有明示的保密合同,相对人也应承担保密和不使用义务。④ 在存在明示或默示保密义务的前提下,行为人违反义务披露、使用或允许他人使用商业秘密,构成侵权行为。

---

① 有学者认为,披露的后果是"使商业秘密丧失秘密性"。这种观点值得商榷。参阅赵秉志主编:《侵犯知识产权罪疑难问题司法对策》,吉林人民出版社1999年版,第407页。
② 赵秉志主编:《侵犯知识产权犯罪研究》,中国方正出版社1999年版,第302页。
③ 典型判例如佛山高连电缆有限公司、陈灿等五人诉广东电缆附件厂商业秘密侵权上诉案。参阅邱文宽主编:《广东知识产权案例精选》,法律出版社2002年版,第275~309页。
④ 张玉瑞:《商业秘密法学》,中国法制出版社1999年版,第523页。

明示保密义务通常容易判断。行为人是否对商业秘密权利人存在默示保密义务，主要根据双方法律关系性质、交易习惯等因素进行综合判定。在有的法律关系中，国家的法律、法规直接规定了行为人对商业秘密权利人负有保密义务，在双方无明示合同条款约定的情况下，这种保密义务就是一种默示保密义务。如我国《律师法》第33条规定："律师应当保守在执业活动中知悉的国家秘密和当事人的商业秘密，不得泄露当事人的隐私。"即使在当事人聘请律师的代理合同中没有约定保密条款，律师也应因《律师法》的规定而对商业秘密权利人承担默示保密义务。我国法律法规明确规定有关行为主体对商业秘密权利人承担保密义务的情形主要有：律师、会计师、技术鉴定人员等社会中介服务人员对当事人应承担保密义务；[1]工商、税务、公安、环保等国家机关工作人员对依法执行职务而知悉的商业秘密承担保密义务；[2]企业管理人员或其他员工对在工作中知悉的用人单位的商业秘密承担保密义务；[3]法官、检察官、仲裁员对在司法或仲裁过程中知悉的商业秘密承担保密义务；[4]当事人在订立合同过程中知悉对方的商业秘密不论合同关系是否成立均应承担保守对方商业秘密的义务。[5] 除法定保密条款构成默示保密义务外，行为规则、交易习惯也可在当事人间产生默示保密义务。[6] 这种默示保密义务的理论基础是诚实信用原则。判断是否存在这种默示保密义务，也应主要根据诚实信用原则和公认的商业道德进行。由于我国市场经济发展的时间不长，市场竞争规则和公认的商业道德还未完全形成体系，因而企业最好利用明示保密条款保护自己的商业秘密。

　　有种观点认为，我国没有必要承认商业秘密保护中的默示保密义务，因为默示保密义务起源于英美法系。在英国法系中，是否具有保密义务是能否获得商业秘密保护法救济的前提，这种立法保护模式是传统的合同法保护模式，而现代商业秘密法甚至在美国的立法中，已引入了财产权理论，在不存在合同保密义务的情形下也可获得法律保护。并且我国《反不正当竞争法》第10条第1款第3项中规定的"违反约定"仅指违反明示合同保密义务条款，违反默示保密义务不

---

[1] 参阅《注册会计师法》第19条，《科学技术成果鉴定办法》第15条第2款。
[2] 参阅《税收征收管理法》第36条，《环境保护法》第14条等。
[3] 参阅《公司法》第62条，《关于促进科技人员合理流动的通知》第8条，《关于加强科技人员流动中技术秘密管理的若干意见》第4条。
[4] 参阅《法官法》第7条第6项，《检察官法》第8条第5项。
[5] 参阅我国《合同法》第43条和国际私法协会制定的《国际商事合同法》216条。
[6] 方龙华：《商业秘密保护中的默示保密义务》，载《人民司法》1997年第6期。

第八章 侵犯商业秘密的认定

属于"违反约定"情形。① 这种认识是片面的。我国《反不正当竞争法》对商业秘密的保护确实依据了财产权理论,该法第10条第1款第1项和第2项中规定的侵权行为实际上是建立在将商业秘密视为财产权的基础上的。这类侵权行为的侵害对象是以不正当手段获取的商业秘密。但是,如果披露或使用通过合法途径掌握的商业秘密,则不能通过《反不正当竞争法》第10条第1项或第2项处理。披露或使用合法掌握的商业秘密,合法与违法的关键是看是否违反约定或权利人的保密要求。如果将这里的"违约"、"要求"均理解为明示合同条款和明示保密要求,必然出现难以打击和处理合同没有明确约定但依照有关法律规定负有保密义务的人披露、使用或允许他人使用这些行为,出现明显法律漏洞,显然不符合《反不正当竞争法》第10条的立法目的和立法本意,不仅违反扩张解释或目的解释的基本法律解释规则,②而且也不符合合同法理论。

在合同法理论中,合同条款可以分为合同明示条款和合同默示条款。合同明示条款是指直接订入合同内容中的条款。合同默示条款则是指未写入合同中,甚至从未协商过,但是基于当事人的行为,或基于合同的明示条款,或基于法律的规定,理应存在的条款。它包括以下内容:(1)该条款是实现合同目的及作用所必不可少的,只有推定其存在,合同才能达到目的及实现其功能。(2)该条款对于经营习惯来说是不言而喻的,它的内容实际上是公认的商业习惯或经营习惯。(3)该条款是当事人系列交易的惯有规则。(4)该条款是某种特定的行业规则,在行业内具有不言自明的默示效力。(5)直接根据法律规定而成为合同条款。③ 默示条款理论在英美法系中甚为流行。④ 我国不仅在合同法理论上承认默示条款,⑤而且在合同纠纷的审判实践中也在自觉不自觉地运用默示条款理论。商业秘密保护中的默示保密义务构成商业秘密保护的合同默示条款,违反该默示保密义务,也应当解释为"违反约定"或要求。

---

① 孔祥俊:《商业秘密保护法原理》,中国法制出版社1999年版,第269~271页。
② 参阅梁慧星:《民法解释法》,中国政法大学出版社1995年版,第222~230页。
③ 崔建远:《合同法》,法律出版社1998年版,第67页。
④ 参阅[英]P.S.阿狄亚著,赵旭东等译:《合同法导论》,法律出版社2002年版,第208~221页。
⑤ 即使反对承认商业秘密默示保密义务的孔祥俊先生在其合同法的著述中也是承认合同默示条款的。参阅孔祥俊:《合同法教程》,中国人民公安大学出版社1999年版,第82页。

四、第三人的侵权行为

第三人是指直接获得权利人商业秘密的行为人以外的人。在侵犯商业秘密的行为中,商业秘密权利人为第一人;而直接获得权利人商业秘密的行为人为第二人,第二人包括以不正当手段获取、使用或者允许他人使用的行为人,以及虽通过正当途径获得商业秘密但违反保密约定或要求而披露、使用或允许他人使用其所掌握的商业秘密的行为人。第三人有恶意第三人与善意第三人之分。

(一)恶意第三人的侵权行为

恶意第三人的侵权行为是指第三人明知或者应知第二人实施了违反《反不正当竞争法》第10条第1款的违法行为,仍获取、使用或者披露他人商业秘密的行为。恶意第三人的行为的社会危害性实质上同第二人的行为一样,也是对权利人商业秘密的侵犯。我国有关法律法规都十分明确地规定了恶意第三人的侵权行为。如《反不正当竞争法》第10条第2款规定:"第三人明知或者应知前款所列违法行为,获取、使用或披露他人的商业秘密,视为侵犯商业秘密。"国家科委《关于加强科技人员流动中技术秘密管理的若干意见》第8条规定:"用人单位在科技人员或有关人员调入本单位时,应当主动了解该人员在原单位所承担的保密义务和竞业限制义务,并自觉遵守上述协议。明知该人员承担原单位保密义务或者竞业限制义务,并以获取有关技术秘密为目的故意聘用的,应当承担相应的法律责任。"《深圳经济特区企业技术秘密保护条例》第27条第3款规定:"明知他人负有竞业限制义务不得到本企业任职,仍然招用该人的,市科技主管部门应当责令立即停止侵权,并根据情节处以3万元以上15万元以下的罚款。"第30条规定:"明知或应知以违约披露或者以不正当手段获取的技术秘密,受让、使用或者再向他人披露该技术秘密的,其转让协议无效,承担连带赔偿责任,由市科技主管部门封存与技术秘密有关的设备和资料,并处以5万元以上30万元以下的罚款。"

恶意第三人侵权行为有两大构成要件:

1. 主观要件,即第三人对第二人的违法行为"明知或应知"。明知是一种故意状态,应知是一种过失的主观状态。在私法理论上,过失与故意产生相同的法律后果,因此,反不正当竞争法将恶意第三人的明知行为和应知行为同等对待,以侵犯商业秘密行为论。过失是指欠缺善良管理人的注意。① 美国《侵权法重

---

① 史尚宽:《债法总论》,中国政法大学出版社2000年版,第122页。

第八章 侵犯商业秘密的认定

述》第 757 节专门讨论第三人"应该知道"是什么样的主观状态:所谓行为人应该知道,指一个有理智的人从其掌握的信息可以推论出该事实;或一个有理智的人在特定情势下会产生疑问,根据疑问其以合理的智力和注意力,将会知道该事实。美国《侵权法重述》第 757 节还指出,"应该知道"包括两方面的内容,即商业秘密的秘密性和违反义务披露:依本条所述规则,行为人只有同时意识到有关信息是秘密的事实,和第三人的披露违反其义务的事实,才承担法律责任。但是,这两个事实经常相互依存,注意到一个就同时注意了另一个。因此,如果行为人知道某人提供给他的是另外一个人的商业秘密,行为人就应该对某人有否披露该信息的授权,产生疑问。只要商业秘密的收受者知道存在违反保密义务或不正当获取手段,知道意外或事故导致泄露,就应该知道自己的收受行为构成侵权。① 从我国《反不正当竞争法》第 10 条第 1 款的规定来看,如果行为人不是"被动"地接受他人违法行为的结果,而是积极促成、唆使他人盗窃、利诱、胁迫或以其他不正当手段获得权利人的商业秘密,那么行为人应该是"第二人",而不应该是"第三人"。这一认识与世界贸易组织中的《TRIPS 协定》及美国《侵权法重述》的精神相一致。

2. 客观要件,即第三人自己客观上实施了违法行为,包括从第二人那里获取商业秘密,使用或允许他人使用该商业秘密,披露该商业秘密。

(二)善意第三人的行为

善意第三人的行为是指第三人不知且不应该知道第二人违反《反不正当竞争法》第 10 条第 1 款的违法行为而获取、使用或者披露他人的商业秘密的行为。善意第三人不知且不应该知道第二人的行为违法,因此善意第三人获取、使用、披露他人商业秘密的行为主观上没有过错,通常不应承担法律责任,但其知悉行为人的违法行为后,应当经权利人的同意而继续使用,并向权利人支付相应的使用费。

一个国家对善意第三人的处理与其民法中动产的善意第三人保护制度有着某种联系,并受其决定和制约。如何正确处理善意第三人的问题,国际许可贸易工作者协会主办的 AIPPI 杂志有关商业秘密中的善意第三人问题讨论中反映出各国较大的分歧。对行为人善意通过侵犯了商业秘密的他人获得商业秘密,是否应该被禁止使用,主要有两种认识:以芬兰、荷兰、爱尔兰、巴西等国的工作小组认为,商业秘密权利人不能禁止善意第三人使用该商业秘密;德国、斯洛伐

---

① 张玉瑞:《商业秘密法学》,中国法制出版社 1999 年版,第 543 页。

克、南斯拉夫、丹麦、美国等国的小组认为商业秘密的所有者不能对善意取得该商业秘密的后继使用者主张权利,然而经过通知后,商业秘密的所有者可以禁止后继者使用;日本、法国、匈牙利等国的小组也同意禁止善意第三人使用,但存在比较有力的第三人免责、例外规定,日本小组认为正常商业交易中获得的商业秘密应当除外(即不应被禁止使用),法国小组则建议对支付了对价或进行了投资且仅为善意获得者的利益使用者除外,匈牙利小组认为商业秘密的所有人在特定时间内及时提出不得使用的要求,对善意获得者进行了补偿的条件下,善意第三人不应该使用该商业秘密。现在国际上多数国家认为善意第三人取得的商业秘密可以被禁止使用。①

对善意第三人的"善意"主观状态,按多数国家的规定,"通知"有致使"善意"消失的破坏力。美国《侵权法重述》第758节规定,行为人从第三人获得他人使用商业秘密,没有注意到其属商业秘密且第三人的披露违反了对他人的义务;或行为人因错误获知该商业秘密,没有注意到秘密性和错误,对接到通知之前的披露或使用,对他人不承担法律责任,对接到通知之后的披露或使用,对他人承担法律责任,除非在此之前其已善意支付了商业秘密的对价,或已如此地改变了其状态致使其承担责任失去公平。② 在有些情况下,禁止被告接到通知后的进一步使用,是不公平的,可以考虑附加其他救济,如允许被告使用,但需支付合理的使用费。

我国《合同法》第353条规定:"受让人按照约定实施专利、使用技术秘密侵害他人合法权益的,由让与人承担责任,但当事人另有约定的除外。"这一规定有严重缺陷,没有考虑到受让人的主观上是否具有故意或过失的心理状况。该规定应只适用于第三人没有过错的情况。在第三人有过错的情况下,受让人如不对专利权人或技术秘密权人承担侵权责任,会严重动摇专利权制度和商业秘密保护制度基础,损害整个知识产权制度。也有学者认为,《合同法》第353条规定应该是合同双方之间内部的责任及分配。实施所转让的专利、技术秘密侵害合法专利权、商业秘密权的,如果被判赔偿损失,对合法专利权人、商业秘密权人,应该由让与人、受让人承担连带赔偿责任;如果还被责令停止侵权行为,受让人还必须停止有关生产和销售。在"对外"承担了侵权责任之后,再根据《合同法》第353条规定,在"内部"由受让人向转让人追索损失赔偿,但当事人另有约定的

---

① 张玉瑞:《商业秘密法学》,中国法制出版社1999年版,第555~560页。
② 唐海滨主编:《美国是如何保护商业秘密的》,法律出版社1999年版,第137~138页。

除外。[1]《深圳经济特区企业技术秘密保护条例》第33条规定:"技术秘密受让人或技术秘密得悉人不知道也没有合理的依据应当知道该技术秘密是非法转让或违约披露的,赔偿责任由非法出让人或违约披露人承担。该技术秘密如果尚未公开,技术秘密受让人或技术秘密得悉人获悉属非法转让或违约披露后应当立即停止使用,并采取合理、有效的措施保守秘密。技术秘密受让人或技术秘密得悉人所遭受的损失及采取保密措施的费用,可向非法出让人或违约披露人追偿;无法追偿的,由合法拥有技术秘密的企业与技术秘密受让人或技术秘密得悉人合理分担。经合法拥有技术秘密的企业书面同意,技术秘密受让人或技术秘密得悉人可以继续使用该技术秘密。"相比之下,《深圳经济特区企业技术秘密保护条例》第33条的规定比《合同法》第353条的规定更科学,更具可操作性。

五、网络环境中侵犯商业秘密的行为

在网络环境中,商业秘密侵权行为呈现出侵权主体多元化、侵权手段高科技化、侵权行为易隐蔽、侵权后果损失重、调查举证难度加大等特点,并且有多种表现形式。最近的一则有关网上公布可口可乐秘方的新闻报道引人关注。1886年,美国亚特兰大市药剂师约翰·潘伯顿发明了这种含有咖啡因的碳酸饮料,取名可口可乐,每瓶售价5美分。100多年后的今天,可口可乐公司已发展为全球饮料界的霸主,这一品牌也成为美国文化的标志之一。虽然碳酸饮料可口可乐已经风靡全球近百年,其独家配方一直是顶级的商业机密。可乐发明者潘伯顿手书的可口可乐核心配方——"7X商品"(Merchandise 7X)在可口可乐的各种成分中只占不到1‰,但它却是令这种焦糖碳酸饮料百余年来畅销不衰的制胜法宝。据说这一绝密配方目前锁在佐治亚州亚特兰大市一个保险库内,受到24小时严密看守。现在世界上只有两个人知道配方的内容,为确保秘方安全,他们俩从不同乘一趟飞机,以防发生空难。然而最近美国一个播客网站却宣称掌握了可口可乐汽水的秘密配方,引起各界关注。据英国《每日邮报》2011年2月14日报道,播客网站"美国生活"在11日的节目中说,1979年2月8日出版的《亚特兰大宪章报》刊登了一幅照片,照片中有一本打开的书,展示着可口可乐发明者潘伯顿手书的可口可乐核心配方——"7X商品"(Merchandise 7X)。但《亚特兰大宪章报》称,潘伯顿写下这份配方时尚未发明出可口可乐,因此不确定这是否就是传说中的"7X商品"。"美国生活"网站又刊登了亚特兰大药店老板雅各

---

[1] 张玉瑞:《商业秘密法学》,中国法制出版社1999年版,第555页。

布提供的可口可乐的原始配方。雅各布的药店是全球第一家卖可口可乐的店铺,网站发现他提供的配方与报纸照片中出现的几乎一模一样。网站据此断定他们掌握了可口可乐的神秘配方。网站公布了这份总共含有七种成分的配方以及每种成分的配比:8盎司酒精、20滴橙子精油、30滴柠檬精油、10滴肉豆蔻精油、5滴香菜精油、10滴橙花精油和10滴肉桂精油。① 我们无法想象,如果美国播客网站公布的配方属实,那对于可口可乐公司来说是多大的一场灾难。

网络环境中的侵犯商业秘密行为主要有6种表现形式:一是利用网络随意窃取、泄露或者利用上网企业具有商业价值的保密性资料信息;二是采用黑客技术,非法侵入权利人的内部数据库或者非法攻击企业网站;三是利用电子邮件窃取商业秘密;四是将商业秘密置放于电子公告板、网页等,使多数人得以任意下载、转载、读取;五是以非法牟利为目的,采用发送电子邮件,复制商业秘密的方法,违反合同约定非法转让商业秘密;六是在互联网上采用欺骗、胁迫等手段获取他人商业秘密。相较于传统的商业秘密侵权行为,通过网络侵犯商业秘密将使权利人遭受更大的损失,我们的立法和司法实践应对此加以密切关注。

第二节 商业秘密权的限制

任何知识产权和其他民事权利一样,都应受到相应的限制,商业秘密权更是如此。这些限制是商业秘密侵权诉讼中被告方的常见抗辩事由。在我国《反不正当竞争法》中,虽然未明确规定商业秘密权的限制内容,但司法审判实践和理论界都承认商业秘密权应当受到限制。

一、反向工程

通过对合法取得他人的产品进行分析、拆卸、测绘等技术手段获取该产品的制造法、构造、材料等技术信息的行为,称为反向工程。② 反向工程是各国商业秘密立法和司法实践都公认的一种合法抗辩事由,商业秘密权利人不得将通过

---

① 相关内容请参阅《中国日报》网站:http://www.chinadaily.com.cn/hqsj/ssrd/2011-02-16/content_1781408.html,下载日期:2011年2月13日。

② [日]新企业法务研究会编,张玉瑞译:《详解商业秘密管理》,金城出版社1997年版,第108页。

反向工程获得商业秘密的行为指控为侵权行为。但是,法律行政法规对于某些客体如计算机软件禁止反向工程应当依照法律或者行政法规的规定处理。

反向工程必须同时具备以下条件:

(一)合法取得产品

反向工程是一种从结果推导原因、从产品推导制造方法的逆向行为,其行为性质本身的正当性决定了行为的全过程都不得违反诚实信用原则。用于分析研究的产品必须通过购买、接受赠与、继承等方式合法取得所有权,或通过租赁、保管、承揽等有效合同取得占有权。

(二)不违反"黑箱封闭"条款

民事主体合法获得商业秘密附着物所有权的,其如何处置该物品是其权利,自然可以将它拆开或分解而从中获取商业秘密。但是,如果未获得商业秘密附着物的所有权,而只是合法占有了该物,并且根据与权利人的明示或默示约定不得将该物拆开或分解,则不能通过这种手段获取商业秘密,这就是"黑箱封闭"。① 以违反"黑箱封闭"条款手段获取商业秘密不仅构成违约行为,也构成侵犯商业秘密的行为。

(三)"净室程序"

无论是通过反向工程还是独立开发的方式获取他人的商业秘密,在工作程序上是有严格要求的,即在开发过程中不得非法依赖他人专有信息。此种程序,美国知识产权法学界将之称为"净室程序"(Clean Room Procedure)。"净室"是指在开发某种产品或研究某种方法时,研制者应该与他人被商业秘密法或版权法所保护的信息相隔绝。如果参与反向工程或独立开发的一人或数人,过去已经接触并且知悉他人的商业秘密,此种反向工程或独立开发的过程本身是受到"污染"的,故是不合法的。②

二、独立开发

商业秘密权只具有相对排他性,权利人只能禁止他人通过违反诚实信用原则的手段获取商业秘密,不能禁止他人以反向工程和独立开发手段获取商业秘

---

① 刘有东:《商业秘密权》,载张耕主编:《商业秘密法律保护研究》,重庆出版社2002年版,第174页。

② 张广良:《知识产权侵权民事救济》,法律出版社2003年版,第117~118页。

密。独立开发是一种通过自己的创造性智力劳动获得与他人商业秘密相同信息的行为,是经营者诚实劳动、合法竞争的重要形式。独立开发出与商业秘密相同的信息后,如果开发者采取保密措施,也可成为商业秘密权利人。是否能禁止第三人利用以独立开发或反向工程手段获得的技术信息,是技术信息通过商业秘密法保护与通过专利法保护的重要区别。经营者可以根据不同的情况恰当选择不同的知识产权保护自己的创新智力成果。以独立开发为抗辩事由也应受"净室程序"的限制,当事人在已经知悉他人的商业秘密后,又主张该信息是独立开发研制的,其抗辩理由通常不能成立。

三、公权限制

国家行政机关或司法机关可以根据法律的明确规定在执行职务过程中强制获取当事人包括商业秘密在内的信息。如在环境监督管理中,依法行使环境监督管理权的环境保护局等国家机关有权依照《环境保护法》的明确规定行使现场检查权,责令排污单位提供或披露有关排放污染物的种类、数量、浓度、生产工艺、治理技术等技术资料或业务资料,有关单位不得以保护商业秘密为由予以拒绝。[①] 这种国家公权限制商业秘密权是维护公共秩序或公共利益所必需的,但必须慎重。公权在现代社会呈膨胀趋势,稍有不慎极易非法侵害私权,破坏脆弱的私权保护法律秩序。公权对商业秘密权的限制应符合以下条件:

(一)必须有法律的明文规定

行政执法实行"法无明文不可为"的原则,和公民的"法无明文禁止即可为"的行为规则有所不同。这有利于防止行政执法的恣意妄为。

(二)以执行职务所必须为限

国家机关只能在行政执法的合理限度内获得或知悉权利人的一定范围的商业秘密。

(三)负有保密义务

国家机关因依法执行职务获得商业秘密后,只能用于职务活动,不得用于职务活动以外的其他活动,否则构成侵权行为。

---

① 参见我国《环境保护法》第14条,《水污染防治法》第18条,《大气污染防治法》第15条。

四、强制披露

这是适用于上市公司的一种商业秘密权限制制度。上市公司在证券发行和交易过程中,依法负有公开、公平、及时地向全体股东公布一切有关公司重要信息的义务。股票、债券等投资证券具有很高的风险性,投资者在购买和交易时,需要并有权利得到与这种证券有关的信息,投资者也只有依靠上市公司提供的信息才能作出投资的正确抉择。根据我国证券法及有关法律法规的规定,上市公司及有关当事人负有公开义务的信息应当包括:招股说明书公告和上市公告、定期公告、重大事件公告和公司收购公告。而这些信息当中包括了公司的若干经营信息,如某些公司财务报告和经营情况,公司所拥有的重要工厂、矿山、房地产等财产简况,公司三年或者成立以来的财物信息摘要,公司的经营方针和经营范围的重大变化,公司的重大投资行为和重大购置财产的决定,公司订立可能对其资产、负债、权益和经营成果产生重要影响的合同,公司减资、合并、分立、解散的决定,收购人关于收购的决定,收购人对被收购人继续经营的计划,收购人对被收购人员工作的安排计划,收购人对被收购人资产的重整计划等等。对于一般的经营者而言,这些经营信息完全可以成为其经营秘密,受到商业秘密权的保护,而因为证券交易信息披露制度的存在,实际上对公司的某些涉及经营秘密的商业秘密权进行了限制。根据证券法和有关法律法规的规定,对法律法规要求公开的信息,上市公司应在法定期间内将其刊登在证监会指定的全国性报刊上。根据证券交易信息披露制度的性质及目的,被限制的商业秘密权的客体,一般而言应是经营秘密。① 与公权限制一样,对商业秘密的强制披露也是基于维护公共利益的需要。所不同的是,被要求强制披露后的经营信息将丧失商业秘密属性,成为公知信息;公权限制中的法定机关负有保密义务,披露后的有关信息通常仍属于商业秘密。

---

① 张耕主编:《商业秘密法律保护研究》,重庆出版社2002年版,第175~176页。

第九章 侵犯商业秘密的法律责任

第一节 侵犯商业秘密的法律责任概述

商业秘密的价值,正如美国参议院赞同制定《1996年经济间谍法》的报告中所指出的那样,"在今天,商业秘密的价值犹如工厂之于企业的价值一样。盗窃商业秘密所造成的损害甚至要比纵火者将工厂付之一炬的损害还要大"。所以,商业秘密往往是一个企业的灵魂,可为企业带来可观的经济利益与良好的经济前景,有时甚至关乎企业的存亡。基于商业秘密的重要性和价值性,商业秘密也容易招致他人的侵犯,特别是随着互联网和计算机技术的发达,侵犯商业秘密更加具有隐秘性、技术性和频繁性。英国法谚说:"没有救济就没有权利。"为了规制商业秘密侵权行为,确保权利人的利益,鼓励创新,尊重商业道德,维护竞争秩序,各国规定了不同的法律责任模式。

美国《侵权行为法重述》(第一次)第757条以及《统一商业秘密法》第2条和第3条赋予商业秘密所有人请求发布禁令、损害赔偿及其他积极作为的权利(如要求责令返还载有商业秘密的文件等资料,销毁用盗窃的商业秘密生产的产品或设备等)、请求给付律师费和支付合理使用费等法律责任方法,商业秘密所有人可选择适用或合并请求。美国侵害商业秘密的损害赔偿,有补偿性损害赔偿与惩罚性损害赔偿之分。根据《统一商业秘密法》,如果盗用人基于故意和恶意,可以请求惩罚性损害赔偿,但不得超过补偿性损害赔偿的两倍。例如,工业间谍、引诱他人违反保密义务、欺诈、侵入住宅等,都属于恶意。美国《统一商业秘密法》没有规定侵犯商业秘密行为的刑事责任,联邦刑法也没有直接规定,只有少数州对不正当取得商业秘密行为的刑事责任有特别规定。多数州对侵犯商业

第九章　侵犯商业秘密的法律责任

秘密的行为很少用刑法方法救济,即使用刑法手段,也是按盗窃论处。美国《1996年经济间谍法》第2条、第4条规定了盗窃商业秘密的罚款、监禁责任等刑事责任。

德国对侵犯商业秘密行为的法律责任,一直以刑罚处罚为主。① 德国《反不正当竞争法》第17条(泄露商业秘密)、第18条(盗用样品)和第20条(引诱泄密和自愿泄密)就分别规定了侵犯商业秘密的行为类型及刑事责任②,同时赋予商业秘密所有人损害赔偿请求权及不作为请求权等民事责任方法。③ 对侵害商业秘密行为的不作为请求权及损害赔偿请求权,是根据德国《反不正当竞争法》第1条的一般条款而来的,即"行为人在商业交易中以竞争为目的而违背善良风俗的,可向其请求停止侵害行为和损害赔偿"。侵害行为有多人时,负连带责任。

日本《不正当竞争防止法》规定的对侵犯商业秘密的法律责任方法,主要是请求停止侵害行为和损害赔偿。根据1993年修订的日本《不正当竞争防止法》的规定,对于侵害商业秘密的救济方法主要是请求停止行为、损害赔偿和恢复信用。在该法1990年修订之前,法院根据民法侵权行为的规定判令损害赔偿,但没有停止侵害行为的救济方法。对于侵害商业秘密而言,不作为请求权往往比损害赔偿请求权更为重要,因为一旦泄露秘密,即产生无法回复的后果,且侵害行为通常都具有继续性质。为此,1993年修订法律时增加了这种救济方法。1993年修订的《不正当竞争防止法》第3条规定:"(1)因不正当竞争行为使经营利益遭受损害或有遭受损害危险的人,可以请求停止或预防该侵害行为。(2)因不正当竞争行为使经营利益遭受损害或有遭受损害危险的人,按照前款规定请求时,可以要求销毁构成侵权行为的物(包括侵权行为所制造的物),或者采取制止或预防侵权行为的任何行为。"④从该规定来看,首先,停止或者预防侵害行为的请求权不以损害的实际发生为要件,只要对权利人存在损害的危险,也即有损害之虞,就可以行使请求权。其次,此类请求权具有两种情形,即停止请求权和

---

① 在1896年的《反不正当竞争法》中,刑事责任占主导地位,随着反不正当竞争法成为特别侵权法即成为私法的一个部分后,民事制裁处于优位。但对于包括虚假广告、多层次传销、商业诽谤、泄露商业秘密、盗用样品、引诱泄密和自愿泄密、擅自使用地理标志、擅自使用商业标记等仍以刑事责任为主。

② 邵建东:《德国反不正当竞争法研究》,中国人民大学出版社2001年版,第424~423页。

③ 法律规定还有提供情况请求权、返还不当得利请求权。

④ 孔祥俊:《商业秘密保护法原理》,中国法制出版社1999年版,第349页。

预防请求权。行为人的行为开始实施并正在进行的,可以请求停止行为;行为尚未开始,可以请求预防行为。而且,这种请求权的内容是丰富的,即"因不正当竞争行为使经营利益遭受损害或有遭受损害危险的人,按照前款规定请求时,可以要求销毁构成侵权行为的物(包括侵权行为所制造的物),或者采取制止或预防侵权行为的任何行为"。这里的销毁构成侵权行为的物,包括含有侵害商业秘密的组合物、结果物、设备等。1993 年修订的《不正当竞争防止法》第 4 条规定:"因故意或过失以不正当竞争行为侵害他人经营利益的,应当承担赔偿由此造成的损害责任。"该法第 5 条又对损害额的推定等作出规定,如"因不正当竞争行为使经营利益受到损害者,在对故意或过失侵害其经营利益者请求赔偿因侵害行为所受的损害时,如果侵害者因侵害行为获得利益,推定该利益额为受害者在经营上的损害额"。日本《不正当竞争防止法》第 7 条规定:"因故意或者过失以不正当行为损害他人经营信用的人,法院应受害人的请求,可以责令赔偿相应的损失,或者在责令赔偿损失的同时,采取必要措施恢复经营信用。"侵犯商业秘密,常常会给他人造成信用损害。如用他人商业秘密制造劣质品出售,会给商业秘密权利人造成信用上的损害,此时,可以适用恢复信用的措施。①

我国台湾法上的商业秘密主要由"刑法"、"公平交易法"和"营业秘密法"进行保护。其中"营业秘密法"第 11 条至第 13 条规定了侵犯营业秘密的请求防止、损害赔偿等法律责任。② 瑞士《刑法典》规定监禁和罚金两种刑事责任。③ 加拿大《统一商业秘密》(草案)第 8 条规定了法院命令、禁令、损害赔偿等三种侵犯商业秘密的法律责任方法。④

在 2008 年公布的《国家知识产权战略纲要》中,商业秘密与专利、商标、作品等一起作为我国知识产权保护的客体,这表明商业秘密的保护是一项重要的专项工作,是国家知识产权战略顺利实施不可缺少的一个环节。2010 年 3 月,国资委出台《中央企业商业秘密保护暂行规定》,堪称我国第一部专门用于保护商业秘密的部门规章。但我国并无统一的商业秘密法,相关法律责任的规定散见于《民法通则》、《侵权责任法》、《反不正当竞争法》、《合同法》、《劳动合同法》、《刑

---

① 孔祥俊:《商业秘密保护法原理》,中国法制出版社 1999 年版,第 350~349 页。
② 孔祥俊:《商业秘密保护法原理》,中国法制出版社 1999 年版,第 127 页。
③ 孔祥俊:《商业秘密保护法原理》,中国法制出版社 1999 年版,第 387 页。
④ 孔祥俊:《商业秘密保护法原理》,中国法制出版社 1999 年版,第 405 页。

法》《保守国家秘密法》中。其中我国《反不正当竞争法》第 20 条、第 25 条①，《刑法》第 219 条，《关于禁止侵犯商业秘密行为的若干规定》（以下简称《若干规定》）第 7 条，分别规定了侵犯商业秘密的民事、行政和刑事责任。

第二节 侵犯商业秘密的民事责任

一、侵犯商业秘密的民事责任概述

侵犯商业秘密的民事救济是通过追究民事违法者的民事责任体现的。根据《民法通则》第 106 条规定，民事责任是指民事法律关系主体违反法律规定的或者合同约定的民事义务承担的法律后果。民事责任是一种独立的法律责任，是现代民法之生命力所在。它作为保障民事权利和义务实现的措施，随着市场经济和民主政治的发展有着更加重要的位置。依据违反义务的性质是法定还是约定，分为侵权责任和违约责任。

由于商业秘密保护的基础有违反合同义务和违反法定义务两种，所以侵犯商业秘密的民事责任包括违约责任和侵权责任。承担违约责任的主要方式是承担继续履行、采取补救措施或者赔偿损失等；承担侵权责任的方式主要是停止侵权行为、赔偿损失、返还商业秘密附着物；因侵权行为给权利人造成不良影响的，还应消除影响、赔礼道歉。在适用《民法通则》时应当按照所处理的侵犯商业秘密的行为属于违约行为还是侵权行为决定适用违约责任或侵权责任。美国学者 Melvin 认为这两种理论最大的不同是在诉讼的起始阶段，即二者对选择准据法以及不同的诉讼时效。② 如违约责任和侵权责任竞合，由于二者的构成条件、归责原则、举证责任、免责条件、责任形式和范围、对第三人的责任、时效、义务内

---

① 值得说明的是，2006 年 12 月 30 日，由最高人民法院审判委员会第 1412 次会议通过《最高人民法院关于审理不正当竞争民事案件应用法律若干问题的解释》中对侵犯商业秘密的行为人承担民事责任进行了细化，使其更具有可操作性。2008 年 12 月 25 日，国家工商行政管理总局向国务院递交了《反不正当竞争法（修订稿）》（送审稿），并请国务院批准。在获国务院批准后，将提交全国人大常委会审议，在该修订草案获得通过并生效之前，可能还会对其进行进一步修订。这次修订加重了侵权人的民事责任和行政责任。

② Melvin F. Jager, *Trade Secrets Law Handbook*, Clark Boardman Company, Ltd., 1983, p.185.

容、诉讼管辖不同,依据有关规定,允许受害人就两种请求权作出选择。① 我国《合同法》第122条规定了受害人的选择请求权制度。②

随着经济的发展,人力资源的频繁流动,侵犯商业秘密的现象愈来愈多,侵犯商业秘密的主体范畴也不限于经营者,非经营者的自然人、法人或者其他组织也在某些特殊情况下侵犯他人的商业秘密。在当事人双方签订的保守商业秘密合同或者劳动合同中签订有保守商业秘密的条款,无论是否在主观上存有故意或者过失,只要未能履行保密义务,就应当承担相应的违约责任。而在缔约阶段,则可能承担缔约过失责任。对于在违反了法定的义务需要承担侵权责任的情形下,归责原则表现为过错原则。在特殊情况下,也适用推定过错责任。就赔偿数额而言,参照专利权受到侵害时的赔偿数额确定。

从侵犯商业秘密行为的种类来看,随着互联网的发达,侵犯商业秘密的行为的种类也在增多,情形也更加复杂,多带有技术性,从而使规制侵犯商业秘密行为更加必要。

二、侵犯商业秘密民事责任的具体形态

我国《反不正当竞争法》对包括侵犯商业秘密行为在内的所有不正当竞争行为,都没有分别规定民事责任,而只在第20条第1款对所有不正当竞争行为的民事责任作了概括性规定,即经营者违反本法规定,给被侵害的经营者造成损害的,应当承担损害赔偿责任,被侵害的经营者的损失难以计算的,赔偿额为侵权人在侵权期间因侵权所获得的利润;并应当承担被侵害的经营者因调查该经营者侵害其合法权益的不正当竞争行为所支付的合理费用。从我国《反不正当竞争法》有关民事责任的规定来看,侵犯商业秘密行为的民事责任,只有损害赔偿责任。但从民事责任的角度而言,《反不正当竞争法》只不过是《民法通则》、《侵权责任法》的特别规定,根据普通法补充特别法的原则,《民法通则》和《侵权责任法》有关民事责任的规定,具有补充作用,即对《反不正当竞争法》没有规定的民事责任的原则、内容或者方式等,可以适用《民法通则》和《侵权责任法》的一般规定。我国《民法通则》第134条规定了10种民事责任方式,《侵权责任法》第15

---

① 各国立法和判例在处理竞合问题上规定不同:法国禁止竞合、德国允许竞合和选择请求权,英国法有限制的选择诉讼制度。

② 该法规定:"应当是人一方的违约行为,侵害对方人身、财产权益的,受损害方有权选择依照本法要求其承担违约责任或者依照其他法律要求其承担侵权责任。"

条规定了8种侵权责任方式。由于商业秘密本身是信息,被他人所知或向社会公开后有不可逆转、不可恢复的特点,因而《侵权责任法》规定的"恢复原状"和《民法通则》规定的"修理、重做、更换"民事责任方式仅适用于有形财产权的保护。《民法通则》第134条规定的其他民事责任①,都可以适用于侵犯商业秘密的行为,既可单独适用,也可合并适用。

（一）停止侵害②

停止侵害行为是我国广泛适用的一种民事责任方式,它是商业秘密侵权责任的主要形式之一,它与损害赔偿一起构成对被侵害人完整的实际救济。③ 它包括禁止使用和扩散、责令保密等。其中有可能是侵害人主动停止也可能是权利人书面或口头告知或法院作出判决后,侵害人停止侵害行为。对于停止侵害的时间,《最高人民法院关于审理不正当竞争民事案件应用法律若干问题的解释》第16条作了明确规定:人民法院对于侵犯商业秘密行为判决停止侵害的民事责任时,停止侵害的时间一般持续到该项商业秘密已为公众知悉时为止。依据前款规定判决停止侵害的时间如果明显不合理的,可以在依法保护权利人该项商业秘密竞争优势的情况下,判决侵权人在一定期限或者范围内停止使用该项商业秘密。

（二）排除妨碍

在商业秘密侵权责任中,排除妨碍主要指法院判令被告销毁、清除侵犯他人商业秘密权的有形物品。日本1990年《不正当竞争防止法》第1条第4款规定:"商业秘密权利人可以请求销毁有关商业秘密的不正当行为的组成物,如盗窃技术秘密使用的软盘;有关商业秘密的不正当行为的生成物,如使用盗窃技术生产的产品;有关商业秘密的不正当行为的设备,如生产侵权产品的机器设备;以及请示采取其他为停止或预防所必要的措施。"④

---

① 即停止侵害、排除妨碍、消除危险、返还财产、赔偿损失、赔礼道歉、消除影响、恢复名誉、支付违约金。除"支付违约金"属于违约责任形式外,其余8种民事责任形式也是我国《侵权责任法》规定的8种侵权责任形式。

② 民事责任中的停止侵害与行政法中的责令停止违法行为法律性质不同,处理的机关不同,目的不同,但二者的具体内容和形式可以一样。在实践中"停止侵害"在判决书中常表述为"责令停止行为",因此下文"责令停止行为"中讨论的期限、范围也适用于"停止侵害",此处不赘述。

③ 张玉瑞:《商业秘密法学》,中国法制出版社1999年版,第641页。

④ 张玉瑞:《商业秘密法学》,中国法制出版社1999年版,第640页。

(三)消除危险

消除危险是指人民法院判决、命令被告消除即将发生或正在发生的商业秘密披露、使用危险。我国《商业秘密保护法(草案)》第32条就规定:"存在商业秘密侵权行为将给权利人造成不可挽回损失的紧急情势的,权利人可以在起诉前或起诉后向人民法院申请查封、扣押商业秘密随着物,禁止侵权人披露、使用商业秘密。申请人应当提供担保。"这种规定是十分必要的,符合世界贸易组织中的《与贸易有关的知识产权协定》精神。

(四)返还财产

返还财产指法院判决、命令被告,返还体现商业秘密的有形物或权利。美国《反不正当竞争法重述》第44节评论e专门规定了"有关物品和专利的归还":(1)为了全面赔偿商业秘密所有人的损失,和消除被告所有的不正当得利,法院可责令被告向商业秘密所有人归还有关文件、图纸、客户名单,或其他商业秘密的有形载体。以上有关物品的返还,与《统一商业秘密法》中的规定部分保持一致。该法第2节禁令救济之C规定:在特定情势下,法院可发布命令采取强制措施保全商业秘密。该节评论部分指出:第2节之C授予发布强制履行命令,要求侵占者向受害者返还侵占的结果,如归还盗窃的蓝图或交出偷拍的照片或偷录的录音。(2)如果被告取得了专利权,其覆盖了商业秘密本身或导源于商业秘密的发明,法院可责令被告将专利权归还给商业秘密的所有人。以上专利权的返还,《统一商业秘密法》中没有规定,应该说这是侵权责任在表述上的新发展。美国的Institute Pasteur v.U.S.案[1]说明了专利权返还或部分返还的必要性。

在我国,对被告基于违法使用商业秘密产生新的知识产权如专利权等,经过侵权诉讼将权利返还给商业秘密权利人,应该是可以实现的。我国有关专利权归属的诉讼,均由中级人民法院管辖,包括各省、市、自治区、直辖市政府所在地的中级人民法院,各经济特区的中级人民法院,最高人民法院同意的开放城市或设有专利管理机关的较大城市的中级人民法院。而商业秘密侵权纠纷作为不正当竞争纠纷案件,一般由中级人民法院管辖,但经最高人民法院批准的少数基层人民法院也可管辖。如果要求归还专利权,在管辖法院的选择上会出现冲突,需要研究解决。我们认为,在侵犯商业秘密民事案件中,原告同时提出确认有关专利权归属原告所有的诉讼请求的,应当按照专利纠纷案件确定管辖权的原则确定管辖法院。

---

[1] Institute Pasteur v.U.S.,814 F.2d 624(Fed.Cir.1987).

第九章 侵犯商业秘密的法律责任

（五）赔礼道歉、消除影响、恢复名誉

侵犯商业秘密权是对原告保密智力成果的侵犯，有时也会直接侵犯原告的商业信誉。如果商业秘密侵权行为产生以下后果，被告对原告应该承担赔礼道歉、消除影响的侵权责任①：(1)被告侵犯原告商业秘密的行为，给原告造成很大精神痛苦的；(2)被告盗用、违约使用原告技术秘密，所制造产品质量低劣，甚至造成人身伤害，损害原告技术秘密的声誉、企业形象的；(3)被告盗用、违约使用原告技术秘密，所制造产品与原告的产品形成混淆，损害了原告产品声誉的；(4)使用他人经营秘密如客户名单，发送自己信件，对他人商业信誉造成损害的；(5)使用他人客户名单发送自己产品，形状、包装相同，造成混同的。对于商业秘密侵权案件是否适用消除影响、赔礼道歉的民事责任方式，有的法院也有不同认识。如江苏省高级人民法院关于印发《江苏省高级人民法院关于审理商业秘密案件有关问题的意见》的通知（苏高法审委[2004]3号）第19条中规定，商业秘密侵权案件一般不适用赔礼道歉、消除影响的民事责任形式。

（六）损害赔偿

损害赔偿（compensation for damage）是指当事人一方因侵权行为或不履行债务而给他方造成损害时应承担补偿对方损失的民事责任。损害赔偿是被告承担的主要民事责任之一，商业秘密权人起诉的目的，也多在于补偿其因被告侵权而遭受的利润损失。

《反不正当竞争法》第20条规定："经营者违反本法规定，给被侵害的经营者造成损害的，应当承担赔偿责任，被侵害的经营者的损失难以计算的，赔偿额为侵权人在侵权期间因侵权所获得的利润；并应当承担被侵害的经营者因调查该经营者侵害其合法权益的不正当竞争行为所支付的合理费用。"该规定适用于包括侵犯商业秘密行为在内的所有不正当竞争行为的民事责任，且属于对此类民事责任的特别规定。《最高人民法院关于审理不正当竞争民事案件应用法律若干问题的解释》第17条规定：确定反不正当竞争法第10条规定的侵犯商业秘密行为的损害赔偿额，可以参照确定侵犯专利权的损害赔偿额的方法进行。因侵权行为导致商业秘密已为公众所知悉的，应当根据该项商业秘密的商业价值确定损害赔偿额。商业秘密的商业价值，根据其研究开发成本、实施该项商业秘密的收益、可得利益、可保持竞争优势的时间等因素确定。《合同法》第43条规定："泄露或者不正当地使用该商业秘密给对方造成损失的，应当承担赔偿责任。"

---

① 张玉瑞：《商业秘密法学》，中国法制出版社1999年版，第641页。

《劳动合同法》第 79 条规定:"劳动者违反本法规定解除劳动合同,或者违反劳动合同中约定的保密义务或者竞业限制,给用人单位造成损失的,应当承担赔偿责任。"这两部法律中对违约损害赔偿责任没有作具体规定,实际上如果在合同中有明确规定的,依约定处理;没有约定的也应按《反不正当竞争法》和《最高人民法院关于审理不正当竞争民事案件应用法律若干问题的解释》确定的原则处理,该司法解释使赔偿数额和赔偿程序更具有可操作性。

1. 提起赔偿诉讼的主体

权利人可以自己使用商业秘密,也可以许可他人使用或者转让自己的商业秘密。在权利人自己使用商业秘密的情形下,如果他人侵犯商业秘密并招致损失,权利人可以提起侵权诉讼。根据《反不正当竞争法》的规定,被侵害的经营者的合法权益受到不正当竞争行为损害的,可以向人民法院提起诉讼。这说明只有经营者才可以提起诉讼,而对于非经营者的个人、组织并没有提及,提起诉讼的主体范围很窄。但根据《民法通则》和《侵权责任法》的精神,非经营者的商业秘密遭受侵害,应该可以提起侵权之诉。在权利人将自己的商业秘密以使用许可的方式许可给他人使用的情形下,如果权利人和相关利益人权益受损,提起赔偿诉讼的主体则不尽相同。我国的《反不正当竞争法》没有规定,但根据《最高人民法院关于审理不正当竞争民事案件应用法律若干问题的解释》第 15 条的规定,在商业秘密使用许可对于侵犯商业秘密行为,商业秘密独占使用许可合同的被许可人可以有资格提起诉讼;排他使用许可合同的被许可人和权利人可以共同提起诉讼,或者在权利人不起诉的情况下,自行有资格提起诉讼,除此之外,不能单独提起诉讼;而普通使用许可合同的被许可人只有和权利人共同提起诉讼,或者经权利人书面授权,单独提起诉讼,否则,人民法院均不予受理。

2. 损害赔偿诉讼中的举证

根据《民事诉讼法》中"谁主张,谁举证"的原则,在侵犯商业秘密的民事案件中,当事人指称他人侵犯其商业秘密的,应当对其拥有的商业秘密符合法定条件、对方当事人的信息与其商业秘密相同或者实质相同以及对方当事人采取不正当手段的事实负举证责任。商业秘密符合法定条件的证据,包括商业秘密的载体、具体内容、商业价值和对该项商业秘密所采取的具体保密措施等。

3. 损害赔偿的原则

对损害赔偿的性质历来有补偿主义和惩罚主义两种不同观点。[①] 根据民法

---

① 蒋志培:《入世后我国知识产权法律保护研究》,中国人民大学出版社 2002 年版,第 152 页。

的相应原理,损害赔偿以"填平损失"为目的,损害赔偿应以补偿性为主,惩罚性为辅。《反不正当竞争法》第20条确立的是补偿性赔偿原则,不论侵权行为人主观过错程度、侵权情节,侵权人均只承担赔偿损失的责任。[①] 即侵权人的赔偿责任限于弥补受害人所受之损失,使受害人的利益回复到侵权发生之前的状态。赔偿损失的补偿性是通过赔偿使权利人遭受的损害得到完全恢复,在一般情况下,损害赔偿的补偿性赔偿额与实际损害相符合,但并不一定是绝对相等。因为实践中侵害商业秘密造成的损害往往相当复杂,既有财产上的积极损失和可得利益的损失,也有商业信誉、名誉以及其他财产损害;即使就可得利益的损害来说,其计算标准,在各种情况下也是各不相同的,要求赔偿数额与损害数额绝对相等很难做到。不过,既然强调补偿性,就不能使补偿数额与实际损害之间差距过大。除了法律规定不能赔偿的损害以外,其他损害都应当赔偿。

有人主张增设惩罚性赔偿责任,即要求侵权人因其侵犯他人合法权利,在赔偿受害人实际损失之外,还要承担赔偿受害人惩罚性赔偿金的责任,侵权人的赔偿责任不仅限于弥补受害人之损失,还必须让受害人因此而获得高于损失的赔偿。笔者赞成增设惩罚性赔偿责任的主张。因为商业秘密是一种无形财产,权利人本身难以对其进行严密控制,权利人使用时不能排除别人同时使用的可能性,权利人对其权利客体的保护手段,相对于其他民事权利来说较弱。他人故意侵犯商业秘密比侵犯其他权利更便利,而且往往获利颇丰,在现有补偿性赔偿制度下侵权人在承担了损害赔偿责任后仍有可能赢利。如果在侵犯商业秘密领域,仍与其他领域一样实行补偿性赔偿责任,显然不利于制止侵权行为、保护商业秘密、营造公平竞争的社会环境。世界上不少国家和地区,对商业秘密的故意侵犯规定了惩罚性赔偿责任。如美国《统一商业秘密法》第3条第2款规定:"如果存在故意或恶意侵占,法院可责令被告支付不超过上款中任何赔偿2倍的附加赔偿。"我国《消费者权益保护法》第49条也规定了惩罚性赔偿责任,实践中对保护消费者权益起到了极其重要的作用。但是在《反不正当竞争法(修订案)》(送审稿)中仍然采用了补偿损失原则,这表明:对商业秘密的保护,未来的立法没有借鉴惩罚赔偿制度,其立法理由在于对于惩罚性赔偿责任的范围、适用条件和基准数额的把握还不够成熟。

4. 损害赔偿的范围

《反不正当竞争法》所规定的赔偿额有两部分:权利人的损失(含合理费用)和侵权所获利润。权利人的损失,一般认为应包括直接损失和间接损失。直接

---

① 《与贸易有关的知识产权协定》第45条第1款规定损害赔偿金具有补偿性。

损失除权利人为制止侵权人行为、防止损失扩大所支付的直接费用(如律师费、调查取证费或制止侵权所支付的差旅费和报酬、为查阅收集证据材料所支付的费用、鉴定费、咨询费、证据保全费等合理费用)①以外,还包括商业秘密权遭到侵害而受到的直接经济损失。这种损失,可以根据开发商业秘密的重置或现行市价计算。间接损失是指权利人预期合理收入的减少,即通常所说的可得利益的减少。我国法学界曾经发生过间接损失是否赔偿的争论。不论直接损失还是间接损失,都属于实际损失的范畴,都应该赔偿。商业秘密是一种能够创造财富的技术或者经营信息,是一种智力成果。商业秘密的取得需要成本,商业秘密的使用能够产生现实的经济利益,保持商业秘密能够使其在将来保持竞争优势,而商业秘密的侵犯或者使其付出的努力付诸东流(如"一旦公开就永远丧失"),或者分享了他人的劳动成果,或者使其将来的获利预期成为泡影。因此侵犯商业秘密所造成的损害事关过去(投入)、现在和未来,其实际损失的确定有其特殊性。确定侵犯商业秘密的实际损失,应当充分地考虑下列因素:(1)研制开发成本,包括投入的时间、金钱和付出的努力等,必须将该部分成本计入实际损失。(2)现实的优势,即使用商业秘密正在给权利人带来的优势或者利益,涉及生产成本的降低、销售额的提高、利润率的增加等。侵犯商业秘密使权利人现实利益的丧失属于实际损失。当权利人因侵权而失去竞争优势,那么对这种损失应得到法律上的保护,获得充分的赔偿。(3)将来的优势,即权利人对将来利益的合理预期。在因披露而使商业秘密丧失的情况下,或者实际情况表明不宜于责令停止违法行为的情况下,将来的优势损失往往是实际损失的重要组成部分。确定此种应当考虑商业秘密新颖性的程度、市场前景的预期等。②

侵权所得利润(即侵权人在侵权期间因侵权行为所获得的利润)现行法律未作具体规定,现实中对侵权所得利润有三种观点:第一种观点认为是侵权人在侵权期间所获得的全部盈利,即扣除生产、销售成本后的全部销售收入;第二种观点认为应指侵权人销售利润,即销售收入减去生产、销售成本和销售税金后的盈利;第三种观点认为应是侵权人在侵权期间因侵权行为获得的纯利润,即销售收入扣除生产、销售成本和依法交纳的全部税款(包括所得税)后的余额。这三种观点的区别,就在于扣除税金问题。第一种观点主张不应扣除税金,第二种观点主张可以扣除部分税金(即销售税金),第三种观点主张扣除全部税金。笔者赞同第三种观点。因为税金是向国家交纳的,侵权人依法交纳税金后无法收回,将

---

① 姜丹明主编:《知识产权损害赔偿》,人民法院出版社2000年版,第706页。
② 孔祥俊:《商业秘密保护法原理》,中国法制出版社1999年版,第351~352页。

税金作为利润赔偿额的一部分,使侵权人支付双倍税金于法不符。当然,对于未交纳或未交足税金的侵权人的所得利润,则不应扣除税金。同时对侵权所得利润的计算也应当充分考虑侵权人因侵犯商业秘密所获得的竞争优势(包括节约的研制、开发成本,现实的优势和未来的优势)及侵权人侵权取得竞争优势所节约的成本,对侵权所取得的竞争优势也应予以适当估算,并给予权利人相应赔偿。以侵权人在侵权期间因侵权所获得的利润作为赔偿额,实际上是对损害赔偿额的一种推定,因而可简称为推定赔偿额。因为侵权人与被侵权人之间存在着竞争关系,侵权行为人通过不正当竞争行为获取的利润当然可以理解为挤占被侵权人市场份额的结果,也即在被侵权人播种的地方进行了收获,侵权行为人的所得就是被侵权人的所失。①

上述的讨论是针对权利人的损失或者侵权所获利润的多少可以准确确定,但在有的商业秘密侵权纠纷案件中,权利人的损失或者侵权所获利润的数字并不能准确确定。根据《最高人民法院关于审理不正当竞争民事案件应用法律若干问题的解释》第17条,侵犯商业秘密行为的损害赔偿额,可以参照确定侵犯专利权的损害赔偿额的方法进行。在《专利法》中,权利人的损失(含合理费用)或侵权所获利润都难以确定的情况下,可以参照该专利许可使用费的合理倍数确定。因而在侵犯商业秘密案件中,损失赔偿数额也可以根据权利人允许他人使用自己的商业秘密所应支付的许可费的合理倍数确定。

5. 法定赔偿金制度

基于知识产权保护对象的特殊性,不少国家规定了知识产权侵权损害赔偿的法定赔偿制度。美国版权法确立了法定赔偿金制度,我国台湾也确立了此制度,《与贸易有关的知识产权协定》第45条第2项也有法定赔偿金(预先确定的损害赔偿费)。② 我国为符合世界贸易组织的要求,已在《著作权法》③、《商标法》④和《专利法》⑤中确立了法定赔偿金制度。在侵犯商业秘密案件的司法处理过程中,原告的损失与被告的获利都难以确定。一些原告并未因侵权行为的发生而导致利润的下降,一些原告虽然利润下降,但利润下降的因素却并非全部因被告的侵犯商业秘密行为所导致。而且,由于财务制度的不健全和不完善,加上

---

① 张耕主编:《商业秘密法律保护研究》,重庆出版社2002年版,第359页。
② 孔祥俊:《WTO知识产权协定及其国内适用》,法律出版社2002年版,第395页。
③ 《著作权法》第48条。
④ 《商标法》第56条。
⑤ 《专利法》第65条第2款。

当事人有时故意弄虚作假,被告的利润常常不易确定。在完全难以准确确定商业秘密权利人所遭受的实际经济损失,以及侵权人的获利数额难以确定的情况下,应当建立法定赔偿金制度,由法律或司法解释直接规定侵权人应当承担的损害赔偿金金额。

在确立法定赔偿金制度以前,我国司法实践中对于如何确定知识产权法定赔偿制度是有争议的。一种观点认为,对侵权成立却缺乏侵权赔偿额证据的情形,应规定侵权人承担的最低赔偿金额。另一种观点认为,应当以每件侵权产品的销售价格的一定倍数作为法定赔偿额。如我国台湾"商标法"第64条第1款规定:"以所查获侵害商标专用权商品零售单价500倍到1500倍的金额为商标专用权人所受损害。但所查获商品超过1500倍时,以其总价定赔偿金额。"第三种观点认为,由于知识产权的价值差异较大,侵权后果不尽相同,应当根据知识产权价值大小、侵权损害程度等不同情况,制定相应的法定赔偿金幅度。上海市高级人民法院出台的《关于进一步加强知识产权审判工作若干问题的意见》中第一次明确了在难以完全正确确定权利人的实际损失和侵权人的侵权获利情况下,可以在规定范围内确定赔偿金金额。该规定的精神和国际通行做法有类似之处。按该《意见》的规定:(1)侵犯发明专利权、著作权、计算机软件、商标专用权以及不正当竞争的侵权行为,一般应赔偿被侵权人人民币1万元至30万元,对于拒不悔改,有侵权前科或造成严重后果的侵权行为人,其赔偿被侵权人的金额可至人民币50万元;(2)侵犯外观设计,适用新型专利权的侵权行为人应赔偿被侵权人人民币0.5万元至15万元;(3)以正常许可使用费的2倍至3倍的金额作为损害赔偿额;(4)人民法院适用上述规定确定损害赔偿额时,应考虑侵权人行为的社会影响、侵权手段和情节、侵权时间和范围、侵权人的主观过错程度以及给被侵害人造成的精神损害或商业信誉损失等因素。法定赔偿制度的建立(如上海高级人民法院的新措施)可以成为权利人选择计算损失的措施之一。

法定赔偿金本质上是对损害赔偿的一种推定,其适用前提是已经造成了损害,但具体数额没有证据证明,而由法院根据案情直接确定赔偿金金额。至于如何划定赔偿金数额,只能根据当前我国经济发展情况和侵权情况,划定一个数额幅度。目前我国《著作权法》和《商标法》规定"由人民法院根据侵权行为的情节判决给予50万元以下的赔偿",《专利法》规定"人民法院可以根据专利权的类型、侵权行为的性质和情节等因素,确定给予一万元以上一百万元以下的赔偿"。根据《最高人民法院关于审理不正当竞争民事案件应用法律若干问题的解释》第17条规定,人民法院可以根据侵犯商业秘密行为的类型、侵权行为的性质和情

第九章 侵犯商业秘密的法律责任

节等因素,确定给予1万元以上100万元以下的赔偿。

6. 损害赔偿的计算方法

按照《反不正当竞争法》的规定,在损失额的计算上,首先要按照实际损失额计算;当实际损失额难以计算时,将侵权人在侵权期间因侵权所获得的利润作为赔偿额。根据《最高人民法院关于审理不正当竞争民事案件应用法律若干问题的解释》,若权利人的损失或者侵权人获得的利益难以确定的,参照该商业秘密使用许可费的倍数合理确定;在权利人的损失或者侵权人获得的利益以及商业秘密使用许可费的倍数都难以确定的情况下,则比照采用法定赔偿制度。也就是说权利人的损失和侵权所得利润这两个赔偿额之间不是选择关系,后者的运用要以前者(赔偿实际损失)的不能运用为条件,两者是补充与被补充的关系,而不是由权利人任选其一的选择关系。对于商业秘密许可费和法定赔偿制度的适用也是有严格的程序要求,即只能在权利人的损失或者侵权所获利润难以确定的情形下,有顺序地采用许可费倍数和法定赔偿金制度,而且法定赔偿金制度是最后适用的方式,切不可先行适用。这与我国起草中的《商业秘密保护法(草案)》第26条规定的损害赔偿额的计算方法不同。在《商业秘密保护法(草案)》中,"损害赔偿额可以依下列两种方法计算:(一)以权利人因被侵害而受到的损失作为赔偿额;(二)以侵权人因侵权行为所获得全部利润作为赔偿额。商业秘密因侵权行为被公开的,可以合理年限确定预期利润"。与《反不正当竞争法》第20条第1款规定相比,该规定的不同之处在于:一是两种计算方法由补充关系改为选择关系;二是对利润赔偿进一步明确,尤其是规定了"商业秘密因侵权行为被公开的,可以合理年限确定预期利润"。《最高人民法院关于审理不正当竞争民事案件应用法律若干问题的解释》第17条第2款,进一步明确"因侵权行为导致商业秘密已为公众所知悉的,应当根据该项商业秘密的商业价值确定损害赔偿额。商业秘密的商业价值,根据其研究开发成本、实施该项商业秘密的收益、可得利益、可保持竞争优势的时间等因素确定"。需要说明的是,我国的《著作权法》、《商标法》、《专利法》对损失赔偿的计算方法不尽统一,立法技术值得斟酌。

7. 损害赔偿方式

损害赔偿应采用何种方式,各国或地区民事立法形成了三种不同的模式:第一种模式以实物赔偿为主,金钱赔偿为辅,德国法、我国台湾"民法典"采用这种模式。德国法认为,损害赔偿目的在于回复原状,而实物赔偿最能使受害人回复到未受损害时的状态;金钱赔偿只能在遭到金钱损失的时候才能使受害人回复原状。我国台湾"民法典"第213条第1项规定:"负损害赔偿责任者,除法律另有规定或契约另有订定外,应回复他方损害发生前乃至原状。"①第二种模式以金钱赔偿作为损害赔偿的方法,罗马法采用此种模式。《法国民法典》第 417 条规定:"无另外意思表示时,损害赔偿以金钱定其数额。"亦即损害赔偿要以金钱决定数额。第三种模式是既可以是实物赔偿,又可以是金钱赔偿,究竟采取哪一种方式,则由法院根据违约方的过错程度以及其他具体情况决定,瑞士债务法采取此观点。笔者认为,损害赔偿方法与损害赔偿的目的是联系在一起的。确定损害赔偿方法,首先应确定损害赔偿所要达到的目的。损害赔偿的目的乃是补偿受害人的全部损失。我国民法并没有明确规定损害赔偿的方法,从《民法通则》第 134 条关于民事责任的形式的规定来看,《民法通则》将返还财产、修理、重作、更换等责任形式是作为不同于损害赔偿的方式对待的。由此可见,《民法通则》实际是采用了金钱赔偿的方法。当然,权利人可以不请求金钱赔偿,而通过其他责任方式来达到回复原状的目的。一般情况下,除法律有特别规定外,权利人应有权利对责任形式作出选择。由于金钱赔偿本质上是交换的反映,因此在市场经济条件下,金钱赔偿最有利于恢复受害人所受的损害,使受害人获得从交易中应得到的利益。尤其因为市场的发展为替代性购买和销售创造了有利条件,因而受害人获得了赔偿金,大都可以从市场中购得依合同所能够得到的标的物,从而使其利益得到满足。当然,以金钱确定和填补损害并不一定都是很精确的,但金钱赔偿确实比其他方式的赔偿更为合理,且在诉讼上执行起来也不困难。随着市场的建立和完善,以金钱为标准来确定损害赔偿数额更为准确,金钱赔偿方式的合理性也不断显现。就商业秘密而言,被侵犯的商业秘密不可能以实物赔偿给权利人,而只能采用金钱赔偿。

(七)支付违约金

我国《合同法》第 114 条规定:"当事人可以约定一方违约时应当根据违约情况向对方支付一定数额的违约金。"如合同(包括保密合同、附有保密条款的竞业禁止合同、劳动合同)签订一方当事人违反《合同法》第 60 条第 2 款、第 92 条中的保密义务的规定②,应承担支付违约金等违约责任。另外,根据《劳动合同法》的规定,劳动者违反本法规定解除劳动合同,或者违反劳动合同中约定的保密义务或者竞业限制,要支付违约金。

---

① 曾世雄:《损害赔偿法原理》,中国政法大学出版社 2001 年版,第 146 页。
② 《合同法》第 62 条第 2 款规定:当事人应当遵循诚实信用原则,根据合同的性质、目的和交易习惯履行通知、协助、保密等义务。第 92 条规定:合同的权利义务终止后,当事人应当遵循诚实信用原则,根据交易习惯履行通知、协助、保密等义务。

三、善意第三人的保护

在我国,第三人在不知《反不正当竞争法》第 10 条第 1 款的违法行为而获取、使用或者披露他人的商业秘密,且其不知并无重大过失时,即构成善意第三人。根据民事责任的过错原则,善意第三人不应当承担民事责任。具体处理办法可以是:善意第三人不知其为商业秘密而泄露的,不负责任;自其知悉上述违法行为后,应当经权利人的同意而继续使用;知悉其为商业秘密后,如不继续使用将会造成重大损失的,根据利益衡平原则①,权利人应当允许其使用;继续使用时,应当向权利人支付使用费。但已经向侵权人支付使用费的,可以不再支付使用费,权利人可以将侵权人获取的使用费,作为其损失要求赔偿。

第三节 侵犯商业秘密的行政责任

《反不正当竞争法》在保护经营者的合法权益的同时,还承担着保障市场经济健康发展的职能,因此,不正当竞争行为人除了应承担民事责任以外,还应承担行政法律责任。行政责任一词的含义有多种理解。② 此处的行政责任指行为人对其侵犯商业秘密所必须承担的、由工商行政管理机关依《反不正当竞争法》作出的强制性处罚,是行政法律关系的主体之一即公民、法人或其他组织所应承担的行政法上的责任。商业秘密是一种私权,③对侵犯商业秘密者进行行政处理,其目的在于通过惩罚侵犯商业秘密的行为人,以维护行政管理秩序,维护公平的竞争秩序。

我国《反不正当竞争法》和《若干规定》确立的侵犯商业秘密行为的主要行政责任方式是责令停止违法行为和罚款。在 2008 年国家工商行政总局报送的《反不正当竞争法(修订稿)》(送审稿)中则增加了"没收违法物品、没收违法所得、吊销营业执照"等三种责任方式,同时提升了罚款的数额。

---

① 利益衡平原则经由我国著名知识产权法学者冯晓青教授的阐述,在知识产权界已经成为一种通说。具体内容请参考:冯晓青著:《知识产权法利益平衡理论》,中国政法大学出版社 2006 年版。
② 王连昌主编:《行政法学》,中国政法大学出版社 1994 年版,第 325 页。
③ 《与贸易有关的知识产权协定》前言部分。

一、责令停止违法行为

(一)责令停止违法行为的性质及其与《行政处罚法》中的责令改正的关系

《行政处罚法》第23条规定:"行政机关实施行政处罚时,应当责令当事人改正或者限期改正违法行为。"尽管该法颁布于《反不正当竞争法》之后,但既然该法已对责令改正的性质予以明确,《反不正当竞争法》所规定的责令停止违法行为,应当属于《行政处罚法》第23条规定的责令改正在该法中的一种具体体现或者具体形式。换句话说,尽管《反不正当竞争法》先于《行政处罚法》实施,但一旦《行政处罚法》实施,《行政处罚法》第23条规定与《反不正当竞争法》所规定的责令停止违法行为就构成了普通法和特别法的关系,两者在法律性质上是完全一样的。在《行政处罚法》颁布以前,人们对于责令停止违法行为或者责令改正的法律性质是有不同看法的。有人认为它是一种行政处罚方式,或者认为是"警告"的变种,或者认为是行为罚的一种形式。比较普遍的认识是,责令停止违法行为或者责令改正不是一种行政处罚方式,而是实现行政处罚补救性功能的个体手段,是行政机关依照职权,要求违法行为人纠正不法状态的一种行政措施。《行政处罚法》采纳了这种见解,其第23条就体现了这种意图。《行政处罚法》第23条的规定是"关于行政处罚补救功能的规定","主要是通过阻止、矫正行政违法行为,责令违法当事人改正违法行为,恢复被侵害的管理秩序而体现的"。[①] 既然《行政处罚法》未将责令改正作为行政处罚方式,那么该法生效后其他法律法规规章有关责令改正或者责令停止违法行为的规定当然都应统一到《行政处罚法》规定的精神上来,与该法对责令改正的定性相一致。依此见解,《反不正当竞争法》所规定的责令停止违法行为不是一种行政处罚方式,而是对违反该法的行政违法行为的行政处罚的补救功能的规定。

(二)责令停止违法行为在我国法律的体现

商业秘密不同于其他知识产权,它通过权利人的保密措施保持秘密性,为权利人带来竞争优势或经济价值。一旦公开,则丧失了保密性,而在侵害商业秘密行为中,责令停止行为是一种最为重要的行政处罚补救方式或行政强制措施。

---

① 张耕主编:《商业秘密法律保护研究》,重庆出版社2002年版,第341页。

第九章　侵犯商业秘密的法律责任

所以制裁侵犯商业秘密行为,首当其冲的是防止商业秘密公开,并迅速制止正在继续或即将发生的侵害商业秘密行为。因此,除非商业秘密已经公开,只要侵害行为正在继续,都必须首先采取责令停止违法行为的处罚方式,以干净彻底地阻止侵权人继续实施侵犯商业秘密行为,消除侵害商业秘密的隐患。当然,对于已经公开的商业秘密,是否仍采用责令停止行为,法律未作规定。①

《反不正当竞争法》第 25 条规定:"违反本法第 10 条规定,侵犯商业秘密的,监督检查部门应当责令停止违法行为。"《若干规定》第 7 条则对责令停止违法行为的具体内容和形式进行了界定:"违反本规定第 3 条的,由工商行政管理机关依照《反不正当竞争法》第 25 条的规定,责令停止违法行为……工商行政管理机关在依照前款规定予以处罚时,对侵权物品可以作如下处理:(1)责令并监督侵权人将载有商业秘密的图纸、软件及其他有关资料返还权利人;(2)监督侵权人销毁使用权利人商业秘密生产的流入市场将会造成商业秘密公开的产品。但权利人同意收购、销售等其他处理方式的除外。"

有人提出,这些规定未为《反不正当竞争法》第 25 条所规定,是否超越了法律设定的行政处罚方式的范围?实际上,这些规定都是对法律规定的责令停止违法行为的处罚补救方式的具体化,而不是另外规定的行政处罚方式。在外国,责令停止违法行为的内容也是很多的。如日本 1993 年修订的《不正当竞争防止法》第 3 条就规定:"(1)因不正当竞争行为使经营利益遭受损害或有遭受损失危险的人,可以请示停止或预防该侵害行为。(2)因不正当竞争行为使经营利益遭受损害或有遭受损害危险的人,按照前款规定请求时,可以要求销毁构成侵权行为的物(包括侵权行为所制造的物),或者采取制止或预防侵权行为的任何行为。"该规定的第 2 项就是对第 1 项停止侵权行为的具体内容的明确,与上列我国行政规章对责令停止违法行为的内容的细化规定具有完全相同的道理。而且,这些规定还可以再进一步,如直接规定监督检查机关可以直接对侵权物品、作案工具等采取措施。此外,从国外(如日本)的规定来看,销毁侵权物品、设备等也都属于责令停止行为的范畴。这种主张是极有道理的,我们完全可以借鉴。

(三)责令停止违法行为与西方的禁令制度

在西方,有与责令停止行为(或停止侵害)类似的救济方法——禁令制度。

---

① 见后文讨论(由于责令停止行为相当于西方一些国家的禁令,对此问题国外也有不同规定。美国有两个极端例子,在 Shellmar Products Co.v.Allen-Qualley Co.案中,法院给予被告永久禁令;在 Conmar Products 案中,法院不予禁令。)

按照统一商业秘密法的规定,不管是实际发生的侵害还是有侵害的危险,都可以请求禁令。① 美国的禁令制度非常复杂,其禁令可分为三种:临时命令、暂时禁令和终局禁令。临时禁令(暂时的抑制命令),适用于诉讼前的阶段,旨在维持现状,防止给当事人造成无法弥补的损失。暂时禁令(暂时的命令),是在诉讼之后至判决之前,法院为维持调查证据阶段的现状,防止商业秘密泄露所发布的禁令。临时命令和暂时禁令是非正式禁令,是法院采取的临时工时强制措施,以法院的命令进行。其作用均可暂时停止被告对有关商业秘密侵权的行为,以在诉讼证据发掘阶段,维护原告合法利益,直至实质性审理的开始。临时命令和暂时禁令的区别,是二者的顺序和时间长短。正式禁令是法院最终判决的组成部分,在审理之后的判决书中发布,可以单独使用或与经济赔偿相结合,构成被告侵权责任的承担形式。暂时禁令内容可以转化为正式禁令的内容。正式禁令可以根据绝对禁止使用原则、自由使用原则和扣除领先时间原则,对被告进行处置。如果诉讼持续时间比较长,原告靠暂时禁令就消除了被告获得的违法利益或取得的领先时间,这时法院可能决定不发布正式禁令。

禁令救济,主要针对违法使用、披露商业秘密。美国《反不正当竞争法重述》第 44 节评论 b"与其他救济措施的关系"部分指出,很多商业秘密案件中,可同时发布禁令和责令赔偿。责令赔偿可弥补原告的经济损失,发布禁令则能防止被告继续使用或披露可能造成的损失。同时,美国《反不正当竞争法重述》第 44 节评论 b 研究了禁令的必要性。

1. 限度保护原告合理利益。在商业秘密案件中,原告的最大利益是秘密性和对受害信息的排他使用。与不正当竞争其他类型案件相同,在侵占商业秘密诉讼中,证明原告的损失数额与被告违法行为的关系,存在困难,责令赔偿有时不会充分弥补原告损失。所以对被告的继续使用,或者使用或披露威胁,通常要求下达禁令,以防止进一步违法使用造成损失,和消除被告因侵权行为获得的额外利润。

2. 在一些案件中,禁令救济可能是唯一合适的救济,如对用不正当手段获得的商业秘密,被告尚未披露或使用,为保护原告的商业秘密权,有必要发布禁令。

3. 如果有关信息尚未为公众所知,而被告威胁要违反对商业秘密的保密义务,也有必要发布禁令。

4. 如果商业秘密已经进入公有领域,为消除被告因侵占获得的领先时间和

---

① 并非所有案件都适用禁令,善意第三人得到商业秘密后进行了大量投资或实质性地改变了自身的状态就不适用。

其他不正当优势,也应发布禁令。

5. 如果商业秘密已经进入公有领域,但需要对被告实施某些惩罚或障碍,也可考虑发布禁令,不过对这类惩罚性禁令应该慎重。①

我国新修改的《商标法》《著作权法》《专利法》中已有禁令的明确规定。这一救济形式在知识产权案件中有重要的意义,比如在发生了一起侵犯商业秘密的案件时,权利人的当务之急也许是,立即停止侵权人的继续使用或披露,以防止其商业秘密在更大范围内公开,使其遭受更大的损失。在其诉讼获胜之后,其利益同样不仅仅在得到损害赔偿,更在于禁止侵权人今后的使用,从而避免将来的损失。而在被告只是不正当地获取了他人商业秘密并未使用的情况下,禁令可能是唯一合适的救济。

(四)责令停止违法行为的期限问题

商业秘密是一种依靠权利人自身的保密措施,维持其秘密性的财产。他人因侵犯商业秘密行为而受到责令停止违法行为的处理时,如果商业秘密将来因公开而进入公有领域,或者某种商业秘密的特殊性决定了长期禁止侵权人使用该商业秘密将影响其生计等等是否应为禁止使用商业秘密划定一个时间界限?在我国的行政处罚决定书甚至判决书中,往往笼统地写上"责令停止侵害行为"之类的文字似乎在时间上没有任何限制条件。《反不正当竞争法》对此问题也没有明确的规定,因此这是一个很值得研究的问题。国外也无一致的规定。美国的判例曾出现两个极端,一个是 Shellmar Products 案②中的永久禁令,也称为绝对禁止使用原则,另一个是 Conmar Products 案③中的不予禁令,也称为自由使用原则,这二者不为统一商业秘密法所采纳。它采纳温斯顿原则(扣除领先时间原则),即禁止侵权人使用商业秘密的期限确定为"被告不使用原告的商业秘密,而以反向工程或独立发现的合法手段所需要的时间",或者为被告维持其竞争利益的"领先时间"。这种主张是有其合理性的,适合保护商业秘密的特点,笔者也赞同。

另外,如果商业秘密将来因公开而进入公有领域,是否还继续禁止侵权人使用已经不是商业秘密了的有关技术或信息?前述美国终局禁令中的谢尔马原则,对此采取了肯定的态度。但因具有惩罚性,而为统一商业秘密法所不取。

---

① 张玉瑞:《商业秘密法学》,中国法制出版社1999年版,第642页。
② Shellmar Products Co.v.Allen-Qualley Co.,87 F.2d 104(7th Cir.1936),cert.denied,301 U.S.695(1937).
③ Conmar Products Corp.v.Universal Slide Fastener Co.,172 F.2d 150(2d Cir.1949).

"既然此时商业秘密已经不成为商业秘密而进入了人人可得而用之的公有领域,那么'皮之不存,毛将焉附',禁止侵权人使用就丧失了基础。此时,责令停止违法行为的效力自然终止。"①我们对此不敢苟同。实际上此时应全面考虑商业秘密权利人、竞争者、侵害人的利益,假如可口可乐的配方被行为人不法得知,法院会作出永久禁令的判决,这也是必要的。所以不能一概而论。

至于对于某种商业秘密的特殊性决定了长期禁止侵权人使用该商业秘密将影响其生计,是否应当设定有期限的责令停止违法行为形式?具有这种属性的商业秘密,最为典型的主要是客户名单。在当事人没有约定竞业禁止的情况下,无限期地禁止离职的原雇员使用其在任职期间所知悉的客户名单,往往会严重影响离职雇员的生计,这也可能侵害雇员的劳动权、自由择业权、生存权等基本人权。此时,根据构成商业秘密的具体情况,设定一个禁止使用的期限,不失为一种可行的办法。创设美国终局禁令中的温斯顿原则的 Winston Reaserch Corp.案②就是判令被告及离职员工在判决之日起 2 年内不得使用、泄露原告的商业秘密。德国规定不超过 2 年,瑞士规定不超过 3 年,我国规定离职职工的竞业禁止期限不超过 3 年。③ 综上所述,责令停止违法行为的设定期限问题,属于对责令停止违法行为的具体运用范畴,《反不正当竞争法》是否规定都不应该影响其适用,行政规章或司法解释就完全可以解决这个问题。

（五）责令停止违法行为的范围

责令停止违法行为的范围,包括责令侵权人停止使用商业秘密生产的有形产品或提供的服务。具体案件中存在从严到宽的选择:(1)禁止被告与商业秘密有关的部分行为,如被告可与原告客户中的部分人继续联系业务;(2)禁止个人被告从事某种岗位;(3)禁止企业被告生产某种产品;(4)禁止企业被告从事某种领域的经营。④

二、罚款

罚款,是指行政处罚主体对被处罚人作出的让其承担金钱支付义务的行政处罚形式,是一种有效的经济制裁方式。罚款是目前行政处罚中应用最多最广

---

① 张耕主编:《商业秘密法律保护研究》,重庆出版社 2002 年版,第 345 页。
② Winston Research Corp.v.3M Co.,350 F.2d134(9th Cir.1965).
③ 竞业禁止常和商业秘密有关,所以责令停止行为的期限可比照竞业禁止的期限。
④ 张玉瑞:《商业秘密法学》,中国法制出版社 1999 年版,第 644 页。

的一种财产罚。我国现行立法对侵犯商业秘密的行为的罚款数额规定了罚款的最低限额和最高限额。根据《反不正当竞争法》第 25 条和《若干规定》第 7 条的规定,对侵犯商业秘密的行为,工商行政管理机关(或监督检查部门)可以根据情节处以 1 万元以上 20 万元以下罚款。罚款是工商行政管理机关依法适用的行政处罚方法,属于保护商业秘密的行政措施之一。根据法律规定,罚款与责令停止违法行为可以同时并用。其中责令停止违法行为是应当(也就是必须)适用的行政责任措施,而罚款则不是必须适用的。是否罚款以及罚款多少,应根据侵权人侵犯商业秘密的情节(如侵权手段的恶劣程度、商业秘密的经济价值大小、侵害后果的严重程度、侵权人是否采取了补救措施等)来决定。根据《反不正当竞争法(修订稿)》(送审稿)的规定,监督部门可以对违法行为人处以 100 万元以下的罚款。这表明,未来的立法中针对侵犯商业秘密行为人的罚款数额大大地提高了。

另外,《若干规定》第 8 条规定:"对侵权人拒不执行行政处罚决定,继续实施本规定第 3 条所列行为的,视为新的违法行为,从重予以处罚。"究其缘由,行政处罚是针对处罚前的违法行为实施的,处罚后的继续侵权行为当然是新的违法行为,而且属于情节严重的明知故犯违法行为,当然应当作为新的违法行为从重处罚。

三、没收违法物品

按照《若干规定》的规定,为了更加彻底地禁止该侵权人继续为侵犯商业秘密的行为,工商行政管理机关在予以处罚时,对侵权物品可以作如下处理:(1)责令并监督侵权人将载有商业秘密的图纸、软件及其他有关资料返还权利人;(2)监督侵权人销毁使用权利人商业秘密生产的、流入市场将会造成商业秘密公开的产品。但权利人同意收购、销售等其他处理方式的除外。这项规定销毁了侵权的硬件设施,但该规定并没有赋予工商行政管理机关有没收的权利。在《反不正当竞争法(修订稿)》(送审稿)中则规定了没收违法物品的行政处罚手段。没收违法物品是指行政机关对违法当事人的物品收归国有的处罚方式。工商行政管理机关可以对于商业秘密侵权者用于侵犯商业秘密的物品,如计算机、软件、机器等有关物品加以没收,收归国有。

四、没收违法所得

没收违法所得,是指行政机关依法将违法行为人取得的违法所得财物,运用国家法律法规赋予的强制措施,对其违法所得财物的所有权予以强制性剥夺的处罚方式。在执法实践中存在着两种观点：(1)违法主体倾向于认为"得"是违法"利润"；(2)处罚主体往往倾向于将"得"界定为全部违法收入(成本加利润)。出现这种争论的根源在于立法解释、行政解释与司法解释给出了"获利数额"、"全部营业收入(包括成本和利润)"、"营业获利(扣除成本)"等多种解释。对"得"的随意性解释为违法行政和不合理行政预留了空间，容易造成行政主体借此滥用权力，违法敛财，侵犯行政违法主体的合法权益，从而背离立法设定没收违法所得的初衷，违背行政处罚法确定的过罚相当原则。没收违法所"得"应当是："由于违法所得到的利益"的简称，是因非法活动而获取的增长利益，是在投入的成本的基础上的增长部分。这里的成本不是会计学上的成本概念，而是投入非法活动中的原始的可量化有型财产(原始成本)，比如资金和其他财产，不应当包括违法者投入的劳务费用、管理费用、财务费用等，因为违法者投入到违法活动中的劳动和管理成本是非法的无效的，在执法实践中也不易计算，为了保证执法效率，应当不予计算。违法所得是在营业额的基础上减去原始成本的剩余部分(营业额—原始量化成本)。在违法者的违法所得中，有可能包含尚未缴纳的税款。如果违法当事人在接受处罚之前已经缴纳税款，在计算违法所得时应当予以扣除。

在侵犯商业秘密的案件中，如果违法者有违法所得，应并处没收违法所得。

五、吊销营业执照

吊销营业执照是行政机关暂时或者永久地撤销行政违法行为人拥有的国家准许其享有某些权利或从事某些活动资格的文件，使其丧失权利和活动资格的制裁方法。根据《反不正当竞争法(修订稿)》(送审稿)中的规定，在侵犯商业秘密的案件中，如果情节严重，工商行政管理机关对于侵权人可以采取吊销营业执照的处罚，从而有效制止侵权行为，恢复良好的竞争秩序，创造良好的经营环境。

第四节 侵犯商业秘密的刑事责任

尽管有民事及行政这两种形式的制裁，对于情节恶劣的商业秘密侵权行为，仍然不足以打击恶意的行为人，仍需要刑事责任这一最严厉的制裁方式，英国法律委员会列举了五项理由来说明这一必要性。运用刑法方法惩治严重侵犯商业秘密的犯罪行为，是保护商业秘密的重要救济手段之一，《与贸易有关的知识产权协定》第5节专门规定了刑事程序，其刑罚有监禁或罚金。现在世界上有不少国家的刑法已对侵犯商业秘密的行为设立了专门的处罚规定,只不过罪名称谓不一。如《罗马尼亚刑法典》规定为泄露经济秘密罪,《德国刑法典》规定为产业或企业秘密之利用罪,《意大利刑法典》规定为泄露学术或产业秘密罪,《瑞士刑法典》规定为侵犯制造秘密或业务秘密罪,《奥地利刑法典》规定为商业秘密或产业秘密侵害罪和刺探商业或产业秘密罪,《泰国刑法典》规定为泄露科学发展之秘密罪,《法国刑法典》规定为泄露商业秘密罪。美国1996年通过了一部《反经济间谍法》(Economic Espionage Act),其中专门规定有侵夺商业秘密罪。有些原来未对侵犯商业秘密的行为单独设立刑事处罚规定的国家,也在其修改刑法时增设了这方面的规定。如《日本刑法典》修改草案就增设了泄露企业秘密罪(《日本刑法典》第322条)。事实上,注重运用刑法武器保护商业秘密,已成为现代刑事立法的趋势。①

一、商业秘密刑事责任的立法演变

我国《刑法》修订之前,原刑法典、单行刑法、附属刑法中均没有规定侵犯商业秘密罪及其刑罚,但实际上对情节严重的侵犯商业秘密的行为,并不排除可以适用刑法的有关条文予以定罪处理。1992年12月11日最高人民法院、最高人民检察院下发的《关于办理盗窃案件具体应用法律的若干问题的解释》,其第1条第4款规定:"盗窃公私财物,既指有形财产,也包括电力、煤气、天然气、重要技术成果等无形财物。"商业秘密应属于重要技术成果之列。最高人民检察院、国家科学技术委员会于1994年6月联合发布的《关于办理科技活动中经济犯罪案件的意见》规定:"对于非法窃取技术秘密,情节严重的,以盗窃罪追究刑事责任。"1994年9月,最高人民法院在《关于进一步加强知识产权的司法保护的通知》中明确指出:"对盗窃重要技术成果的,应当以盗窃罪依法追究刑事责任。"1995年5月10日第八届全国人民代表大会常务委员会第十三次会议通过并公布的《商业银行法》第84条规定,商业银行工作人员泄露在任职期间知悉的国家秘密、商业秘密的,应当给予纪律处分;构成犯罪的,依法追究刑事责任。1996年5月15日第八届全国人民代表大会常务委员会第十九次会议通过、同年10月1日起施行的《中华人民共和国促进科技成果转化法》之第34条规定:"违反本法规定,以唆使窃取、利诱、胁迫等手段侵占他人的科技成果,侵犯他人合法权益的,依法承担民事赔偿责任,可以处以罚款;构成犯罪的,依法追究刑事责任。"

---

① 张耕主编:《商业秘密法律保护研究》,重庆出版社2002年版,第364页。

其第 35 条规定:"违反本法规定,职工未经单位允许,泄露本单位的技术秘密,或者擅自转让、变相转让职务科技成果的,参加科技成果转化的有关人员违反本单位的协议,在离职离休、退休后约定的期限内从事与原单位相同的科技成果转化活动的,依照有关规定承担法律责任。"这些规定对打击侵犯商业秘密的犯罪活动起了积极作用。基于上述规定,在《刑法》增设侵犯商业秘密罪之前,对于侵犯商业秘密,情节严重,构成犯罪的,可以依照《刑法》的有关条文追究刑事责任,主要是按照盗窃罪、泄露国家重要机密罪和与此相关的窃取、刺探收买、非法提供国家秘密罪论处。但商业秘密毕竟是不同于一般财物的无形资产,侵犯商业秘密的犯罪有其特殊性,其犯罪手段除盗窃外,还有利诱、胁迫、非法披露和使用等表现形式,其犯罪后果也很难像对其他财物犯罪那样"计赃论刑"等,因此按盗窃罪论在理论上有明显矛盾,在司法实践中有诸多弊病。为此,修改后的《刑法》第219 条新增设了侵犯商业秘密罪,为严厉打击侵犯商业秘密的犯罪行为提供了法律依据。

《刑法》第 219 条规定:"有下列侵犯商业秘密行为之一,给商业秘密的权利人造成重大损失的,处三年以下有期徒刑或者拘役,并处或单处罚金;造成特别重大损失的,处三年以上七年以下有期徒刑,并处罚金:(一)以盗窃、利诱、胁迫或者其他不正当手段获取权利人的商业秘密的;(二)披露、使用或者允许他人使用以前项手段获取的权利人的商业秘密的;(三)违反约定或者违反权利人有关保守商业秘密的要求,披露、使用或者允许他人使用其所掌握的商业秘密的。明知或者应知前款所列违法行为,获取、使用或者披露他人商业秘密的,以侵犯商业秘密论。"第220 条规定,单位犯第 219 条规定之罪的,对单位判处罚金,并对其直接负责的主管人员和其他直接责任人员依照上述规定处罚。《刑法》第 219 条所规定的行为种类显然是《反不正当竞争法》第 10 条所规定的侵犯商业秘密行为种类的简单翻版。因此,这些行为的含义在解释上不应与《反不正当竞争法》的相应规定有差异。

刑法之所以要对侵犯商业秘密罪加以规定,权威性解释是:"侵犯商业秘密是一种不正当竞争行为,原刑法对此未作规定。随着经济体制的改革,出现了多种所有制形式,有些企业不是通过自身的努力去开拓市场,与其他企业开展竞争,而是采取一些不正当的手段,如利用有些企业中存在工资、住房等方面的问题,采取以高薪聘请、解决住房等手段,将技术人员挖走,同时将企业的技术诀窍、销售渠道等商业秘密一起带走,严重违反了公平竞争的原则,侵犯了其他企业的合法权益。为保障科技的发展,维护社会主义市场经济条件下公平竞争的经济秩序,这次刑法修订,将《反不正当竞争法》第 2 条的内容吸收进来,单独规定为一条犯罪。"①由于《反不正当竞争法》没有侵犯商业秘密的刑事责任的规定,而现实生活中确有一些情节严重的侵犯商业秘密行为,不用刑罚手段不足以制裁和威慑,因而刑法将情节严重的侵犯商业秘密行为上升到刑法调整。但是,有必要指出的是,在市场经济条件下,劳动力是商品,也是社会的宝贵资源。劳动力资源的有效配置必须纳入到市场机制中来,而自由流动是劳动力资源有效配置必须纳入到市场机制中来,而自由流动是劳动力资源有效配置的基本前提,没有自由流动就无所谓劳动力资源的有效配置,因而鼓励和允许劳动力自由流动应当是市场经济的基本政策之一。为适用市场经济的需要,我们必须打破束缚劳动力的自由流动的现行机制。因此,单纯"利用有些企业中存在工资、住房等方面的问题,采取以高薪聘请、解决住房等手段,将技术人员挖走",不但不是不正当竞争手段,不违反公平竞争原则,而且还是劳动力有效配置的重要表现形式和必然结果,是优胜劣汰的市场规律的必然选择,即使因此给被挖走人才的企业造成了损失,也是市场经济规律对它的必要惩罚。但是,如果在挖走人才的同时"将企业的技术诀窍、销售渠道等商业秘密一起带走",就侵犯了被挖走人才的企业的特定财产,此时才"违反了公平竞争的原则,侵犯了其他企业的合法权益"。因此,对侵犯商业秘密行为的界限一定要把握准,否则就会追究无辜,冤枉好人,不但不能保护正当竞争,还会损害竞争。②

二、侵犯商业秘密罪的犯罪构成

按照我国的刑法理论,犯罪构成有犯罪主体、客体、主观方面及客体方面四个要件。对商业秘密犯罪也同样需要从这四个方面入手,判断某一特定的行为是否构成了犯罪。

(一)犯罪主体

侵犯商业秘密罪的主体是一般主体,即没有任何身份上的限制。既可以是自然人,也可以是法人或其他组织。本罪的主体一般是与商业秘密权利人有一定关系的人或组织,如其在职的或离职的雇员、其竞争对手或其他因业务而熟悉该权利人的秘密的人员,如律师、会计师、专利代理人等。当然也可以是这些以外的第三人。但是,值得注意的一点是,我国刑法规定的商业秘密权利人既包括

---

① 胡康生、李福成主编:《中华人民共和国刑法释义》,法律出版社1997年版,第309页。

② 张耕主编:《商业秘密法律保护研究》,重庆出版社2002年版,第367页。

其所有权人,也包括经商业秘密所有人许可的商业秘密使用人。这与《与贸易有关的知识产权协定》中所称的"合法控制人"以及世界贸易组织1996年的《反不正当竞争示范规定》中的"合法持有人"的概念基本上趋于一致。上述的《美国反经济间谍法》也规定商业秘密的所有人,是指"由于法定权利或衡平权利,或接受许可,从而保有商业秘密的人或实体"。[①] 对侵害商业秘密的刑法保护已经扩大至不限于所有人本人的程度,民事案件中也同样有这种保护范围的扩大。如《若干规定》中也作出了类似的解释,第2条第6款规定:"权利人是指依法对商业秘密享有所有权或者使用权的公民、法人或者其他组织。"

(二)犯罪客体

我国学者大多认为,侵犯商业秘密罪所侵犯的是复杂客体,即商业秘密权利人的合法权益以及国家对商业秘密的管理制度。[②] 但也有人认为,此罪侵犯的仍然是单一客体,即商业秘密所有人对其商业秘密的所有权,而社会主义市场经济秩序是它的同类客体,商业秘密权利人的商业秘密则是该罪侵犯的对象。我们认为,商业秘密是无形财产权的一种新形式,侵犯商业秘密罪当然是侵害了他人合法的财产利益,权利人所有享有的商业秘密权是直接的犯罪客体;而所谓国家对商业秘密的管理制度,只是因为商业秘密与竞争的正当与否关系密切,侵犯他人商业秘密肯定会涉及一些获取或披露、使用时的不正当行为,这就与国家对整个市场的调控相关了,所以这种严重到犯罪的不正当行为就同时也侵犯了公众对保持良好市场秩序的利益以及国家对市场的正常管理,即商业秘密的管理制度。但是,严格说来,所有的个人权利都不只与个人有关,对它的侵犯都会影响到社会大众,这也是要把它纳入刑法的范畴,而不只是由被害人自行寻求民事责任的原因。笔者赞同下面的看法,即"侵犯商业秘密罪的犯罪客体应是一类权利的组合体,既包括他人的商业秘密的专有权,又包括市场竞争的公平秩序"。[③]

从犯罪对象角度而言,本罪中如果将客体仅限于商业秘密权这一直接客体,可能会与犯罪对象混淆不清。本罪的犯罪对象自然是虽客观存在却无形的商业秘密,商业秘密权是权利人对该秘密所享有的合法权利,前者是一种事实状态,

---

① 《经济间谍法》第1839条。
② 赵秉志主编:《侵犯知识产权犯罪研究》,中国方正出版社1999年版,第295页;詹复亮:《论侵犯商业秘密罪》,载《刑法论丛》(第一卷),法律出版社1998年版,第109～110页。
③ 游伟、张本勇:《侵犯商业秘密罪研究》,载陈兴良主编:《刑事法判解》(第二卷),法律出版社2000年版,第102页。

后者却是法律对它承认并赋予的保护,二者虽然都无形,但还是可以区别的。①

侵犯商业秘密罪所侵犯的商业秘密,是满足秘密性、价值性,并经权利人采取了保密措施的特定信息。即必须有符合法定要求的,从而确定受到法律保护的商业秘密的存在,否则就无所谓侵犯"商业秘密"的犯罪。而且所侵犯的"权利人"不仅包括商业秘密的所有人,还包括经其许可的使用人。这种规定更有利于对犯罪行为进行追究,从而打击这种违法犯罪行为。

(三)犯罪客观方面

我国《刑法》第219条规定,有下列侵犯商业秘密行为之一,给商业秘密的权利人造成重大损失的,构成本罪:(1)以盗窃、利诱、胁迫或者其他不正当手段获取权利人的商业秘密的;(2)披露、使用或者允许他人使用以前项手段获取的权利人的商业秘密的;(3)违反约定或者违反权利人有关保守商业秘密的要求,披露、使用或者允许他人使用其所掌握的商业秘密的。明知或者应知前款所列违法行为,获取、使用或者披露他人商业秘密的,以侵犯商业秘密论。此处列举的几项行为与《反不正当竞争法》第10条是一样的,只是多了一个"给权利人造成重大损失"的要求。《美国反经济间谍法》还规定,有预备或共谋行为在一定情况下也会构成犯罪。② 我国尚未有如此严格的规定。

(四)犯罪主观方面

侵犯商业秘密罪在主观方面一般是出于故意,但第三人的情况则有不同观点。对于直接以不正当手段从权利人处获取商业秘密以及进一步的披露或使用,或者是违反保密约定披露或使用他人商业秘密的,其主观显然存在故意。而在第三人的犯罪中,则要求其"明知或应知"第二人获得该商业秘密是不正当的,其中,"明知"当然是故意,而"应知"则有观点认为是当知而未知的过失的主观状态。③ 我们认为应界定为重大过失,将过失也作为构成侵犯商业秘密罪的主观状态,本身已非常严厉,再不将其限定于重大过失,就更为严厉。

从国外的立法看,对侵犯商业秘密罪的规定是非常审慎的,一般都限制在极为严格的范围内,不随意拓宽范围。④ 我国《刑法》对侵犯商业秘密罪作了宽泛

---

① 赵国玲主编:《知识产权犯罪调查与研究》,中国检察出版社2002年版,第231~232页。

② 参见该法第1832条第a款第4项和第5项。

③ 赵国玲主编:《知识产权犯罪调查与研究》,中国检察出版社2002年版,第231~232页。

④ 孔祥俊:《商业秘密保护法原理》,中国法制出版社1999年版,第374页。

而又严厉的规定①,不仅《刑法》第 219 条所规定的行为弹性术语较多,认定上的不确定性太严重,不利于经济交往的安全,而且《刑法》第 219 条所规定的行为过于宽泛,它以刑罚手段调节违反约定披露、使用或泄露商业秘密的行为,而这类行为在性质上应属于违约行为,对违约行为追究刑事责任这在世界立法体例中是极为罕见的。因此实践中应严格限制商业秘密罪的犯罪构成,慎重掌握适用条件,以避免其带来副作用。

三、认定商业秘密罪应注意的问题

(一)严格掌握侵犯商业秘密罪与非罪的界限

首先需借助于商业秘密的一般原理,尤其是商业秘密的民事原理对所涉及的技术信息和经营信息是否属于商业秘密,行为人在主观上是否出于故意以及商业秘密的权利归属等作出正确判定。其次,严把构成要件。刑法将侵犯商业秘密的严重情形规定为犯罪,并将"给商业秘密的权利人造成重大损失"作为一个构成要件,这也是区分罪与非罪的一个客观标准。但如何衡量行为人的行为是否"给权利人造成了重大损失",立法和司法解释没有明确规定,在司法实践中,计算权利人遭受的损失一般应综合考虑多方面因素,包括商业秘密的研制开发成本,商业秘密的使用、转让情况和继续使用的经济价值,商业秘密的成熟程度,行为人对商业秘密的窃取程度、披露范围或使用情况及取得的利益或竞争优势情况,受害人的营业额的实际减少量及其与商业秘密侵权行为之间的因果关系,受害人制止商业秘密被侵害所支付的合理费用等因素。② 结合考察侵犯他人商业秘密是否造成他人重大经济损失,致使权利人丧失竞争优势、倒闭、破产,权利人声誉或信誉严重受损,权利人死亡或必将造成无可挽回的重大损失等情形予以认定。同时要注意对不构成侵权的行为人和善意第三人的保护,如独立开发研制而获取并使用或披露与他人商业秘密相同或相似的商业秘密、通过反向工程取得的商业秘密、从公开发行的报纸杂志或公开使用的产品、住处或其他公开场合所获取的他人的商业秘密,以及善意第三人获取、使用、披露不知且不应知(即无重大过失)他人是以违法手段获取的商业秘密等,都不构成对权利人商业秘密的侵犯。因此,也不能构成侵犯商业秘密罪。

---

① 张耕主编:《商业秘密法律保护研究》,重庆出版社 2002 年版,第 368 页。
② 张耕主编:《商业秘密法律保护研究》,重庆出版社 2002 年版,第 368 页。

(二)正确区分侵犯商业秘密罪与其他犯罪的界限

1. 要分清侵犯商业秘密罪与《刑法》第111条规定的为境外窃取刺探收买、非法提供国家秘密、情报罪的区别。这两者的主要区别是:①(1)侵犯客体不同。侵犯商业秘密罪侵犯的客体是商业秘密权利人的所有权,而后罪侵犯的客体是国家的安全和利益。(2)犯罪对象不同。侵犯商业秘密罪的犯罪对象是商业秘密,后罪的犯罪对象是国家秘密或情报。尽管行为指向均为秘密,都是只限于特定范围的人知悉的事项,都能为权利人带来积极的利益,而且都必须由权利人采取合理的保密措施予以保护。但二者不是同一层次、同一范畴的概念。具体而言,商业秘密和国家秘密的主要区别是:首先,国家秘密关系国家的安全和利益,体现国家意志,而商业秘密关系权利人的经济利益和竞争优势,体现权利人或个别意志;国家秘密的权利主体只能是国家,而商业秘密的权利主体是权利人,可以是自然人,也可以是法人或者非法人单位;国家秘密涉及国家的政治、军事、外交和外事、国民经济、社会发展、科学技术、国家安全和刑事司法等重大领域,而商业秘密仅限于科研生产和商业经营有关的技术信息和经营信息。国家秘密是一种公权,保护国家秘密就是保护全国人民的整体利益;商业秘密是一种私权,保护商业秘密是保护权利人的局部利益。其次,国家秘密必须由国家保密工作部门依照法定程序确定,"依照法定程序确定"表明了国家秘密的法律效力。从世界各国的保密立法情况来看,无论是专门的保密立法,还是其他形式的保密立法,一般都包含有确定国家秘密、区分密级以及解密的基本程序。而商业秘密的确定主要根据企业的行为而定。商业秘密的确定没有统一的法定程序,只要权利人有保密的意图并采取了合理的保密措施,商业秘密即受法律保护。再次,国家秘密具有绝对的排他性和不可转让性,商业秘密不具有绝对的排他性,并可以自由转让。一项关系国家安全、稳定、经济和社会发展的事项,一旦被确定为国家秘密,只有国家才能决定该秘密的使用和处分,严格排除其他任何组织、团体和个人的非法接触、使用、泄露和转让。同时,一经确认的国家秘密未经国家主管部门审查批准,并在转让合同中明确该技术的密级、保密期限及受让方承担的保密义务,不得进入市场进行有偿转让。而商业秘密则不然,它不能对抗正当的竞争,即不能阻止他人独立研究开发出不谋而合的商业秘密。每一个善意取得商业秘密的拥有人都受法律的保护。从以上可以看出,国家秘密的法律效力高于商业秘密。国家秘密作为公权,具有普遍强制力,任何有权接触、使用国家秘

---

① 赵秉志主编:《疑难刑事问题司法对策》,吉林人民出版社1999年版,第164页。

密的人,依法必须承担保密义务,不得向第三人作非法的泄露、公开或转让,否则,将要承担行政责任或刑事责任。商业秘密的权利人根据需要,可以保守或自愿公开其秘密,可以要求他人尊重商业秘密,也可授权他人接触、使用其商业秘密。侵犯商业秘密的,权利人将要求其主要承担民事责任或行政责任。当然,也可以放弃诉权。一般而言,凡涉嫌交叉国家秘密与商业秘密的部分秘密事项,应按国家秘密与商业秘密各自的特征,分别情况,认定其归属问题。一方面,企业特别是国有企业的具有重大影响的技术成果,符合国家秘密特征的,应依法定程序确认为国家秘密。非国有企业自行研究、开发的技术成果,如果关系国计民生、具有国际领先水平,应由国家买断,使之成为国家秘密。另一方面,对于已经被确定为国家秘密的企业技术秘密或经营秘密,应当严格按照国家秘密的构成条件,进行认真的清理,对于不符合国家秘密条件的,及时予以解密。解密后的技术、经营信息,企业认为有保密价值的,可按商业秘密予以保护。① (3)客观行为表现不同。前者采取的是窃取、刺探、收买、非法提供等手段,后者采取的是盗窃、利诱、胁迫等手段,且后者要求只有在客观上给权利人造成重大损失才能构成犯罪,而前者不要求"情节严重"。(4)服务对象有所不同。前者的服务对象权限于境外的组织、机构人员,而后者的服务对象则无限制。

2. 正确区别侵犯商业秘密罪与《刑法》第398条泄露国家秘密罪。泄露国家秘密罪是指国家机关工作人员违反保守国家秘密法的规定,故意或者过失泄露国家秘密,情节严重的行为。该罪与侵犯商业秘密罪的区别主要表现在:第一,客体不同。泄露国家秘密罪侵犯的客体是国家保密制度,属于渎职罪一章;侵犯商业秘密罪侵犯的客体是商业秘密权利人的所有权,属于破坏社会主义经济秩序罪一章。第二,犯罪对象不同。泄露国家秘密罪的犯罪对象为国家秘密,侵犯商业秘密的犯罪对象是商业秘密。第三,犯罪主体不同。泄露国家秘密罪的犯罪主体主要是国家机关工作人员,非国家机关工作人员也可以构成此罪,单位不能构成此罪;侵犯商业秘密罪的主体则既可以是自然人,也可以是单位,且主体身份无任何限制。第四,客观方面不同。泄露国家秘密罪在客观上仅仅是使不应知悉的人知悉国家秘密的"泄露"行为,侵犯商业秘密罪的行为方式多种多样,包括以盗窃、利诱、胁迫或其他不正当手段获取权利人商业秘密的行为方式,也包括披露、使用或允许他人使用以上述手段所获取的权利人的商业秘密,还包括违反约定或违反权利人关于保守商业秘密的要求而披露、使用或允许他人使用其所掌握的商业秘密。由于国家秘密与商业秘密之间存在一定的交叉关

---

① 张耕主编:《商业秘密法律保护研究》,重庆出版社2002年版,第370页。

第九章 侵犯商业秘密的法律责任

系,因此就发生了"侵犯商业秘密罪与泄露国家秘密罪的竞合"问题。如果侵犯商业秘密罪和泄露国家秘密罪发生竞合,应遵循"特别法优于一般法"的原则处理。如果是依照法定程序被确定的国家秘密,就不应作为商业秘密来保护,而应严格按照《保守国家秘密法》的规定进行规范,作为侵犯商业秘密犯罪对象的技术信息和经营信息,不包括已经确定为国家秘密的信息。

3. 区分侵犯商业秘密与盗窃罪的界限。根据现行《刑法》第264条之规定,盗窃罪是指以非法占有为目的,秘密窃取数额较大的公私财物或者多次秘密窃取公私财物的行为。其侵犯的对象是国家、集体和个人所有的各种财物。一般是动产,既包括有形财物,也包括无形财物;既包括直接有经济价值的财物,也包括含有价值因素的财物。由于商业秘密从性质上说是一种无形财产,具有财产属性,因此,商业秘密不论是附于某种载体,如图纸、报表、磁带、软盘,还是不附于任何载体而只作为一种无形的信息状态存在,均可以包含于盗窃罪的犯罪对象中。所以,在修订刑法之前,在没有明确的侵犯商业秘密罪时,对于盗窃商业秘密的行为,一般是指按照盗窃罪来处理的。司法实践中也是这样处理的。但是,这只能是刑法在确立侵犯商业秘密罪之前的一种权宜之计。这是因为:其一,对于采用盗窃手段获取商业秘密情节严重的行为,按刑法关于盗窃罪的有关规定论处,在司法实践中可能造成标准不一、罪刑不相适应的问题。因为作为盗窃罪犯罪对象的公私财物,其价值都表现为一定的价格,在一定时期内比较容易确定,其刑罚处罚的轻重主要依据财物价值的大小。而商业秘密作为一种无形财产,其价值表现在获取时投入的人力、物力和财力的多少以及利用该商业秘密时所能得到的经济利益的多寡,因此商业秘密的价值往往是巨大的。但是,其惩罚的轻重却不能以此价值为依据,因为盗窃商业秘密的行为主要是对秘密的妨害和对市场竞争秩序的破坏,并不完全在于图财,这一点与盗窃罪不同。所以,从国际上看,盗窃罪是一种重罪,而侵犯商业秘密罪则是一种轻罪,另外,商业秘密在进入流通领域或被实际利用之前,其实际价值往往难以计算。如果盗窃了如上的商业秘密,则对这种犯罪很难像对盗窃其他财产那么"计赃论刑"。其二,适用我国刑法中盗窃罪的有关规定对侵犯商业秘密罪定罪量刑,无法反映侵犯商业秘密罪的本质特征。盗窃商业秘密的行为,其本质特征在于扰乱企业之间商业秘密的有偿转让与合理竞争,破坏社会主义政党的经济秩序。因此,其犯罪客体实为社会主义市场经济秩序,这与盗窃罪是根本不同的。现行刑法已经明确规定了侵犯商业秘密罪,而最高人民法院、最高人民检察院的前述司法解释并未明确宣布废止。但对于盗窃商业秘密的行为,如果构成犯罪的,应当直接适用现行刑法关于侵犯商业秘密罪的规定,而无须同再适用盗窃罪的有关规定来处理。

4. 区分侵犯商业秘密罪与职务侵占罪。《刑法》第271条规定了职务侵占罪："公司、企业或其他单位的人员,利用职务上的便利,将本单位财物非法占为己有,数额较大的……"由于商业秘密犯罪很多涉及的是雇员获取雇主的商业秘密后进行披露或使用的情况,而雇员能得到该秘密一般也与其在公司或单位所担负的职务有关,所以与职务侵占也会有一些交叉。但职务侵占所针对的也主要是有形财物,所以,与上述盗窃的罪名不能很好地制裁侵犯商业秘密犯罪的理由一样,职务侵占同样不能担此重任。①

四、侵犯商业秘密罪的处罚措施

我国规定的主要刑事责任方式是短期自由刑和罚金,这也与目前世界各国的一般规定相符。根据《刑法》第219条之规定,侵犯他人商业秘密,给商业秘密的权利人造成重大损失的,处3年以下有期徒刑或者拘役,并处或者单处罚金;造成特别严重后果的,处3年以上7年以下有期徒刑,并处罚金。第220条之规定,单位犯本罪的,对单位判处罚金,并对其直接负责的主管人员和其他直接责任人员,依照上述规定处罚。可见,刑法对于侵犯商业秘密罪规定了两个量刑幅度。这两个量刑幅度的适用标准分别是给商业秘密和权利人"造成重大损失"和"造成特别严重后果"。在2004年12月28日通过的《最高人民法院、最高人民检察院关于办理侵犯知识产权刑事案件具体应用法律若干问题的解释》中分别对"重大损失"和"特别严重后果"进行了界定。第7条规定:"实施刑法第二百一十九条规定的行为之一,给商业秘密的权利人造成损失数额在五十万元以上的,属于'给商业秘密的权利人造成重大损失',应当以侵犯商业秘密罪判处三年以下有期徒刑或者拘役,并处或者单处罚金。给商业秘密的权利人造成损失数额在二百五十万元以上的,属于刑法第二百一十九条规定的'造成特别严重后果',应当以侵犯商业秘密罪判处三年以上七年以下有期徒刑,并处罚金。"第16条还规定:"明知他人实施侵犯知识产权犯罪,而为其提供贷款、资金、账号、发票、证明、许可证件,或者提供生产、经营场所或运输、储存、代理进出口等便利条件、帮助的,以侵犯知识产权犯罪的共犯论处。"在2007年5月4日施行的《最高人民法院、最高人民检察院关于办理侵犯知识产权刑事案件具体应用法律若干问题的解释(二)》中,第3条规定:"侵犯知识产权犯罪,符合刑法规定的缓刑条件的,

---

① 赵国玲主编:《知识产权犯罪调查与研究》,中国检察出版社2002年版,第236~237页。

依法适用缓刑。有下列情形之一的,一般不适用缓刑:(一)因侵犯知识产权被刑事处罚或者行政处罚后,再次侵犯知识产权构成犯罪的;(二)不具有悔罪表现的;(三)拒不交出违法所得的;(四)其他不宜适用缓刑的情形。"第4条规定:"对于侵犯知识产权犯罪的,人民法院应当综合考虑犯罪的违法所得、非法经营数额、给权利人造成的损失、社会危害性等情节,依法判处罚金。罚金数额一般在违法所得的一倍以上五倍以下,或者按照非法经营数额的50％以上一倍以下确定。"

需要指出的是,我国刑法规定的侵犯商业秘密的行为,可以区分为滥用合法掌握的商业秘密的行为(主要是因违约滥用而侵犯商业秘密权)、非法获取(如盗窃)及其滥用非法掌握的商业秘密的行为等等。现行刑法在规定罚则时,没有对上述行为作更细的划分,而统统予以一样的刑事制裁,这应是其中一个不足之处。因为,因违约而侵权犯罪与因盗窃等不正当手段而侵权犯罪是两种性质完全不同的行为,反映出的行为人的主观恶性也不尽相同,而这些均是影响量刑的因素,不能予以忽视。另外,侵犯商业秘密的犯罪通常是出于获取非法经济利益的动机,因此,刑法规定必须对犯罪分子适用罚金,实践中对此不能忽视。① 我国《刑法》第219条乃至整个第七节,都没有规定没收财产的刑事责任,这对惩罚日益严重的知识产权犯罪不利,应该增加这一责任形式。

---

① 张耕主编:《商业秘密法律保护研究》,重庆出版社2002年版,第374～375页。

图书在版编目(CIP)数据

商业秘密法/张耕等著.—2版.—厦门:厦门大学出版社,2012.3(2019.12重印)
(西南政法大学知识产权法系列)
ISBN 978-7-5615-2549-4

I.①商⋯ Ⅱ.①张⋯ Ⅲ.①商业秘密-保密法-中国 Ⅳ.①D923.4

中国版本图书馆 CIP 数据核字(2012)第 031241 号

厦门大学出版社出版发行

(地址:厦门市软件园二期望海路 39 号　邮编:361008)
http://www.xmupress.com
xmup @ public.xm.fj.cn

虎彩印艺股份有限公司

2012 年 3 月第 2 版　2019 年 12 月第 4 次印刷
开本:720×970　1/16　印张:17.75　插页:2
字数:307 千字
定价:53.00 元

本书如有印装质量问题请直接寄承印厂调换